# 新科技革命与社会发展

王丹 著

图书在版编目（CIP）数据

新科技革命与社会发展 / 王丹著． -- 北京：当代中国出版社，2024.8． -- ISBN 978-7-5154-1435-5

Ⅰ．F124.3；K02

中国国家版本馆 CIP 数据核字第 2024TH7813 号

| | |
|---|---|
| 出 版 人 | 王　茵 |
| 责任编辑 | 徐　芳 |
| 责任校对 | 贾云华　康　莹 |
| 印刷监制 | 刘艳平 |
| 封面设计 | 宋　涛　鲁　娟 |
| 出版发行 | 当代中国出版社 |
| 地　　址 | 北京市地安门西大街旌勇里 8 号 |
| 网　　址 | http：//www.ddzg.net |
| 邮政编码 | 100009 |
| 编 辑 部 | （010）66572154 |
| 市 场 部 | （010）66572281　66572157 |
| 印　　刷 | 中国电影出版社印刷厂 |
| 开　　本 | 710 毫米×1000 毫米　1/16 |
| 印　　张 | 17.25 印张　1 插页　207 千字 |
| 版　　次 | 2024 年 8 月第 1 版 |
| 印　　次 | 2024 年 8 月第 1 次印刷 |
| 定　　价 | 88.00 元 |

版权所有，翻版必究；如有印装质量问题，请拨打（010）66572159 联系出版部调换。

# 代序　以新科技革命助力新发展

社会实践和社会发展共同支撑着社会中人的存在状态。人的存在具有鲜明的过程性特征。基于个体的维度，人的存在是"一辈子"或"一生性"的；基于"类主体"的维度，人的存在是千秋万代或世代性的，因为"历史不外是各个世代的依次交替"。每一代都利用以前各代遗留下来的材料、资金和生产力；由于这个缘故，每一代一方面在完全改变了的环境下继续从事所继承的活动，另一方面又通过完全改变了的活动改变环境。社会发展是旨在解决人的生存问题的一种运动方式，基于人学的视角观之，引发并推动社会发展的是人的需要和满足需要的手段如社会生产或社会发展之间的矛盾运动。人们为了满足自身具有天然性的需要，不得不从事实践活动如生产活动。但人的需要是一生性和世代性的，这样，对人的一生性和世代性需要的满足就要由实践而进入到发展的层次，具体说是通过"发展实践"以满足人的需要。更重要的是，人的需要本身也呈现出不断攀升递进的演变态势。马克思曾指出："需要是同满足需要的手段一同发展的，并且是依靠这些手段发展的。"为了很好地解决自身的需要问题，人们就要很好地从事发展实践活动。但人从事发展实践活动，必须首先了解发展实践，形成关于社会发展的科学知识；同时，人们为了更好地改造世界推动社会进步，除了具有研究性的科学之外，还需要一系列具有实用性、可操性的技术以支撑并改善自己的发展实践，这样科学和技术就成为人们维持自身生存、实现社会进步的强大辅助性力量要素。正如本书在"导论"中所写的："正是科学技术，让我们拥有了千里眼、顺风耳、飞毛腿；正是科学技术，让我们登上了生态金字塔的顶端，从而'喜看稻菽千重浪'、身处繁花不夜城，踏入了虚拟世界，憧憬着'流浪地球'。"

根据本书的提示，自十六世纪以来，人类历史上大约发生了五次科技革命——这是科学技术发展的阶段性特征。习近平总书记指出："当前，新一轮科技革命和产业变革深入发展。"[①] 我们完全可以如此认为，当前，新科技革命的浪潮正扑面而来，我们分明看到了飞溅的浪花、听到了拍岸的涛声！

当人类走出非洲、当文明的星火在全球点燃、当历史的列车行驶到今天，新科技革命的浪花似乎成为欢呼人类步入信息社会的最美礼花。在人类文明遍布整个地球并且还要进军太阳系和银河系的漫漫征程中，我们迎来了一次又一次的科技革命。那么，新科技革命的到来，又将会给我们带来什么呢？人类将向何处去？我们的生活将会发生怎样的变化？不断前行的历史列车将会获得怎样的助推力量？这些都是需要认真思考的重大理论和实践问题。本书对于上述问题给予了较有深度的回答。

本书认为，在社会发展的合力系统中，科学技术始终是一个关键性的驱动要素。当人类点燃起第一堆篝火、打磨出第一把石斧、锻造出第一件铁器、制造出第一辆机车的时候，背后都能看到科技的影子。实际上，马克思、恩格斯早就指出，对于社会发展而言，科学技术是"最高意义上的革命力量"和"有力的杠

---

① 习近平：《在全国科技大会、国家科学技术奖励大会、两院院士大会上的讲话》，人民出版社2024年版，第4页。

杆"。科学技术和社会发展之间存在着相互依存、相互作用、相互渗透的密切关系。科学技术的发展和变革会导致社会系统发生飞跃性变化，而社会进步反过来又会促进科学技术获得更大发展。它们之间的互动递进关系，在近代以来的五次科技革命的发生发展中得到了淋漓尽致的表现。

本书基于人的视角来考察新科技革命与社会发展的相互结合。因为社会发展的主体是人，而由人所主导的社会发展就是一个为了人、依靠人、成果要由人共享、发展效果要由人"说了算"的实践进程。为了人、依靠人，这实际上是研究新科技革命与社会发展关系问题的理论基点或出发点。在新科技革命大潮的洗礼下，人类社会在生产和生活等方面发生着史无前例的深刻变化。从发展主体的角度看，新科技革命直击人类"本体"的存在，聚合了生物技术、信息技术、纳米技术等新兴技术力量，有力地增强着人的主体发展能力，使人的主体性得到强化和确证，对人的自由全面发展发挥着强劲的助推作用，同时也赋予了人的发展以新的内涵和新的特质；从发展观念的角度看，在新科技革命条件下，实现价值观念由互害型发展观向互利型发展观、思维方式由发展的简单性思维向复杂性思维、发展理念由传统的全球治理理念向共享发展理念的转变具有必要性和现实性；从发展方式的角度看，新兴科技的突破牵引着生产方式的变革，以人工智能、物联网、大数据、云计算、区块链等为代表的新一代信息技术，因其对社会生产力的放大、叠加和倍增效应，从而不断撬动整个人类社会快速迈向智能化时代，并为人们创造着全新的生活方式，颠覆着人们现有的交往方式。总之，本书以一种相对宏大的视野呈现出了新科技革命与当代社会发展的风云际会、相互激荡的历史画卷，为我们从科技的角度观察社会发展和从社会发展的角度把握科学技术提供了启示。

中国式现代化，伴随着新时代的到来，也迈入了新的历史进程。在新质生产力的基础上、在新发展理念的指导下、在新科技革命的助推下，新时代的中国发展也具有了新质性，可谓之"新发展"。正是新科技革命的涌现，为中国的新发展注入了强大的动能。我们应抓住机遇，以新科技革命赋能中国式新发展，以新发展规范新科技革命，使它们在良性互动中实现平稳和高质结合。

邱耕田

2024 年 5 月

# 目　录

导论　001

**第一章　新科技革命之"新"**　019

　　第一节　科学与技术的分野与融合　021

　　第二节　科技革命的历史与现实　036

　　第三节　新科技革命的合理内核　049

**第二章　社会发展之"思"**　063

　　第一节　社会发展的本质内涵　065

　　第二节　社会发展的构成要素　071

　　第三节　社会发展是科技革命的依托　085

**第三章　新科技革命在社会发展中的作用**　091

　　第一节　新科技革命促进人的发展　093

　　第二节　新科技革命引起发展观念的变革　106

　　第三节　新科技革命推动发展方式的变革　119

**第四章　社会发展呼唤着新科技革命的合理运行**　131

　　第一节　新科技革命存在高风险性　133

　　第二节　当代发展问题及其技术根源　142

　　第三节　实现美好发展需要"规约"新科技革命　154

## 第五章　新科技革命与新时代中国的发展　167

第一节　新中国成立以来中国共产党人的科技革命观　169

第二节　新科技革命时代的中国发展机遇　179

第三节　新科技革命视域中的高质量发展　187

## 第六章　取道关键变量：于百年变局中开新局　199

第一节　文明演进视域下的百年变局　201

第二节　把握科技创新这个百年变局中的关键变量　220

第三节　以新科技革命赋能新质生产力　236

**后记**　266

# 导 论

在"几个石头磨过"声中,出现了"人猿相揖别"的伟大事件。当人类走出山林并告别动物界的时候,终于踏上了"人化"之旅,开始了地球演化史上的"人类纪"。人化之旅是在科技之光照耀下的文明之旅。正是科学技术,让我们拥有了千里眼、顺风耳、飞毛腿;正是科学技术,让我们登上了生态金字塔的顶端,从而"喜看稻菽千重浪"、身处繁花不夜城,踏入了虚拟世界,憧憬着"流浪地球"。我们为什么是人?因为我们是实践者;我们为什么能上九天揽月、下五洋捉鳖?因为我们是被科学技术武装起来的实践者。我们用科技书写着文明,创造着发展。科学技术特别是科技革命与社会发展的关系,虽然老生常谈,却是一个常谈常新的话题。今天,面对着最新一轮的科技革命及其对社会发展的作用现象,我们当然不能漠然视之,必须坚持马克思主义的立场、观点和方法予以观察研究。

导 论

## 一、问题的提出

对问题的解析和追问是理论研究的起点,本书的观察视点源于新科技革命与社会发展相互作用的历史演进与现实冲击及未来走向,本书的话语体系、分析方法和根本价值取向始终遵循马克思主义的理论指导,如实践第一的原则、辩证分析的方法、以人为本的追求等。

十六世纪以来,科学技术取得了新的发展和进步,科学技术革命也成为"整个社会的运动的动力"①。互联网时代以来,人类社会发展到了基本上为每个人都生产了相当数量产品的阶段,人类在实践进程中所利用的科学技术不再是仅仅为了提高生产效率,更多的是为了提高现实世界中人们存在和发展的层次,改善人们的生活状态。近年来,高新科技将社会发展推入了高熵态,"风险"逐渐成为社会发展中的关键词和高频词。科技革命与社会发展的关系问题日益引起国内外各界学者的高度关注。

当前,以人工智能、物联网、区块链等为代表的新一代信息技术正在加速突破应用,以基因编辑、合成生物学、再生医学等为代表的生命科学领域不断孕育新的变革,以融合机器人、数字化、新材料等为代表的颠覆性技术不断涌现……新科技革命的到来将使人类社会及其发展面临新的重大转折。人类面临着将用最新的科技改造社会生产力,冲击、颠覆、重塑人类社会发展的架构、观念甚至是前进轨迹的重大历史机遇。面对新一轮科技革命,我们情不自禁想知道,接下来会出现什么样的技术奇迹。技术奇迹的出现会给人类社会发展带来什么样的影响?会让这个世界变得"更美好"、还是"更糟糕"?人类向何处去?这些都是我们需

---

① 《马克思恩格斯文集》第1卷,人民出版社2009年版,第105页。

要认真思考的重大理论和现实问题。

新一轮科技革命对社会发展所带来的深刻影响是空前的,它给人类社会带来的便利与福祉是前几次科技革命所无法比拟的。比如,生物技术的突破将大大增强人的生理体能,再生、仿生工程等技术革命将会帮助人类逐渐具备操纵生命的能力,智能革命将颠覆人们现有的生产方式、生活方式和交往方式,等等。但同时,新一轮科技革命又具有高风险性,它给社会发展带来的风险和挑战也是前所未有的。面对新科技革命的浪潮,如何增大新科技革命为社会发展带来机遇或利好的权重、减少其带来的挑战与风险,如何使新科技革命的运行与当代社会发展的需要和预期目标相吻合,是摆在我们面前的一项重大研究课题。

基于以上分析,我们从最新的科技革命这一客观现象出发,对"新科技革命与社会发展"这一课题进行现实性与前瞻性或实然性与应然性相结合的研究,并力图体现这一研究的理论与现实意义。本书试图在马克思主义发展哲学的视阈内,从发展主体、发展观念、发展方式等角度出发来分析研究新科技革命在社会发展中的作用,分析新科技革命的高风险性、当代发展问题及其技术根源,并结合美好发展的内涵和要求提出如何"规约"新科技革命等问题,进而丰富和推进目前学界关于新科技革命与社会发展关系问题的研究。

理论研究的目的在于指导实践,研究新科技革命与社会发展的关系,最终要落脚到以新科技革命促进新时代中国的美好发展上。本书试图就新科技革命对新时代中国的发展所带来的机遇和挑战进行辩证分析,并在此基础上提出相应的思考和对策,使我们对新科技革命及其与中国发展的关系获得新的体认和态度,将会导致两重现实意义的发生:其一,促进新科技革命在新时代中国发展的平台上获得合理演进;其二,促进新时代的中国在新科技革命的作用下获得更好的发展。

## 二、国内外研究现状

恩格斯曾经深刻指出:"随着自然科学领域中每一个划时代的发现,唯物主义也必然要改变自己的形式。"① 对"新科技革命与社会发展"这一问题的探讨与研究亦是如此。新科技革命在人类社会发展中所发挥的作用将是前几次科技革命所无法比拟的,但同时,一系列尖锐而现实的问题越来越成为国内外学界关注的焦点,比如,"如何辩证地看待新科技革命的社会作用""如何看待新兴科学技术的变革与运用",等等。随着新科技革命与社会发展关系的不断互动与演变,新的情况和新的问题正在不断出现。针对新情况和新问题,国内外专家学者从不同角度、不同方面进行了较为深入的研究。

### (一) 国内研究成果概述

近年来,国内关于"新科技革命与社会发展"的相关研究依托哲学、科技哲学和社会学等专业的学科资源,研究面趋广。专家学者们从不同角度提出了许多颇具价值的见解和理论,各种关于科技革命与社会发展的关系问题的研究成果相继出现。而从总体研究成果看,大部分著作②和期刊中的"新科技革命"主要指的是兴起于二十世纪四十年代以来的"现代科技革命",而针对正在孕育兴起中的科技革命的研究相对较少,即从最新一轮的科技革命的角度出发来研究新科技革命与社会发展关系问题的成果

---

① 《马克思恩格斯文集》第 4 卷,人民出版社 2009 年版,第 281 页。
② 目前,与"新科技革命"相关的著作有赵家祥、梁树发的《新技术革命与唯物史观的发展》,陈筠泉、殷登祥的《新科技革命与社会发展》和《科技革命与当代社会》,肖德武的《科技革命与社会发展》,王滨的《科技革命与社会发展》,吴伯田、吴伟浩的《新科技革命与当代社会》,宋定、晏鸿的《新技术革命与社会趋向》,等等。——作者注

还不算多。从研究内容来看,这些研究成果主要是关于新科技革命可能发生的领域和方向的预测,而对于新科技革命对社会发展可能产生的影响作用散见于一些专著和期刊论文中。

通过对现有的研究成果的分析,可以发现,目前学界对"新科技革命与社会发展"的研究主要集中在对新科技革命的定义与内涵、新科技革命的某一核心技术(如人工智能、基因编辑等)对社会发展的影响,以及新科技革命对产业变革、思维范式转变、伦理忧思的影响等方面。

1. 关于新科技革命的定义的研究

所谓"新科技革命",是相对于业已发生的科技革命而言,每一次科技革命在兴起之时,都会被称作"新科技革命"。关于近代以来人类历史上共经历过几次科技革命,国内学界存在着不同看法,从总体上看,主要分为两种观点:

一种观点认为,新科技革命指的是第四次科技革命。有学者提出,人类"真正的'科技革命'"应从十九世纪六十年代电的应用与内燃机的发明算起,并在此基础上提出"四次科技革命论"。根据"四次科技革命论",第一次科技革命发生于十九世纪六十年代至二十世纪初,以电气化和汽车时代的开始为标志;第二次科技革命发生于二十世纪四十年代至二十世纪七八十年代,以原子能的利用与电子计算机的发明为标志;第三次科技革命发生于二十世纪七八十年代至二十一世纪二十年代,以互联网革命为主要内容;第四次科技革命是指当前正在由信息技术、生物技术、新能源技术、新材料技术等技术的交叉融合引发的新一轮科技革命和产业变革。①

另一种观点认为,新科技革命指的是第六次科技革命。有学

---

① 参见冯昭奎《科技革命发生了几次》,《世界经济与政治》2017年第2期。

者提出,"世界正处于第六次科技革命前夜"①,近代以来世界上大致已经发生过五次科技革命,包括两次科学革命和三次技术革命:第一次是以近代物理学的产生为标志的科学革命;第二次是蒸汽机和机械革命;第三次是电气和运输革命;第四次是以相对论和量子力学为标志的科学革命;第五次是电子和信息革命。第六次科技革命(预计 2020~2050 年)有可能以生命科学为基础,融合信息科技和纳米科技,提供满足人类精神生活和提高生活质量的最新科技。②

以上两种观点的区别主要源于对科技革命的定义的不同:前一种观点将"发生具体的科学理论向技术发明的'转化'"作为判断科技革命的标准,认为由于以蒸汽机的发明的第一次技术革命并不是"在具体科学理论的指导下发展起来的",因而"不是严格意义上的'科技革命'"③;后一种观点认为科技革命是科学革命与技术革命的统称。

无论是"四次科技革命论",还是"六次科技革命论",二者关于近代以来历次科技革命的发生时间与主要标志的观点是一致的,同时对于新一轮科技革命的兴起时间和内容的预测也基本一致。本书主要借鉴了后一种观点,将新科技革命定义为"第六次科技革命"。

2. 关于新科技革命对社会发展的影响的研究

当前,我国已有不少学者从不同角度(如从人工智能、大数据等具体技术的角度)对于新科技革命对社会发展的影响进行了分析研究。在宏观层面,学者们普遍从正负两方面分析了新科技革命在社会发展中的作用;而在微观层面,学者们大多是从信息

---

① 白春礼:《新科技革命的拂晓》,《中国科学报》2012 年 1 月 1 日。
② 参见何传启《第六次科技革命的战略机遇》,科学出版社 2012 年版,第 4 页。
③ 参见冯昭奎《科技革命与世界》,社会科学文献出版社 2018 年版,第 13—14 页。

技术、生物技术等某一技术的突破和变革角度,来把握新科技革命对社会发展所可能产生的影响的。

大部分学者从不同角度辩证分析了新科技革命的"双刃剑"效应。比如,有学者提出,新科技革命中涌现出大批有特色的新技术,如以互联网为基础的数字经济、人工智能、3D打印、可再生能源、基因编辑、机器人、自动驾驶等新技术的不断发展、相互融合与推广应用,将大大提高人类福祉和文明水平,但如果这些技术被错误利用,将可能使世界变得更糟糕。① 有学者提出,应该从大数据的基础设施、显性数据和隐性数据、云计算、处理数据四个维度来考虑新科技革命可能带来的机遇和挑战。② 也有学者从思维方式、发展观念等角度分析新科技革命对社会发展的影响。比如有学者提出,以专门研究人的思维和人体为特征的新科技革命即将彻底改变现代社会的基本结构方式,并深刻影响人们对于现代性公共伦理范式的信念。③

部分学者侧重于分析新科技革命对社会发展可能带来的挑战或具有的潜在风险。比如,有学者认为动车困境、双刃剑困境、魔戒困境与科技危机是目前人类面临的最大威胁和挑战,风起云涌的大IT革命、创客运动与科技的快速发展正全面加剧这种困境与危机④;有学者提出,随着智能化科技的发展,整个世界将有可能演变为复杂、泛在的智能化虚拟机器,面对智能革命的挑战,世界各主要国家和地区的竞争与协作态势也必将面临一系列前所

---

① 参见冯昭奎《科技革命与世界》,社会科学文献出版社2018年版,第249、304页。
② 张杰:《对新科技革命的思考》,《中国信息化周报》2019年11月18日。
③ 包利民、孙仲:《"新科技革命"与现代性价值范式的突破》,《社会科学战线》2018年第1期。
④ 刘益东:《挑战与机遇:人类面临的四大困境与最大危机及其引发的科技革命》,《科技创新导报》2016年第35期。

未有的大变局。①

部分学者从具体的某一技术领域角度出发分析新科技革命对社会发展的影响作用。比如,有学者从人工智能或大数据的角度考察人工智能的发展对人类所带来的影响,并在此基础上提出了相应观点:人工智能和基因编辑不仅仅是技术革命,而且是存在论水平上的革命,相当于人类自己试图发动类似于上帝的创世行为,它意味着人类试图改变人的概念②;人工智能是对人类在工业文明基础上形成的发展观、就业观、财富观、分配制度等治理体系与传统的概念框架的挑战③;人工智能的迅速发展正在深刻地改变世界、改变人类的社会生活,要避免人工智能奇点④的出现;数据分析和智能算法对人们生活的影响已无处不在,应该从主体的能动性构建出发,使人的主体性、能动性或意向性免于被数据僵尸所取代的命运⑤,等等。

3. 关于新科技革命与中国社会发展的关系研究

目前,关于新科技革命与中国社会发展的关系的研究,主要是对新科技革命(第六次科技革命)的内容、特征及其对中国社会发展的作用的预测。比如,中国科学院提出"新科技革命是中国实现现代化的历史机遇"⑥,并在此基础上分析了中国八大经济

---

① 刘大椿等:《智能革命与人类深度智能化前景(笔谈)》,《山东科技大学学报(社会科学版)》2019年第1期。
② 此为赵汀阳在由北京大学博古睿研究院中国中心组织的以"人工智能遇见中国哲学家"为主题的研讨会中提出的观点。转引自宋冰《智能与智慧:人工智能遇见中国哲学家》,中信出版社2020年版,第5页。——作者注
③ 刘大椿等:《智能革命与人类深度智能化前景(笔谈)》,《山东科技大学学报(社会科学版)》2019年第1期。
④ 潘天群:《哲学思考:避免人工智能奇点》,《社会科学报》2019年6月27日。
⑤ 刘大椿等:《智能革命与人类深度智能化前景(笔谈)》,《山东科技大学学报(社会科学版)》2019年第1期。
⑥ 中国科学院编:《科技革命与中国的现代化》,科学出版社2009年版,第27页。

社会基础和战略体系、中国现代化进程的22个战略性科技问题；有学者从人类文明和世界现代化的角度，预测了第六次科技革命的标志性成果、关键技术、主要方向与特征等内容，对二十一世纪世界前沿的科技需求、科技革命与经济周期变迁、中国面临的新机遇和挑战等进行了讨论和分析；有学者提出，第六次科技革命将是中国复兴的伟大历史事业的一次难得战略机遇期，中国再不能与新科技革命失之交臂，必须在新的科技革命中赢得主动、有所作为[1]；有学者认为，即将来临的第六次科技革命，将使我国面临复兴的战略机遇，如果能够精心谋划和超前布局，抢占科技革命的有利位置和制高点，我们就有可能乘势而上，创造新的辉煌。[2]

### （二）国外研究成果概述

对于新科技革命的称呼，国外学者有着不同的叫法，有的学者称之为"第四次工业革命"，也有学者称之为"第六次浪潮"。尽管国外学者并没有直接提"新科技革命"或"第六次科技革命"，但其对工业革命、新技术突破与变革等的分析，也体现了对新科技革命与社会发展关系问题的关注。

1. 关于新科技革命与社会发展关系的宏观分析

不少国外学者从宏观上对新科技革命与社会发展的关系进行了研究。总体而言，绝大多数国外学者认为新科技革命会给社会带来颠覆性的变革。比如，世界著名经济学家克劳斯·施瓦布在《第四次工业革命：转型的力量》中提出，第四次工业革命在发展速度、范围与程度上都是前所未有的，人人都有责任塑造一个

---

[1] 白春礼：《新科技革命的拂晓》，《中国科技奖励》2012年第2期。
[2] 金振荣：《我国面临第六次科技革命战略机遇》，《科学与现代化》2011年第3期。

美好的未来,使创新和技术以人为本、服务于全球公共利益。① 穆迪、诺格拉迪在《第六次浪潮》中提出,第六次浪潮是将世界从资源消耗型转变为资源高效使用型的一场革命,它将最终使人类摆脱对资源的依赖。② 皮埃罗·斯加鲁菲在《人类 2.0——在硅谷探索科技未来》中通过分析大数据、人工智能、物联网、纳米技术、虚拟现实、社交媒体、区块链、生物科技、3D 打印等技术变革,探讨了其对人类社会未来发展的影响。他认为,多种技术的交融和互动孕育的这场新科技革命将最终把人类带入 2.0 阶段,科技冲击着几千年不变的"人类规律",将带来一系列生存和伦理问题。③ 部分国外学者对新科技革命对人类社会产生的影响表示担忧。比如,奥勒·哈格斯特姆在《未来科技通史》一书中提出,智能爆炸、人为制造的全球变暖、原子精确制造技术和人造病毒等科技突破将以大得多的概率毁灭人类,因此,我们急需明确在未来几十年或数个世纪中,新技术会带来怎样的正面和负面影响、我们可能要采取怎样的措施。④

2. 关于新科技革命与社会发展关系的微观分析

在微观层面,有国外学者从人工智能、大数据、智能机器人、生物技术等技术变革的角度出发,来分析预测新科技革命给人类社会可能带来的影响。大多数学者分析了人工智能、机器人等智能技术给人类社会带来的影响。比如,杰瑞·卡普兰在《人工智

---

① 参见[德]克劳斯·施瓦布《第四次工业革命:转型的力量》,李菁译,中信出版社 2016 年版,第Ⅲ页。
② 参见[澳]詹姆斯·穆迪、比安卡·诺格拉迪《第六次浪潮》,张婧斯译,中信出版社 2011 年版,第 4 页。
③ 参见[美]皮埃罗·斯加鲁菲《人类 2.0——在硅谷探索科技未来》,牛金霞、闫景立译,中信出版社 2017 年版,第 399 页。
④ 参见[瑞典]奥勒·哈格斯特姆《未来科技通史》,刘浩、张尧然译,新世界出版社 2019 年版,第 14 页。

能时代》一书中，探讨了人工智能时代可能带来的大冲击，如人工智能反叛、机器人全面接管人类的工作与生活、机器可能谋杀掉人类公平感、从人到机器的决策权的转移等，对"人机共生的时代"进行了预测和论述。① 部分国外学者从生物技术的角度出发，分析了新科技革命对社会发展所带来的影响。比如，吕克·费希在《超人类革命》中提出，人类"增强"将是生物与医学领域里的一场真正的革命，干细胞技术、基因工程及胚胎操纵、人机混合等新技术将以不可扭转的方式改变人类，这些技术的目的是改善人类的生活状况。②

部分国外学者从数字技术的角度出发，分析新科技革命对社会发展所带来的影响。比如，维克托·迈尔在《大数据时代》中，分析了大数据技术对人们的生活、工作与思维带来的大变革，他认为，"当世界开始迈向大数据时代时，社会也将经历类似的地壳运动。在改变人类基本的生活与思考方式的同时，大数据早已在推动人类信息管理准则的重新定位。"③ 马克·格雷厄姆、威廉·H. 达顿在《另一个地球：互联网+社会》中通过对由社交媒体、大数据、数字鸿沟、云计算、万维网等内容组成的"数字大革命"对人类社会带来的影响，提出要关注"互联网研究""技术和社会的结构发展对日常生活的意义"④ 等问题，这样才能避免互联网社会的实际风险。意大利信息哲学创始人卢恰诺·弗洛

---

① 参见［美］杰瑞·卡普兰《人工智能时代》，李盼译，浙江人民出版社 2016 年版，第 155 页。
② 参见［法］吕克·费希《超人类革命》，周行译，湖南科学技术出版社 2017 年版，第 4—6 页。
③ ［英］维克托·迈尔 – 舍恩博格、肯尼思·库克耶：《大数据时代》，盛杨燕、周涛译，浙江人民出版社 2013 年版，第 217 页。
④ ［美］马克·格雷厄姆、威廉·H. 达顿：《另一个地球：互联网+社会》，胡咏等译，电子工业出版社 2015 年版，导论。

里迪在《在线生活宣言》中提出,信息与通信技术的展开部署及社会对其的摄取,使实在与虚在的关系变得模糊,人类、机器和自然界的区分变得模糊,从以实体为主导转向以互动为主导,从信息匮乏逆转为信息过剩,从而改变着我们与自己、他人和世界的关系,彻底地影响了人类的境况。①

通过归纳梳理国内外学界对于新科技革命与社会发展关系问题的研究成果,不难发现,目前相关研究已经取得了一批较为重要的研究成果,这些研究成果对于今后我们进一步深化对新科技革命与社会发展相关问题的研究提供了重要的理论铺垫,是我们登高望远的"精神台阶"。但不可否认的是,新科技革命究竟如何推进社会发展、会给社会发展带来哪些问题仍有待进一步探讨。

就现有关于新科技革命与社会发展关系问题的研究成果来看,国内学界的相关研究大致有三个特点:第一,学者们尽管对于新科技革命属于第几次科技革命有分歧,但对即将到来的新一轮科技革命的内容和特征有了基本的共识;第二,学者们也深入探讨了新科技革命对社会发展所可能带来的机遇和挑战,特别是分析了人工智能、大数据等新技术对人的发展、人的思维范式的转变所可能造成的影响;第三,学者们也具体分析了新科技革命对中国经济社会发展所能带来的机遇和挑战。

国外学界虽然没直接探究新科技革命与社会发展的关系问题,但其对智能机器人、人工智能、大数据、生物技术等技术变革的分析,与我国关于新一轮科技革命内容的分析是同步的、一致的,因而可以算作是对新科技革命的重要的研究成果。国外学者关于人工智能、大数据、数字大革命等对人的发展,特别是"人之为

---

① 参见[英]卢恰诺·弗洛里迪《在线生活宣言》,成素梅等译,上海译文出版社2018年版,第9页。

人"的影响的研究分析，具有重要的借鉴意义。因此，我们在研究新科技革命与社会发展关系的问题时，需要吸收和借鉴国外学者对于相关内容的前沿性的思考，同时结合中国社会发展的实际，创造性地加以运用。

但是，由于新一轮科技革命还正在发展进行中，甚至连"新科技革命"这一概念的提出时间都不是很长，因而当前国内外对新科技革命与社会发展关系问题的研究还存在着进一步改进和完善的空间。第一，从研究的内容看，目前学者们对新科技革命与社会发展关系的研究还主要停留在预测阶段，因而对相关内容的研究还需要进一步深化和"实化"；第二，从研究的视角看，目前学者们大多是从新科技革命的某些技术领域对社会发展所可能产生的影响进行预测分析，比如从人工智能、大数据、基因编辑可能带来的伦理忧思等微观层面进行探讨，缺乏整体性视角的研究；第三，从研究的方式看，目前学者们侧重于研究新科技革命对社会发展的影响，而从二者互动的角度予以研究的成果还较少，换言之，我们一方面要从新科技革命的角度看它对社会发展的影响，另一方面也要从社会发展的角度把握新科技革命的合理运行包括合理使用的问题，学界目前亟须这方面的研究成果或观点。

今后，我们需要从以下几个方面入手深化对"新科技革命与社会发展"的研究：第一，从整体性的视角把握最新的科技革命与社会发展的关系问题；第二，注重新科技革命与社会发展的互动关系的研究；第三，加强新科技革命与中国社会发展的关系的研究，特别是结合新时代中国社会发展的特点，来探讨利用新科技革命推动中国社会发展的实践路径。

## 三、本书的主要内容、创新与不足之处

### (一) 主要内容

本书在已有理论研究成果的基础上，基于发展哲学的视角探讨"新科技革命与社会发展"这一问题。以对科学技术、科技革命概念的把握和社会发展的哲学简释为理论铺垫，探讨新科技革命对社会发展所具有的正负效应，在分析当代发展问题及其技术根源的基础上，提出"规约"和引导新科技革命的思考，最后将落脚点放在了新科技革命与新时代中国发展的关系问题上，探讨如何利用新科技革命机遇以推动中国社会的美好发展。全书共分为七大部分，包括导论和正文六章。

导论介绍了本书的选题依据；梳理了当前国内外关于新科技革命、社会发展理论、新科技革命与社会发展的关系、新科技革命与中国社会发展的关系等问题的研究现状；介绍了本书的主要内容、可能的创新之处、不足之处。

第一章阐述与新科技革命相关的几个基本问题。本章共分为科学与技术的分野与融合、科技革命的历史与现实、新科技革命的合理内核三部分内容。分别理清了科学技术和科技革命的概念与内涵，分析了科学技术、科技革命的社会作用及社会制约性，并对科学技术的关系样态、科技革命的发展进行了历史性的考察，阐释了新科技革命的核心、主要内容和主要特征等问题。

第二章对社会发展这一范畴试图进行哲学上的阐释。本章共分为社会发展的本质内涵、社会发展的构成要素、社会发展是科技革命的依托三部分。分析了社会发展的主体、本质和评价尺度，考察了发展主体、发展观念和发展方式等社会发展的构成要素，就社会发展对科技革命的基础作用进行了简要分析。

第三章着重探讨新科技革命在社会发展中的作用问题。本章

共分为新科技革命促进人的发展、新科技革命引起发展观念的变革、新科技革命推动发展方式的变革三个部分。基于正面效应的角度，分析了新科技革命对人的主体能力、人的主体性和人的自由全面发展的实现所具有的积极作用，探讨了新科技革命可能带来的在人的价值观念、思维方式和发展理念等方面的变革，考察了新科技革命对人的生产方式、生活方式和交往方式可能造成的影响。

第四章论述社会发展呼唤新科技革命的合理运行问题。本章共分为新科技革命具有高风险性、社会发展问题及其技术根源、实现美好发展需要"规约"新科技革命三部分。从负面效应的角度，分析了新科技革命对社会发展带来的风险性，探讨了由科学技术的不合理使用导致的社会发展问题，提出要以整体性发展理念和互利型发展理念来引导新科技革命的发展，用人文原则、绿色发展原则和低代价发展原则"规约"新科技革命，使其朝着有利于美好发展的方向发力。

第五章探讨新科技革命与新时代中国发展的关系问题。本章共分为新中国成立以来中国共产党人的科技革命观、新科技革命时代的中国发展机遇、新科技革命视域中的高质量发展三部分。回顾了新中国成立初期、改革开放新时期、新世纪、新世纪新阶段和新时代五个历史时期中国共产党人的科技观及其科技革命观，分析了新科技革命对新时代中国建设现代化强国的历史机遇，提出了如何应对新科技革命、利用新科技革命机遇推动实现高质量发展的思考。

第六章探析如何利用新科技革命的机遇在百年未有之大变局中开新局。本章共分为文明演进视域下的百年变局、把握科技创新这个百年变局中的关键变量、以新科技革命赋能新质生产力三部分。通过分析百年变局的根本动力和直接动力，分析如何把握科技创新这一关键变量、实现科技自立自强,提出了以科技革命赋能新质生产力,进而推动社会高质量发展。

**(二) 本书的创新之处**

一是选题上的创新。目前学界主要是研究前几次科技革命与社会发展的关系问题,而本书将最新的科技革命(即第六次科技革命)作为研究对象,分析其与社会发展特别是与新时代中国发展的关系问题,这在选题上较具前沿性,也具有一定的难度。

二是研究视角上的创新。本书从发展哲学的视角出发,主要从社会发展的构成要素——发展主体、发展观念、发展方式的角度来分析新科技革命在社会发展中的作用问题,结合当代发展问题来分析新科技革命的高风险性,提出如何"规约"和引导新科技革命的合理运行,在某种意义上,深化我们对科技革命与社会发展关系问题的认识。

三是研究内容上的创新。本书较为系统地分析了科学技术、科技革命的概念与社会作用,分别从发展主体、发展观念、发展方式的角度分析新科技革命在社会发展中的作用;特别是分析了新科技革命的高风险性、探讨了当代发展问题及其技术根源,并结合美好发展的内涵和要求提出如何"规约"和引导新科技革命等问题;本书将落脚点放在新时代中国的发展上,在对新科技革命给中国发展带来的机遇和挑战进行分析的基础上,提出如何充分利用好新科技革命的机遇推动新时代中国的发展。在某种意义上说,上述"论点"丰富和推进目前学界关于新科技革命与社会发展关系问题的研究。

**(三) 本书的不足之处**

正由于存在着上述的一些"新",导致了本书在一些方面还存在着不足或需要进一步改进完善的地方。例如,一些内容就没有涉及,如从国际视角来探讨新科技革命对社会发展的作用问题;

也有一些内容没有深化或实证化,如新时代的中国在实现强起来的征途中,应该通过什么样的做法来充分开发利用新科技革命有利和有力的作用,这方面的内容最好通过实地的调研,就某一个地区或某一个领域的做法进行实证化的研究,可能会得出更好或更具操作性的思路。这些问题留待以后做更深入的探讨研究。

第一章

# 新科技革命之"新"

在了解"新科技革命与社会发展"这一问题之前,首先需要澄清几个相关的基本问题:一是科学技术的内涵架构、本质、社会作用及社会制约性等相关问题;二是科技革命的概念、发展历程及社会作用等相关问题;三是新科技革命的核心、基本内容和表现特征等相关问题。只有对这些问题有了较为清晰的了解,我们方可深入把握新科技革命与社会发展的关系问题。

## 第一节　科学与技术的分野与融合

社会发展是在人类实践活动的推动下实现的。在社会发展的合力系统中，科学技术始终是一个关键性的驱动要素。当人类点燃起第一堆篝火、打磨出第一把石斧、锻造出第一件铁器、制造出第一辆机车的时候，背后都能看到科学技术的影子。一部人类社会的发展史实质上就是一部科学技术的发展史。科学技术和社会发展之间存在着相互依存、相互作用的密切关系，科学技术的目的和任务在于满足社会发展的需求，科学技术的变革会导致社会系统发生飞跃性的变化，而科学技术的发展及作用的发挥又具有社会制约性。因此，研究新科技革命与社会发展的关系问题，有必要首先对科学技术的本质内涵及社会作用进行分析。

### 一、内涵架构

在当代流行语境中，人们习惯于将科学与技术连在一起，统称为"科学技术"。实际上科学与技术之间既紧密联系，又有着明显的不同。为了更清楚地把握科学技术的本质内涵及其社会作用问题，首先我们需要厘清科学与技术的概念、梳理科学与技术的辩证关系。

#### （一）科学

从起源上讲，科学一词，并非汉语中固有的词汇，而是来自日本的译名，日本学者西周使用"科学"一词作为对应"science"的译词。英语和法语中的"science"皆源自拉丁语"scientia"一词，意指"知识、学问"，早年西学归来的中国人将它译作"格物学""格致学"或"西学格致"，五四时期音译为"赛先生"，后来慢慢采用来自日本的翻译，直到1915年确定译为

"科学"。

对于什么是科学,诸多专家学者进行了相当多的研究和讨论,然而至今尚未有统一、明确的定义。由于科学本身在不断发展,其内涵与外延在不断丰富,因此,要对其下一个准确的定义是相当困难的。我们只能通过对学界已有的科学定义和诠释进行概括,形成多数人能接受或认可的"科学"概念。总结学界的一般认识,对科学的定义主要包括以下三个基本的方面:(1)科学是一种知识体系。《辞海》中写道:"科学是关于自然、社会和思维的知识体系。"①《苏联大百科全书》第二版也写道:"科学,是在社会实践的基础上历史地形成的和不断发展的关于自然界、社会和思维及其客观发展规律的知识体系。"②(2)科学是一种生产知识的活动。因为科学的本质在于探索真理,正如达尔文所提出的,"科学就是整理事实,从中发现规律,做出结论"③。科学本身不是知识,而是一种产生知识的社会活动。(3)科学是一种社会建制。英国科学学创始人贝尔纳在其代表作《历史上的科学》中提出,科学是一种建制、一种方法、一种累积的知识传统、一种维持或发展生产的重要因素、一种构成人们各种信仰和对宇宙和人类的各种态度的最强大势力之一。④ 科学是一项以自然研究为主的、以职业的形式出现的社会实践活动,与经济、政治、文化、生态等社会的其他方面一样,"它是嵌套在社会之中的一个开放的

---

① 《辞海》缩印本,上海辞书出版社1989年版,第759页。
② 转引自[苏]N.A.拉契科夫《科学学——问题·结构·基本原理》,韩秉成译,科学出版社1984年版,第33页。
③ 转引自宋健《现代科学技术基础知识》,科学出版社1994年版,第2页。
④ [英]约翰·德斯蒙德·贝尔纳:《历史上的科学》,伍况甫、彭家礼译,科学出版社2015年版,第7页。

系统，由非常稠密的反馈环与社会连接起来。"①

根据以上阐述，科学的定义可以概括为：科学是人们运用科学方法对自然、社会、思维及其他各种事物进行研究，并在此基础上形成综合化、系统化的知识体系的一种社会实践活动，它与人们所从事的其他社会活动相互依存、相互作用。

科学是一个历史范畴。在不同的历史时期，科学有着不同的表现形式。随着人们对大自然了解的加深，其科学知识也随之不断发展。在原始社会，科学以萌芽状态存在于诸如人工取火、石器加工、刀耕火种、制陶冶炼等生产技术中；在公元前七世纪左右（即古希腊时期），科学是作为一种精神范式存在的，属于哲学系统的一部分；而十七世纪欧洲科学革命的发生，以近代物理学、天文学、生命科学、化学为主要内容的自然科学逐渐占据主导地位，使科学不再像经院哲学一样局限于求知，而是旨在认识自然和改造自然进而改善人们的生活。据此，我们今日所常用的"科学"一词，主要指的是自然科学。

（二）技术

从起源上讲，"技术"一词来自希腊语"techne"（意为"技巧""技艺"）与"logos"（意为"说话""言辞"）的结合。在二十世纪初，以维布伦为代表的美国社会科学家将德语中的"Technik"这一概念译为"Technology"。在德语和其他欧洲语言中，"Technik"和"Technologie"之间存在差别，而在英语中则通常将这两个词译为"technology"（即技术）。

技术同科学一样，也是一个历史性范畴。在人类历史发展的不同阶段，技术的涵义在不断发生着变化。早在古希腊时期，在

---

① ［比］伊·普里戈金、［法］伊·斯唐热：《从混沌到有序》，曾庆宏、沈小峰译，上海译文出版社1987年版，第7页。

亚里士多德的著述中就已经有了技术的概念，他最早将技术看作是制作的智慧和技艺。在这一时期，技术主要指一种经验性的工匠技艺，比如渔猎技术、种植与养殖技术、采掘技术、手工业技术等。自十六世纪以来，随着近代科学的兴起，人们开始关注和研究技术的本质，"技术"一词的使用也发生了巨大的变化。

德国哲学家雅斯贝斯认为，"技术是科学的人用来掌控自然的方法，它的目的在于塑造人的此在，以使人免遭困境，获得使人满意的环境形式"①，技术是人们为达到目的而采取的手段、一种支配自然的力量或能力、一种知性劳动。德国哲学家海德格尔认为，技术"包含着对器具、仪器和机械的制作和利用，包含着这种被制作和被利用的东西本身，包含着技术为之效力的各种需要和目的"②。

综上，本书将技术的含义概括为：技术是指人类为了满足需求和实现目的，在利用和改造自然的实践中所创造和借助的物质手段和方式方法等的总和。作为物质手段，技术主要是指劳动工具，如工具、仪器、设备等；作为方式方法，技术主要是指人们发明和使用劳动工具的经验、技能、知识等；作为过程，技术主要包括设计、发明和运用等。当"技术"与其他术语（如"生物技术"或"信息技术"）结合使用时，它指的是各自领域的知识和工具的状态。

### （三）科学与技术的辩证关系

科学与技术的辩证关系既有差异性也有统一性。在不同的历史时期，科学与技术的关系模态有所不同。

---

① ［德］卡尔·雅斯贝斯：《历史的起源与目标》，李夏菲译，漓江出版社2019年版，第132页。
② ［德］马丁·海德格尔：《演讲与论文集》，孙周兴译，生活·读书·新知三联书店2005年版，第4页。

## 第一章 新科技革命之"新"

科学与技术的差异性主要表现在三个方面：首先，二者的主要任务与目的不同。科学主要通过观察和实验来获得关于物质世界的系统知识，建立起与之相对应的理论或知识体系；而技术的目的在于利用自然界的客观规律为人类服务，它必须满足诸如实用性、可用性和安全性等需求。简言之，科学的发展遵循对知识和真理的追求，而技术的发展则发轫于人的现实物质需求。其次，二者的评价标准不同。科学追求的是真实性，以是否符合客观事实及其规律为评价标准；技术追求的是有效性或实用性，以价值和功利为评价标准。最后，二者社会价值的体现方式不同。科学以知识理论的形态存在，它只有渗透到生产过程、生产环节、生产要素中去并为生产者所掌握才能转化为现实的物质生产力，因而其价值是间接的、潜在的；技术则属于生产力的实体性要素，可以直接通过机器设备、工具等方式体现为现实生产力，因而其价值功能的体现具有直接现实性。

科学与技术的统一性主要体现在三个方面：首先，二者的最终目的一致，都是满足人类生存与发展的需要，同属于"目的性系统"①。其次，二者相互依存，科学理论的正确与否需要通过技术来检验，科学的发展要靠技术不断为其提供方法手段和设备、仪器等物质支撑；技术的形成离不开来自科学的依据，技术的发展依赖于科学所提供的理论指导；最后，二者相互促进，每一个科学理论都有可能潜在地诱发技术应用，每一项技术也都有可能反过来推动科学的进步。技术向科学转化是科学不断进步和发展的重要途径，而科学需要以技术为中介转化为生产力。

科学与技术的关系状况有一个历史演变的过程。从古至今，

---

① ［美］布莱恩·阿瑟：《技术的本质》，曹东溟、王健译，浙江人民出版社2018年版，第117页。

科学与技术大致经历了从原始综合到彼此分离、又从相互独立到融为一体的过程。在古代，由于人类对自然的认识与生产技能和经验合二为一，因而处于萌芽状态的科学与技术是浑然一体的。随着人类文明的发展，随着生产实践活动中脑力劳动与体力劳动的逐渐分离，科学与技术也随之分化并相互独立。科学主要作为脑力劳动者特有的知识在不断发展，而技术则作为体力劳动者的经验积累而不断进步。近代以来，随着越来越多科学家对技术的关注，随着技术越来越离不开科学的指导，科学与技术之间逐渐结束相互分离的状况而走向融合。特别是二十世纪中叶以来，随着以电子计算机为核心的现代科技革命的发生发展，技术科学化、科学技术化的趋势日益明显，科学与技术之间的界限也逐渐模糊，二者相互渗透、相互交叉，并逐步融为一体。在当代，无论是科学还是技术，其发展与突破都依赖于对方的发展与突破，二者同步协调、相互促进。任何现代技术都是科学技术，任何现代科学活动都是以现代技术为手段的活动。

正是基于这种意义，"科学技术"早已成为国内外学者的惯用术语。因此，无论是评价科学在社会发展中的作用，还是评价技术在社会发展中的作用，我们都应该在二者的紧密联系和相互作用中进行，即要一体化地评价认识"科学技术"（或简称"科技"）在社会发展中的作用。

## 二、外延意义

### （一）科学技术的社会目的性

科学技术自诞生起就具有社会目的性。这种社会目的性集中体现在，人们进行科技活动无疑是为了满足人的需要、实现人的目的，一切科技发展和进步的成果都是为社会发展所服务的。目的性是科技活动的起点，科技发展的后果是目的性的实现。

## 第一章 新科技革命之"新"

"历史不过是追求着自己目的的人的活动而已。"① 人的活动具有合目的性,人的一切实践活动源于人的需要。人通过意识的作用,对需要形成一定的欲求、动机和目的,以引导自己从事一定的实践活动,而人的实践活动又离不开科学技术的支撑和引领,这就赋予了科学技术存在和发展的重要意义。② 科学技术作为人的实践活动的表现形式,其发展"只有通过人的目的才具有意义"③。人类通过科学技术的手段和工具来满足自己生产生活的需求和目的、促进自身的发展。马克思指出,"自然界没有制造出任何机器,没有制造出机车、铁路、电报、走锭精纺机等。它们是人类劳动的产物,是变成了人类意志驾驭自然的器官或人类在自然界活动的器官的自然物质。"④ 海德格尔在《技术的追问》中提出,技术是合目的的手段。⑤ 科学技术的目的和任务在于满足社会发展的需求,对发展需求的满足程度是评价科技发展的依据。

科学技术的社会目的性随着社会的发展而发展。社会发展的目的总是反映着人的需要,人们在需要的驱动下有意识地进行活动,为实现目的而发展科学技术;人们在具备一定科学技术手段的基础上不断满足需要、生出新的需要,又提出新的发展目的,如此循环往复、递进攀升。在不同的历史时期,人们会根据不同的需要制订不同的计划和目的,而科技的发展则恰恰是为满足这些需要所服务。

---

① 《马克思恩格斯文集》第1卷,人民出版社2009年版,第295页。
② 王丹、邱耕田:《习近平新科技革命观论析》,《中共中央党校(国家行政学院)学报》2019年第3期。
③ [德]卡尔·雅斯贝斯:《历史的起源与目标》,李夏菲译,漓江出版社2019年版,第135页。
④ 《马克思恩格斯全集》第46卷下,人民出版社2016年版,第220页。
⑤ [德]马丁·海德格尔:《演讲与论文集》,孙周兴译,生活·读书·新知三联书店2005年版,第4页。

**(二) 科学技术的社会作用**

1. 西方关于科学技术的社会作用的两大思潮

关于科学技术的社会作用，尽管西方学者提出了各种各样的看法和观点，但基本上可以划分为两大思潮，即对科学技术的崇拜和对科学技术的批判。

一方面，西方对科学技术的尊崇，主要表现为对科学技术的社会作用的乐观肯定，其主要观点有以下三种：第一，科学技术是经济增长的核心动力。例如，约瑟夫·熊彼特在其代表作《经济发展理论》中提出，技术创新在经济发展中起核心作用，资本主义经济增长的根本原因在于技术创新，因而只有不断地出现技术创新，才能保持经济的持续发展；美国经济学家罗斯托认为，科学技术的发展决定着经济社会的成长过程，经济发展的基础是新的技术成果的广泛应用。在罗斯托看来，可以根据单纯的技术因素来划分人类社会发展的标准，不用考虑生产方式和生产关系在社会发展中的作用；刘易斯认为，知识的增长和运用在经济增长中起着最为重要的作用。第二，科学技术是社会发展的根本因素。例如，彼特·德鲁克认为，知识作为最重要的社会要素，它从根本上改变着社会的结构，因而技术和知识运用的变化是社会发展的动力、是推动社会变革的根本原因。第三，科学技术是人实现全面发展的关键枢轴。例如，美国教授泽伊在《擒获未来》中提出，科学技术可能促进人类实现超高度进步，据他预测，在二十一世纪，人类的心智与创造力得到空前发展，诸如计算机、虚拟现实、生物反馈等科学技术的发展，可能会将人类潜能推向一个全新的境界；法国哲学家拉特利尔提出，科学已不再是一种获取知识的方法或知识体系，而是作为一种社会文化现象，决定着现代社会和人的全部命运，他认为，科学技术在本质上具有批判性，因而必然会冲击和动摇各种传统的伦理价值观，会建立起人类新的伦理价值观。

另一方面,不少西方学者特别是法兰克福学派,对科学技术进行了反思批判,其主要观点有以下几种:第一,揭示科学技术的人文困境。西班牙哲学家奥特加在《对技术的沉思》中提出,技术是为人的生活计划的目的服务的,而人对现代技术的痴迷使之丧失了对技术确定目标的创造能力。海德格尔指出,在技术时代中,不是人控制技术,而是人被束缚在技术的框架中,受技术的支配和统治,自觉或不自觉地按照技术的要求去行动。结果,地球及其环境变成了被肆意掠夺和剥削的原料,人也成了人力物质,以满足技术生产的需要,导致日益加剧的存在遗忘,造成了人类严重的生存危机。法国哲学家埃吕尔提出,在技术社会中,人与人的关系纯粹是一种技术关系,任何东西都出自技术,技术剥夺了人的自由,因而有必要寻找摆脱技术困境之路。第二,实现科学技术的社会反思。马尔库塞提出,技术理性使人文价值遭到排斥,使人丧失了否定性的批判思维能力,因而是非人性的、不合理的,需要将价值因素内化到科学技术中去。哈贝马斯认为,科学技术作为生产力实现了人对自然的统治、作为意识形态实现了人对人的统治。弗洛姆提出,当代社会对科学技术的片面强调,使人变成了缺乏情感和活力的、没有思想的"经济工具"。第三,架构科学技术的生态批判。最具代表性的是卡逊和罗马俱乐部,卡逊在《寂静的春天》中揭示了科学技术的发展所造成的严重的生态环境问题及其对人类生存的危害;罗马俱乐部认为,科学技术的发展实际已经成了人类无法控制和评价的、占统治地位的独立要素,导致了一系列威胁人类生存的全球性问题,给大自然的生态系统造成了无法逆转的损害。如果按现在的趋势继续下去,"这个世界系统的未来是注定要增长,然后崩溃为凄凉的和枯竭的生活吗？"①

上述西方对科学技术的崇尚与批判，从两种不同的角度分析了科学技术的社会作用，前者反映了人们对科学技术的社会作用的乐观肯定与推崇，后者凸显出人们对科学技术的社会作用的悲观否定和忧思，二者对于我们全面认识科学技术的社会作用具有一定的借鉴意义。但毋庸讳言，这两种思潮在不同程度上又存在着极端性：前者过于强调科学技术的积极作用，片面乐观地认为科学技术的发展必定给人类带来美好幸福的生活；后者虽然洞见到了科学技术的消极作用，但又片面夸大了科学技术给人类社会所带来的危害。主要症结在于，由于这两种思潮撇开了人类社会自身的发展和社会的制约性两个关键因素，因而单方面地分析了科学技术的社会作用。只有辩证分析科学技术的社会作用，"对技术的可能性和限度作一番清醒的调查研究之后，才会做出公正的评价"②。

2. 辩证把握科学技术的社会作用

对人类社会发展而言，科学技术的发展自古以来就如同一把双刃剑，它不仅具有正向的社会功能，而且具有负面的社会效应。因此，要一分为二地看待科学技术的社会作用问题。

一方面，科学技术当然具有正向的社会功能，这种功能是多方面的，主要包括生产力功能、文化功能、社会管理功能、改变社会关系的功能，等等。其中，最突出的两大社会功能就是生产力功能和文化功能。

所谓生产力功能，是指科学技术能对社会生产力的发展起促

---

① ［美］丹尼斯·米都斯等：《增长的极限》，李宝恒译，吉林人民出版社1997年版，第93页。
② ［德］F. 拉普：《技术哲学导论》，刘武等译，辽宁科学技术出版社1986年版，第145页。

进作用,它首先体现在科技本身就是一种生产力。"科技是生产力"具有两层含义:一是直接的或现实的生产力,当科技运用到生产活动中,物质生产的过程便是科技在生产实践中应用的过程;二是潜在的或可能的生产力,在转化为生产力之前,科技是一种知识形态的生产力。科学技术的生产力功能主要是通过促进社会生产力的不断提高而加以体现的。马克思曾高度评价科学技术对生产力的重要作用,并在《资本论》中明确指出,"劳动生产力是随着科学和技术的不断进步而不断发展的"①。生产者、生产工具、生产对象或劳动对象构成生产力的三大基本要素,但生产力的生成并非简单地依赖于这三大要素的集合,除了这些主干性要素外,在生产力结构中,还存在着一系列依附性因素,如管理要素和科技要素等。这些要素和上述的生产者、生产工具、生产对象的有机统一形成了现实的生产力。科技要素的渗入,使生产力的发展如虎添翼,它既使生产力获得量的渐变,更使生产力的发展获得突破性的进展。比如,生产者的体力、智力等生产能力在科学技术的武装下得到增强与优化,生产工具在科学技术的作用下获得改进或突破,从而使生产力获得飞跃式进步,而不断进步的生产力又以其巨大的基础性力量顽强地推动着整个社会的进步。随着现代科技的发展,科技越来越深入地渗透到生产力系统的各个层次,深刻而广泛地影响着生产力系统的整体结构、内部要素及其外部环境等。

科技的文化功能主要体现在以下几个方面:一是通过灌输科学的精神、科学的心智、科学的思想作用于人的精神世界,促使人们不断更新观念、完善人性和提升素质,从科技角度培养为推动社会生产不断进步而需要的合格的社会成员,从而增进社会的

---

① 《马克思恩格斯文集》第 5 卷,人民出版社 2009 年版,第 698 页。

稳定性、推动社会的美好发展。二是更能满足人们的判断，使人们的审美需求得到满足。美与真是统一的，只有当表象能与人们过去及现在的所有经验或观察相一致时，才能让人们信服，进而使人们的审美需求得到满足、审美能力得到提高。科学的求真性、追求与客观自然的一致性，使得现象与本质的科学诠释与科学阐明成为唯一能与我们的观察或经验相一致的东西。三是有助于塑造与完善人性。科学是区别文明人与野蛮人的标志，它能破除迷信或愚昧。从某种意义上讲，一部科学的发展史可以说是一部人类不断破除迷信和教条的历史；四是科学带来的技术更新与操作，为人的实际生活增添舒适感，增进人们来自物质方面的存在度和满意度。

另一方面，科学技术的发展也会产生负面效应。诚如马克思所言，"我们看到，机器具有减少人类劳动和使劳动更有成效的神奇力量，然而却引起了饥饿和过度的疲劳。财富的新源泉，由于某种奇怪的、不可思议的魔力而变成贫困的源泉。技术的胜利，似乎是以道德的败坏为代价换来的。"[①] 科学技术发展带来的负面效应与它给人类带来的福祉如影随形，它在给社会发展创造了美好前景的同时，也给社会带来了巨大的破坏力和威胁。比如，以科技为基础的机器大工业，一方面帮助人类发展经济、增加生产，另一方面又造成资源枯竭、生态失衡、自然环境自我修复能力丧失等一系列问题；生物科技能帮助人们打败细菌和病毒，但同时也可能会让人类面临难以预料的威胁；热电站为工业供给动力、为居民供给照明，但同时也会造成硫氧化物污染；超音速飞机能提高运输的速度，但同时又破坏了平流层的臭氧、增加了太阳辐射的危害，等等。当今人类所面临的日益严重的环境污染、能源

---

① 《马克思恩格斯文集》第 2 卷，人民出版社 2009 年版，第 580 页。

枯竭、自然资源匮乏等全球性问题，与人类对现代科学技术的不当运用有着密切联系。用斧头砍伐林木当然比不上用铁锯伐木的速度，而用铁锯伐木显然又远远赶不上使用电锯伐木的速度。社会历史的列车行驶到今天，人类所面临的一系列发展问题特别是环境问题，背后总能看到科学技术使用不当的影子。

3. 评价科学技术的社会作用的基本原则

评价科学技术的社会作用的原则，对于评价科技革命、新科技革命在社会发展中的作用有着重要的指导意义。对于科学技术的社会作用的评价，我们需要坚持以下几个原则：

一是立足整个世界的范围。评价科学技术在社会发展中的作用，不能仅仅看它给某个国家或地区带来的好处，还需要看它对其他国家或地区造成了什么影响。在当代，科学技术的应用越来越突破国家的界限、进入到全世界的物理空间中。科学技术的发展和应用只有既促进发达国家的经济增长，又有利于发展中国家的经济增长，能推动全世界实现共同发展，其社会作用才能算作是正向的、具有积极意义的。如果科学技术的发展和应用只是成为一部分国家或地区谋取发展利益的工具，对其他国家或地区的发展造成了伤害，就不能认为其社会作用具有进步性。二是基于全面的标准。托夫勒提出："技术进步再也不能以技术和生活的物质标准来衡量了。如果在道德、美学、政治、环境等方面日趋堕落的社会，则不能认为是一个进步的社会，不论它多么富有和具有高超的技术。一句话，我们正在走向更加全面理解进步的时代。进步再也不会是自动化的成就，也不会单以物质标准来衡量了。"① 托夫勒的这一观点对我们评价科学技术的社会作用具有借

---

① ［美］阿尔文·托夫勒：《第三次浪潮》，朱志焱等译，新华出版社 1996 年版，第 326 页。

鉴意义。科学技术的发明与应用是作为整体社会发展的一部分出现的，而不是作为一个孤立的活动领域出现的。我们不能将物质标准作为评价科学技术的社会作用的唯一尺度，这是由社会发展的评价标准决定的。而对于社会发展的评价标准，第二章将进行具体阐释。三是既要立足现实、又要放眼未来。科学技术的发展和应用不能只关注当前利益，而忽视长远利益。只有既能给人类带来眼前利益，又能带来长远利益，科学技术的社会作用才是正面的、积极的；反之，如果科学技术的发展和应用只是给人类带来暂时的、眼前的利益，却损害了人类长远的利益，那么，其社会作用就不能算作是积极的。

### （三）科学技术的社会制约性

科学技术的社会作用是正面的还是负面的、是积极的还是消极的，以及科技能否起到推动社会发展的关键作用，并非仅仅由科技本身决定，在很大程度上取决于应用科学技术的社会条件制约的结果。而制约科学技术的发展及其社会作用的条件是错综复杂的。

第一，科学技术的发展及其社会作用受生产力发展水平的制约。如前所述，科学技术的社会作用主要是通过促进社会生产力的发展而加以体现的。生产力发展水平的状况与程度，决定着能在多大程度上利用科技发展的最新成果，决定着科学技术转化为生产力的可能、速度与规模。在通常情况下，生产力发展水平越高，就越能以更快的速度和更大的规模利用科学技术的发展成果，越有利于发挥科学技术的积极作用、避免或克服科学技术的消极作用。如马克思所评价的，"18世纪，数学、力学、化学领域的进步和发现，无论在英国、法国、瑞典、德国，几乎都达到了相同的程度。发明也是如此，例如在法国就是这样。然而，在当时它们的资本主义应用却只发生在英国，因为只有在那里，经济关系才发展到使资本有可能利用科学进步的程度。"①

第二,科学技术的社会作用受社会政治(特别是政治制度)的制约。在资本主义制度下,科学的使命在于获取利润、生产财富。资本家为了谋取私利,不可能考虑全社会、全人类的共同利益,这是科学技术的应用给人类社会造成危害的社会根源。特别是在垄断资本主义时期,垄断资本为牟取超额利润而实行技术上的垄断、保密甚至是封锁,限制了一些科学上的新发现和技术上的新发明的及时应用。科技的应用掌握在资本家手中,使得各种尖端科技难以在全社会和全世界范围内得到充分利用。而在社会主义制度下,科技进步的目的在于尽可能多地提供社会产品和服务,以满足人民日益增长的对于美好生活的向往和追求。社会主义将促进科技发展作为全民事业,改变了科技的服务方向。特别是新中国成立以来,我国有计划地推动科技研究和普及应用,集中人力物力和财力发展航天、原子能、尖端电子技术等,取得了举世瞩目的成就,为我国人民的富起来和我国的强起来提供了重要的科技保障。可见,社会主义制度更能为科技发展及其应用开辟广阔前景,更能充分地发挥科学技术对社会发展的推动作用。但需要说明的是,并非只要在社会主义制度下,科学技术的发展就不会给社会造成危害了。在社会主义社会,如果国家的政治体制、经济体制、科研体制、教育体制、军事体制等方面不够完善,如果利用新科学技术的具体目标不够明确,就仍然可能会使科学技术的应用对社会发展带来某种危害。

第三,科学技术的社会作用是正面的还是负面的,还取决于人们对科学技术的性质的认识。如果人们对科学技术的性质的认识是正确的,对于技术的开发与应用的设计是科学合理的,对科

---

① 《马克思恩格斯文集》第8卷,人民出版社2009年版,第367页。

学技术可能造成的危害有一定的预测或防范，那么，无论是在资本主义制度下，还是在社会主义制度下，科学技术的应用都会给人类带来福音；反之，如果对科学技术的性质没有正确的认识，也达不到上述要求，无论在哪种制度下，科学技术的应用都很有可能给人类社会的发展带来负面影响。

## 第二节　科技革命的历史与现实

"历史从哪里开始，思想进程也应当从哪里开始，而思想进程的进一步发展不过是历史过程在抽象的、理论上前后一贯的形式上的反映。"[①] 恩格斯的这段经典表述，对从历史与现实的双重架构中分析"新科技革命与社会发展"这一问题同样具有启示意义。对现实的理性分析，离不开对历史的深邃思考；回望历史，才能更好地接洽现实。历史是从前的现实，现实是将来的历史。只有对近代以来科技革命的发展脉络进行深刻的回溯，并在此基础上分析科技革命对社会发展的作用机制和作用限度，才能更清楚地看到新一轮科技革命在社会发展中的作用。

### 一、概念阐释

科技革命是科学革命和技术革命的统称。科学技术的发展具有不均衡性，它既有漫长的量的积累，又有在某一时间范围内质的突破，前者表现为常规的科技进步，而后者则意味着科技革命。为了准确把握科技革命的概念与作用，需要弄清科学革命、技术革命的概念及二者关系。

---

[①] 《马克思恩格斯文集》第 2 卷，人民出版社 2009 年版，第 603 页。

第一章　新科技革命之"新"

## （一）科学革命

"科学革命"这一概念最早是由赫伯特·巴特菲尔特在《近代科学的起源》中提出的："由于人们对受束缚的运动物体的运动的看法发生了变化，导致了许多对各种运动的新的分析，以致其自身便构成了科学革命。"① 美国著名科学哲学家托马斯·库恩指出，科学革命的本质是"科学发展中的非累积性事件，其中旧范式全部或部分地为一个与其完全不能并立的崭新范式所取代"②。所谓范式，指的是"那些公认的科学成就，它们在一段时间里为实践共同体提供典型的问题和解答"③，即已被公认的科学理论和成就。根据库恩的观点，科学革命的本质就是新理论替代旧理论、新规范取代旧规范。苏联著名哲学家、科学家凯德洛夫曾提出，科学革命的本质是思维方式的急剧转折，是陈旧的科学认识方法向新的进步的科学认识方法的转变。④

综合以上观点，我们可以对科学革命做如下解读：其一，科学革命指科学理论的重大突破；其二，科学革命包括由科学理论的根本性变革所导致的人们思想观念或思维方式的变革。科学革命的发生通常是指在某一个领域或学科门类上出现了重大突破，带动了其他领域或科学分支的发展，引起整个科学体系发生的根本性的变革，进而导致人们的思想观念或思维方式也发生重大变化。

---

① ［美］赫伯特·巴特菲尔特：《近代科学的起源》，张丽萍、郭贵春等译，华夏出版社1988年版，第6页。
② ［美］托马斯·库恩：《科学革命的结构》，金吾伦、胡新和译，北京大学出版社2003年版，第79页。
③ ［美］托马斯·库恩：《科学革命的结构》，金吾伦、胡新和译，北京大学出版社2003年版，"序"第4页。
④ ［苏］鲍·米·凯德洛夫：《列宁与科学革命·自然科学·物理学》，李醒民、何永晋译，陕西科学技术出版社1987年版，第18页。

科学革命是科学发展在质上发生的突破或飞跃。科学发展在何种程度上才能称为质的飞跃？对于此问题的回答，中国科学院相关研究为我们提供了借鉴或启示：显著改变了人类的思想观念，且影响率和覆盖率超过50%。[①] 小范围的学科或者某一个领域的科学理论的变革并不代表科学革命的发生。因此，以某一具体科学成就或科学理论的名称甚至以某一科学家的名字来命名"科学革命"，都是不科学的。

**（二）技术革命**

所谓技术革命，是指一项或多项技术在短时间内被另一项或多项新兴技术所取代的时期，它并不严格限于技术本身的变革，不仅包括技术原理、技术体系、技术规范、技术活动的方式与方法等方面的根本性变革，而且还可能涉及由于引进设备或系统而引起的物质或思想上的变革。其中，技术原理是指技术发展的理论基础；技术体系是指以原材料、能源、工艺、控制为核心，根据一定的技术规范和目的将原本相互独立的技术相统一，以组成一个有机整体；技术规范是指在组成一个综合的整体时所遵循的技术标准、基本原则和技术途径；技术活动的方式与方法是指为达到某种技术目的而采取的技术手段。

将技术革命与常规的技术发展或技术进步分开来，并将其定义为"革命"的基本特征在于：其一，形成新的主导技术群。单单某一项新技术的发明应用并不代表技术革命的发生。在不同的历史时期，存在着与当时的时代发展整体水平相适应的技术体系。在这一技术体系中，不同技术的地位和作用各不相同。当一项或多项新兴技术出现并占据技术体系的主导地位时，会影响或引导其他领域的新兴技术出现，他们共同发挥作用，最终形成新的主

---

① 参见白春礼《新科技革命的拂晓》，《中国科学报》2012年1月1日。

导技术群，它们之间具有很强的互联性和相互依赖性。其二，能深刻转变社会发展的其他领域。当新的主导技术群正在显著改变着人类的生产方式和生活方式且影响率和覆盖率超过50%，并最终取代旧的主导性技术群时，技术革命就发生了。

（三）科学革命与技术革命的关系

科学革命与技术革命同属于科学技术发展进程中的质变或飞跃，二者有着密切的关系。在科学革命中诞生的新理论、新观念和新的思维方式，为技术革命中的新发明、新技术提供理论基础和社会文化环境，在技术革命中产生的新技术、新发明、新工艺又为下一次的科学革命创造条件。

按照一般的观点，科学革命是技术革命发生的必要前提，技术革命是科学革命的必然延伸或结果；科学革命导致了技术革命的发生，技术革命反过来又促进了科学革命的发展，二者相互依存、相互转化。但历史的事实是复杂的，科学革命与技术革命之间存在着非线性关系，并非具有必然的一一对应性。根据世界科技革命史，并非所有的科学革命都会引起技术革命，而技术革命也未必都与科学革命相关。比如，十七世纪发生在欧洲的科学革命发端于天文学，但并未引起与天文学上的重大突破相对应的技术革命；发生在十八世纪中叶的以蒸汽机为主要标志的技术革命，虽然与热力学的发展存在一定联系，但真正做出了突出贡献的是以瓦特为代表的工匠技师们，与当时的科学发展并无太多的直接联系。因此，我们既要强调科学革命与技术革命之间的紧密关系，又不能过分强调这种关系，否则就很可能将二者混同，导致我们对科技革命的概念和内涵认识不够准确。

综上，科技革命的内涵可以概括为：科技革命是指科学范式和技术范式的转变，它不仅表现为科学理论的重大突破，而且表现为技术的重大变革。

## 二、历史回溯

根据科技革命的概念与判断标准,十六世纪以来,人类历史上大约发生了五次科技革命。

### (一) 第一次科技革命

第一次科技革命指的是以近代物理学的诞生为主要内容的第一次科学革命。1543 年哥白尼的《天体运行论》的出版和"日心说"的提出,将地球从"神圣"的位置上拉了下来使之成为宇宙中一颗普通的行星,推翻了统治人类天体认识论一千多年的托勒密地心说。正如恩格斯在《自然辩证法》中所评价的:"自然研究通过一个革命行动宣布了自己的独立……这个革命行动就是哥白尼那本不朽著作的出版……从此自然研究便开始从神学中解放出来……科学的发展从此便大踏步地前进。"[①] 哥白尼的《天体运行论》打破了感官直接提示给人们的东西的无限信赖[②],"日心说"使人类开始重新认识宇宙、地球和物体的运动及其在宇宙中的位置,从而揭开了第一次科学革命的序幕。英国物理学家牛顿的万有引力定律的发现,为哥白尼的"日心说"提供了更严格的科学论证,从而为其在天文学的彻底胜利作出了决定性的贡献。1687 年《自然哲学的数学原理》的发表,标志着牛顿力学体系的建立,完成了科学史上的一次大综合,标志着自然科学正式从宗教神学中解放出来而成为一门独立的"社会建制",从而宣告了第一次科学革命的成功。

### (二) 第二次科技革命

第二次科技革命指的是以蒸汽机和机械革命为主要内容的第

---

① 《马克思恩格斯文集》第 9 卷,人民出版社 2009 年版,第 410 页。
② 参见中国科学院编《新科技革命与中国的现代化》,科学出版社 2009 年版,第 7 页。

一次技术革命。珍妮纺纱机的发明带动了整个工业部门的机械化，产生了发明新的动力设备的需要。第一次科学革命期间，就有人提出通过冷凝产生真空作动力的办法来制造蒸汽机。十八世纪初，纽可门利用这一原理发明了蒸汽机。瓦特在格拉斯大学约瑟夫·布莱克教授等人的指导和帮助下，通过反复试验，终于成功发明了高效能的蒸汽机，实现了生产技术体系从动力机到工具机的转变。蒸汽机的发明和改造，实现了动力革命。从此，人类步入"蒸汽机时代"，技术革命也随之在全社会各行业中全面展开。蒸汽机的广泛使用带动了棉纺织业、化工、运输等许多领域的变革，推动了机器制造技术的发展。随着各种用于机械加工的机床的陆续出现，人类告别了过往手工制造业的历史，进入了机器大生产的时代。蒸汽机等的重大发明，成就了第一次工业革命，使人类社会从农业文明跃进到了工业文明。

（三）第三次科技革命

第三次科技革命指的是以电气和运输革命为主要内容的第二次技术革命。第二次技术革命以发电机和内燃机的发明为主要标志，持续了七十多年。电磁感应定律等电磁学方面的成就，为发电机和电动机的制造奠定了理论基础。直流发电机、交流发电机、二相电动机、三相异步电动机及变压器的发明和使用，再加上电力技术的迅速推广，形成了以电力技术为主力的技术体系。在电力技术发展的同时，科学家和工程师们又利用电磁理论、电磁波实验结果，发明了电报、电话、电视、无线电通讯等技术。随后电子真空二极管、电子真空三极管、光电显像管、磁控管、调速管、行波管等器件的相继发明，为雷达、电视、微波通信的产生与发展奠定了基础。热力学和能量守恒定律的科学原理，导致了内燃机技术的出现。内燃机取代蒸汽机，直接导致了拖拉机、汽车、飞机、轮船、战车、工程机械等领域的飞跃。随着内燃机的应用范围不断扩大，石油与天然气逐步成为世界的主要能源。有机化学理论的建立为有机合成化工开辟了道路，高分子化工技术的发展引起了材料技术的根本变革。在此基础上，炼钢法、电解炼铝法等钢铁冶炼技术得到突破性发展，酚醛树脂、甲基橡胶相继问世并投入工业生产。第三次科技革命，直接将工业社会由机械化带入了电气化时代。

### (四) 第四次科技革命

第四次科技革命指的是以相对论和量子论等为主要内容的第二次科学革命。第二次科学革命以相对论、量子力学、分子生物学和系统科学为标志性成果。二十世纪初，爱因斯坦创立的狭义相对论和广义相对论，颠覆了物理学的"以太"概念和牛顿的绝对时空观，给人们的自然科学观带来了革命性的冲击和震撼。量子力学的建立与发展，促使人们对微观世界的认识不断深入，动摇了之前一直占统治地位的古典物理学的机械决定论，从根本上改变了人们对物质世界的认识。二十世纪四十年代后，系统科学作为一门新兴学科而崛起。系统科学从系统的角度研究客观世界，揭示了客观世界新的本质联系和运动规律，为人们从整体上认识事物、解决问题提供了新的有效方式和科学工具，极大地促进了科学技术的发展。二十世纪五十年代，DNA（脱氧核糖核酸）的双螺旋模型的提出，标志着分子生物学的诞生。分子生物学通过研究生物体的主要物质基础——蛋白质、核酸、酶等大分子结构运动规律，以探索生命现象的本质，从而揭示了生物遗传机制，叩开了长期未能破解的生命之谜的大门，使生物学发生了革命性变化。与此同时，控制论、信息论、板块构造理论、宇宙大爆炸学说等新的科学理论的提出，也将科学革命推向了新的高度。

第四次科技革命揭示了从微观粒子到宏观宇宙乃至生命世界的本质规律，使得人类获得了崭新的世界观和科学活动，反映了人类认识自然的新飞跃。正是第二次科学革命的一系列巨大成就，直接导致了以原子能技术、电子计算机技术和空间技术为主体的第三次技术革命的诞生。原子能的应用促使人类逐渐步入"原子能时代"。电子计算机的问世使人类的智力第一次得到解放。空间技术是在自第二次科技革命后科学技术全面发展的基础上诞生的，它开辟了人类探索宇宙空间的新途径，标志着人类迎来了向宇宙进军的空间时代。

（五）第五次科技革命

第五次科技革命指的是以电子技术和自动化、信息技术和网络化为主要内容的现代科技革命。二十世纪七十年代以来，出现了以信息技术为核心的世界范围的第五次科技革命。第五次科技革命以信息技术革命为标志，以生物技术的重大突破为契机，带动了新材料和新能源技术、空间和海洋技术等领域的根本性变革。

信息技术革命。所谓信息技术，是指信息的获取、传递、加工、处理和存储等技术。量子理论研究领域所取得的一系列重大成就，促进了电子技术的迅速发展，从而推动了整个信息技术的巨大进步。概言之，信息技术革命共经历了三个阶段：第一阶段主要是指二十世纪七十年代以前出现的半导体电子计算机、电磁通信和通信卫星等；第二阶段主要是指二十世纪七十年代到八十年代出现的微型计算机、光纤通信、新型卫星等技术；第三阶段主要是指二十世纪九十年代以后出现的数据通信技术、光电子、人工智能等技术。

新材料和新能源技术革命。二十世纪中叶以来，各种新材料技术的出现和使用大大推动了现代科技革命的进一步演进。例如，半导体材料单晶硅的发现推动了电子计算机的更新换代；光导纤维的发明加速了光电子技术的发展；高性能复合材料的发现大大提高了陶瓷的性能，成为火箭壳体的理想材料；超导材料被用于红外探测、磁共振装置等方面，同时还导致了磁悬浮列车的诞生。此外，生物材料、纳米材料、环保材料、信息功能材料等新材料越来越受到重视。所谓新能源，是指尚未被人类大规模开发利用的能源，是在现代科学技术基础上发现的再生能源和洁净能源，如太阳能、核能、地热能等。太阳能逐渐被开发并应用于热水器、电池、干燥器等场景中，而核能逐渐被应用到发电、取暖、动力装置等方面。

空间技术、海洋技术革命。自第四次科技革命以来，空间技术不断得到发展。空间技术主要包括人造卫星技术、载人航天技术、人类空间站技术。自二十世纪五十年代第一颗人造地球卫星问世以来，人造卫星技术的发展突飞猛进。人造卫星除了被用于探索和开发外太空之外，还被用于勘测地球表面资源、气象和环境状况，同时越来越多被应用于移动通讯、导航定位、数据跟踪等方面。载人航天技术的主要目的在于把人类的活动范围从地球扩展到太空并开发太空资源、建立空间实验设施和空间站等方面。自1961年原苏联发射第一艘载人飞船、1969年美国发射阿波罗宇宙载人飞船登上月球以来，1999年中国成功发射了无载人飞船神舟一号、神舟三号，而2003年神舟五号的发射标志着中国载人航天工程取得了历史性突破。随后，中国先后发射神舟六号、嫦娥一号、神舟七号等载人飞船，并开展了卫星伴飞、卫星数据中继等空间试验。二十世纪六十年代以来，全世界出现了开发海洋的热潮，海洋环境探测技术、海洋油气开发、海洋农牧化、海洋资源开发利用等技术得到迅速发展。

### 三、社会作用

纵观科技革命的发展历史，历次科技革命都对社会发展产生了深刻的影响。在社会历史车轮前进的隆隆声中，总伴随着科技革命的号角；而每一次科技革命中科学技术的突破及其成果应用，都成为社会发展的巨大推动力。

(一) 对科技革命的社会后果的不同评价

在科技革命与社会发展的关系问题上，存在着乐观主义与悲观主义的对立。这两种观点主要涉及对科技革命的社会后果的不同评价：前者主张科技革命是社会发展的重要动力，而后者则认为科技革命给人类社会带来种种灾难，阻碍了社会的发展与进步。

乐观主义者的主要代表有美国社会学家贝尔、托夫勒、康恩等，他们都强调科技革命是社会发展的一个重要推动力。例如，丹尼尔·贝尔提出，以生产和技术为中轴将社会划分为前工业社会、工业社会和后工业社会，其中后工业社会以原子弹和计算机的出现为标志，后工业社会中的社会关系的变化取决于科学技术的发展，所有社会问题都可以从技术变革入手；托夫勒在《第三次浪潮》中指出，随着以电子工业、信息技术、材料、生物、可再生能源等技术为代表的第三次浪潮的实现，资本主义社会的一切社会矛盾都可以得到解决。

悲观主义者的主要代表是罗马俱乐部。罗马俱乐部认为，由于技术的不合理使用，科技革命非但没有推动社会发展，反而使人类社会在困境中越陷越深；在现代科技革命的冲击下，诸如环境恶化、能源危机、生态破坏、不加控制的城市扩张、富裕中的贫穷等全球性问题正在全世界范围内出现；正是人类面临的危机和困境使人们能够看到科技革命带来的种种问题。罗马俱乐部的悲观主义不在于发现人类对科学技术的不合理运用所带来的上述问题，而在于认为，"在这个世界模型里，技术应用于资源耗竭、污染或粮食短缺等明显的问题时，对一个有限的，按指数增长的复杂系统基本问题没有影响。"① 在他们看来，社会发展中存在着技术解决不了的问题，而这些问题最后会带来物质增长和人口增长的极限。

上述对科技革命的社会后果的不同评价包含着一些合理因素，但由于这两种评价都各自夸大了科技革命的社会后果的其中一个方面，因而都是片面的、不科学的。正如科学技术是一把双刃剑，科技革命对社会发展既起着正面的推动作用，又有着负面的消极影响，为此，我们需要辩证地看待科技革命在社会发展中的影响作用。而科技革命对社会发展无论带来什么性质的影响，客观上都是在一定社会发展条件的制约下产生的。无论是悲观主义还是乐观主义，二者都提出了科技成果的合理运用问题。如何才能保证做到科技成果的合理应用？这在很大程度上要受到应用科技成果的社会发展的条件制约。因此，只有同一定的社会发展条件联系起来，对科技革命的社会后果的评价才能更准确、更客观。对于社会发展条件之于科技革命的作用，本书第三章将进行专门论述。

**（二）科技革命对社会发展的作用机制**

对于科技革命在社会发展中的作用，马克思曾评价道："蒸汽、电力和自动走锭机甚至是比巴尔贝斯、拉斯拜尔和布朗基诸位公民更危险万分的革命家。"② 恩格斯也指出："17 世纪和 18 世纪从事制造蒸汽机的人们也没有料到，他们所制作的工具，比其他任何东西都更能使全世界的社会状态发生革命。"③ 科技革命是社会动力系统中的一个独立的、特殊的动力④，这种动力的独立性

---

① ［美］丹尼斯·米都斯等：《增长的极限》，李宝恒译，吉林人民出版社 1997 年版，第 100 页。
② 《马克思恩格斯文集》第 2 卷，人民出版社 2009 年版，第 579 页。
③ 《马克思恩格斯文集》第 9 卷，人民出版社 2009 年版，第 561 页。
④ 赵家祥、梁树发：《新技术革命与唯物史观的发展》，河北人民出版社 1987 年版，第 159 页。

和特殊性决定了科技革命对社会发展的作用机制。

一方面，科技革命通过将科技成果转化为生产力，为社会发展提供物质基础，以生产力为中介间接地推动着社会向前发展。根据唯物史观，生产力是支配社会发展的决定性物质力量。科学技术作为社会生产力系统中的一个组成要素，直接推动着社会生产力的发展。从这个意义上讲，科技革命是在科学技术变成发展社会生产的主导因素的基础上，从根本上和质量上改造社会生产力的过程。通过对科技革命的历史回溯，我们不难看出历次科技革命都极大地推动着社会生产力的发展。如果说蒸汽机革命对生产力的发展产生了"加数效应"，电力革命时代对其产生了"乘数效应"，那么，信息革命则对其产生了"幂数效应"。由科技革命所导致的快速发展的生产力，常常在人们想象不到的地方出现，使人们喜出望外甚至"目瞪口呆"。

另一方面，科技革命除了直接推动社会生产力的发展之外，还引发了社会生产生活各个方面的变革。科技革命对社会发展的推动作用，主要表现为以下几个方面：一是引起社会经济结构的变革。例如，在以蒸汽机和机械革命为主要标志的科技革命之前，社会经济结构是以农业生产为主体；而在蒸汽机革命之后，社会经济结构则转变为以工业生产为主体了。可以说，蒸汽机革命使农业社会进入到工业社会。二是引起生活方式的变革。比如，航天技术、新材料与新能源技术、原子核技术、空间和海洋技术等的发展与突破，极大地改善了人们的居住和交通条件。伴随着一次次科技革命的发生，科学技术的发展与突破不断创造着越来越丰富的物质产品与财富，人们的生活方式也随之日趋多样化，人们活动范围的半径也在不断扩大中。三是导致生产方式的变革。以蒸汽机和机械革命为主要标志的科技革命，使社会生产实现了机械化；以电气和运输革命为主要标志的科技革命，实现了大规模生产；以电子技术与信息技术为主要标志的科技革命，实现了生产的自动化。四是促进思维方式的变革。科技革命不断摧毁旧的生产方式、消除地域的狭隘性、砸烂愚昧与落后、扩大了人们的交往范围，还帮助人们从宗教神学的束缚中逐渐解放出来。特别是现代科技革命条件下，人们掌握了新的理论工具（如信息论、控制论、量子力学理论、突变理论等）和新技术手段，并运用到对新课题、新领域和新现象的研究中去；电子信息技术的发明与应用使人的思维能力得到大大强化；自然科学与社会科学的有机结合与相互渗透，使人们的视野逐渐跨越了自然现象与社会现象之间的鸿沟；新的视觉化技术使人们的形象思维与抽象思维相结合，进而使人们的思维方式更具整体性、系统性、开放性、创新性等特征。

**（三）科技革命对社会发展的作用限度**

科技通过自身的革命虽然有力地促进着生产力的发展、引起社会生产生活各个方面的变革，但科技革命的这一作用是无法自主或自发实现的，也不能直接引起社会的变迁。马克思、恩格斯将科技革命看作社会变迁的有力杠杆，但并不认为它可以取代社会革命在社会变迁中的巨大推动作用。恰好相反，马克思指出，社会革命是"历史的火车头"[①]。科技革命主要是生产力范畴的革命，它并不包括社会关系方面的深刻变革，而社会关系的变革则通过社会革命和社会改革加以实现。当旧的生产关系阻碍了生产力的发展，而旧的上层建筑又要竭力维护旧的生产关系的时候，一般是先通过改革来解决它们之间的矛盾，而当改革都无济于事或无能为力的时候，社会革命就出场了。通过社会革命整个摧毁阻碍社会发展的旧的生产关系，从而建立新的生产关系以适应生

---

① 《马克思恩格斯文集》第2卷，人民出版社2009年版，第161页。

产力的进一步发展，并在获得了新的发展的生产力和新的生产关系的基础上构建起新的上层建筑。仅靠科技革命，显然不足以解决社会的各种矛盾，例如，不足以解决资本主义社会中所固有的各种矛盾，而只能从形式上或程度上对某些矛盾进行改变或缓解。利用科技革命的助推作用，社会形态的质变最终依赖社会革命方能实现。

因此，我们要客观而辩证地看待科技革命在推动社会发展中所起的作用，既要重视科技革命的这种推动作用，又不能盲目夸大这一作用。新科学的发现和新技术的发明只有转化为直接生产力，广泛应用到生产过程中并取得一定的规模效应，科技革命成果才能转化为助推社会发展的积极要素。当然，我们还需要变革社会的体制制度，为利用好科技革命所带来的发展机遇创造良好的社会环境。

## 第三节　新科技革命的合理内核

所谓"新科技革命"，是相对于业已发生的科技革命而言的，每一次科技革命在兴起之时，都会被称作"新科技革命"。党的十八大以来，习近平总书记多次提及"新科技革命"或"新一轮科技革命"，并对新科技革命的核心、主要内容、表现特征等进行了系统论述，为本书关于新科技革命的分析提供了重要指导。同时，国内外关于新科技革命的考察预测，也为本书对新科技革命的阐释提供了重要借鉴。

### 一、基本核心之"新"

习近平总书记在 2014 年首届世界互联网大会上提出："当今

时代，以信息技术为核心的新一轮科技革命正在孕育兴起。"① 这一论断为我们精辟地指出了新科技革命的核心。他多次提及的"信息技术"，不仅包括电子计算机、电子通信等传统信息技术，更是指"以人工智能、量子信息、移动通信、物联网、区块链为代表的新一代信息技术"②。

新一代信息技术之所以会成为新科技革命的核心，主要是因为它具有最强的渗透性和带动性，它将率先渗透到经济社会的各个领域、深入到新科技革命中的各个学科领域和技术领域。在新科技革命孕育兴起、新兴科技群体迸发的过程中，新一代信息技术发挥着最为关键的作用，是引领人类社会走向信息文明时代和智能文明时代的导航器，各个领域的科技突破与创新成果都将借助信息技术的力量才能得以实现与发展。

## 二、主要内容之"新"

在最新的即第六次新科技革命中，任何一种新兴科技的产生都伴随着其他相关科技的出现，换言之，新兴科技是以"群落"的形式出现的。那么，新一轮科技革命中的新兴科技群主要包括哪些内容呢？近年来，习近平总书记先后在三届两院院士大会上的讲话中指出："以人工智能、量子信息、移动通信、物联网、区块链为代表的新一代信息技术加速突破应用，以合成生物学、基因编辑、脑科学、再生医学等为代表的生命科学领域孕育新的变革，融合机器人、数字化、新材料的先进制造技术正在加速推进

---

① 中共中央党史和文献研究院：《习近平关于网络强国论述摘编》，中央文献出版社2021年版，第149—150页。
② 习近平：《在中国科学院第十九次院士大会、中国工程院第十四次院士大会上的讲话》，人民出版社2018年版，第8页。

第一章 新科技革命之"新"

制造业向智能化、服务化、绿色化转型。"①

"宏观世界大至天体运行、星系演化、宇宙起源，微观世界小至基因编辑、粒子结构、量子调控，都是当今世界科技发展的最前沿。科技创新深度显著加深，深空探测成为科技竞争的制高点，深海、深地探测为人类认识自然不断拓展新的视野。科技创新速度显著加快，以信息技术、人工智能为代表的新兴科技快速发展，大大拓展了时间、空间和人们认知范围，人类正在进入一个'人机物'三元融合的万物智能互联时代。生物科学基础研究和应用研究快速发展。科技创新精度显著加强，对生物大分子和基因的研究进入精准调控阶段，从认识生命、改造生命走向合成生命、设计生命，在给人类带来福祉的同时，也带来生命伦理的挑战。"②"人工智能、量子技术、生物技术等前沿技术集中涌现，引发链式变革。"③

这些论断为我们回答这一问题提供了指导性的答案。同时，关于新科技革命的可能方向与内容，国内外不同的研究者有着不同的分析和预测，本书简要梳理如下：

（一）国外关于新科技革命发生领域及内容的分析预测

2019年3月，美国在综合近五年来政府、科研机构、智囊团、咨询机构等单位发表的新兴科技趋势相关调查研究报告的基础上，对约700项科技趋势进行了对比分析，最终提炼出20项可能性最大的新兴科技发展趋势，并发布了《2016—2045年新兴科技趋

---

① 习近平：《在中国科学院第十九次院士大会、中国工程院第十四次院士大会上的讲话》，人民出版社2018年版，第6页。
② 《习近平谈治国理政》第4卷，外文出版社2022年版，第196—197页。
③ 习近平：《在全国科技大会、国家科学技术奖励大会、两院院士大会上的讲话》，人民出版社2024年版，第4页。

势》报告。这 20 项新兴科技分别是①：

1. 物联网科技。其代表性技术主要有微电子机械系统、无线通讯和电源管理技术等。互联网将被应用到移动设备、家用电器、可穿戴设备、医疗设备、监控摄像头、工业探测器、汽车等上千亿个设备中，这将会给全人类的工作和生活带来一场新信息革命。

2. 机器人与自动化系统科技。其代表性技术有机器学习、传感器与控制系统、人机交互等。该科技无处不在，并被实际应用于 AlphaGo、机器人神经系统、微软聊天机器人等。

3. 智能手机与云端计算科技。其代表性技术主要有高效无线网络、近场通信低耗能网络、电池优化等。云端计算科技将逐渐渗透到从医疗到教育的各个行业，无论是个人用户还是商业用户都将习惯于将数据上传至云端中。

4. 智能城市科技。未来的城市将大量利用信息与通讯技术，并通过大数据、自动化来提高城市发展的效率与可持续性。比如，利用新设计技巧、新能源、新材料所建造的智能建筑来节约能源，通过自动驾驶系统、交通信号系统来缓解交通堵塞，大量使用太阳能、风力发电、地热发电以及其他的可再生能源，等等。

5. 量子计算科技。其代表性技术主要有量子纠错、量子编程和后量子密码学等，将被实际应用于 MIT 量子叠加研究、IBM 云端电子计算服务、量子通讯卫星，而量子计算机的出现将给诸如药物研究、气候模拟、材料科学等方面的研究带来巨大进步。

6. 混合现实科技。其代表性技术主要有消费级硬件、沉浸式体验、交互技术等，虚拟现实（VR）和增强现实（AR）技术将被广泛应用，被实际应用于谷歌 Cardboard、混合现实软硬件市场

---

① 参见《美国〈2016—2045 年新兴科技趋势〉报告》，《西南汽车信息》2018 年第 9 期。

规模预测、手术现场流媒体直播等。

7. 数据分析科技。其代表性技术主要有可视化、自动化、自然语言处理等，动态数据分析能力将会逐渐提高并普及到普通群体，被实际应用于深度学习超级计算机、犯罪预测和国家智能平台等。

8. 人类增强科技。其代表性技术主要有可穿戴计算设备、外骨骼与假肢、药物增强产品等，其中机械外骨骼、生化手指将会强化人的肢体能力或帮助老弱病残恢复活动能力，可穿戴计算设备或可嵌入体内的计算机装备等。

9. 网络安全科技。其代表性技术主要有用户身份鉴定技术、自我进化网络和下一代解密技术等。在未来的三十年内，网络安全将成为世界网络的首要话题。

10. 社交网络科技。其代表性技术主要有区块链技术、应用技术科学、网络身份与名誉管理等，实际应用主要在区块链技术的商业应用、社交媒体与心理健康等方面，人与人之间将会利用科技形成社会契约，而人们的社交结构也将以网络社区为主。

11. 先进数码设备科技。其代表性技术主要有软件定义一切、自然用户界面、脑机接口等。数码产品将更广泛地融入到人们的日常生活中，语音界面、姿势界面甚至是思想控制界面将被广泛应用，人与科技之间的交流方式将被改变。

12. 先进材料科技。材料科学的突破将给人类带来更多有广泛用途的先进材料，比如具有自我恢复或自我清理能力的智能材料、具有恢复原本形状能力的记忆金属、能利用压力发电的陶瓷材料，以及有着惊人结构与电力功能的纳米材料等。

13. 太空科技。其代表性技术主要有可回收火箭、人类重返月球与登陆火星、开采小行星的矿物、天基设备等。

14. 合成生物科技。其代表性技术主要有建模与仿真、标准化 DNA、DNA 合成与程序，实际应用于编辑胚胎细胞、遗传编程和工业级合成生物学等。人类眼下似乎来到了一场新生物革命的突破口处，穿过这个突破口，我们的生命将会如同电脑程序代码一样被改写。

15. 增材制造科技。其代表性技术主要有全新合成材料、生物打印等，3D 打印技术的出现和普及使用将改变世界的图景，人们不仅可以利用 3D 打印技术制造各种工具和设备，而且可以 DIY（私人定制）个人所需要的东西。

16. 医学科技。其代表性技术主要有定制化医疗、再生医学和生物医学工程等。据预测，在未来的三十年，诸如癌症、阿尔兹海默病、心肺疾病，以及其他的目前看似无法救治的疾病将被针对患者个人基因的药物所治愈。生物假肢、机器急救人员、肢体存活技术等技术将会进一步增加人类寿命和提高人们的生存质量。

17. 能源科技。其代表性技术主要有高效太阳能、电池技术、能源收集等，实际应用于新能源占比提高、高效氢燃料电池和原油价格下跌。全球将会因为能源需求的不断增长而面临一场能源革命。

18. 新型武器。未来三十年内，精密制导武器、反舰弹道导弹、反介入和区域阻绝武器、反卫星武器等新型武器技术将出现，这会进一步改变未来的战争方式及其形态。

19. 食物与淡水科技。其代表性技术主要有农业技术、水资源循环与回收、可替代食物来源。在未来的几十年，人类将面临淡水和食物的短缺，解决这些问题需要新的科技，如利用污水回收、微型灌溉、海水淡化和雨水收集等科技来解决淡水水源缺乏问题，通过基因改造农作物以生产更多的食物。

20. 对抗全球气候变化。在未来三十年，恶劣气候、地表温度升高等问题的出现,将需要诸如地理工程手段、从大气中抽取温室气体等科技的问世及应用。

(二) 国内关于新科技革命发生领域和内容的预测

近年来,中国科学院在集中三百多名科技专家的研究意见后,分析了新一轮科技革命正在发生和可能发生的领域及内容[①]:

一是生命科技领域。其主要内容有:(1) 思维与神经生物学。关于人脑如何进行信息加工、储存、提取与再现的问题的认识;(2) 整合与创生生物学。通过将生物体内的分子、细胞、组织和器官的组合"重装一个生命",通过生物体与机器的组合来创造新的生命形式或物种;(3) 生命与再生工程。人类将可能通过操纵遗传物质、神经系统、生物节律、生物细胞、组织器官、生物生殖、生物性状和生命形式等八个方面来逐渐操纵生命。同时,人造组织或器官、人造细胞、人造躯体等仿生和再生工程将实现产业化生产。

二是信息科技领域。云计算、互联网技术、大数据、人工智能等新一代信息技术的突破正在引发一场新信息技术革命。新信息技术革命不只是信息领域中互联网、计算机、集成电路等分支技术的纵向升级,更主要的是整个信息平台的代际变迁,如人机交互、多网融合、网络安全与智能管理、"信息转化器"、信息与仿生工程等。数字化、网络化、智能化是新信息技术革命的最突出特征。在新信息技术革命中,人工智能、超级计算机系统越来越多地应用于智能化制造,公共云将变成基础设施,物联网将成为实体经济与智能化技术之间的黏合剂,"信息转换器"将使人脑与计算机之间实现直接信息转换,信息与仿生工程很可能包括人脑的认知与思维的数字化模拟、新网络技术的开发、以新原理

---

① 参见何传启《第六次科技革命的战略机遇》,科学出版社2012年版,第22—73页。

为基础的计算技术的开发、人脑或动物信息的模拟与仿真等。

三是先进材料领域。材料科学的突破很可能发生在关于材料的组织结构与性能的关系、极端条件下材料性能的演化规律及其机理等研究方面。纳米科技将是先进材料领域的重要突破，其代表性技术主要有纳米仿生工程，如纳米仿生器官、仿生材料、电子元件与设备、机械等。纳米仿生工程同信息技术相融合，将为人类开个一场新的领域。

四是能源领域。其主要内容有：可再生能源技术，如核能、太阳能、风能、海洋能等，其中，核能是新科技革命时代最主要的再生能源；清洁能源，如氢能、海洋能、太阳能、风能等；新一代储能技术，主要是以新一代电力系统为核心，以电网为平台；利用信息技术整合各种传统能源和可再生能源，构建起能源互联网；等等。

在此基础上，中国科学院科技战略咨询研究院在 2024 年发布的《2023 技术聚焦》报告中，遴选出基于世界知识产权组织（WIPO）的影响力 Top 100 技术焦点。归纳起来，大致可从以下四个方面进行解读：①

一是新一代信息技术全面赋能数字时代。先进信息通信技术（相关技术焦点包括：多波束通信控制方法及系统、区块链技术、智能波束成形技术等）、视听技术（相关技术焦点包括：基于仿射变换运动补偿的视频解码方法、三维点云解码设备及 360°虚拟现实图像处理方法、基于深度学习的智能视频编码与解码方法等）、半导体技术（相关技术焦点包括：半导体三维存储器、柔性显示屏、微机电系统压力传感器、光子集成芯片封装技术、全

---

① 参见李国鹏、韩淋、潘教峰等：《〈2023 技术聚焦〉折射新一轮科技革命与产业变革的形势及制高点》，《中国科学院院刊》2024 年第 39 卷第 0 期。

息显示设备、AR/VR 头戴式显示设备、高精度三维激光雷达等）正在赋能数字时代。量子信息（相关技术焦点包括：超导量子电路和电子器件技术、混合量子—经典计算机系统等）、通用人工智能（相关技术焦点包括：神经网络模型优化与硬件加速技术、基于深度学习的自然语言理解系统等）有望引领数字时代的变革。

二是基因、智能技术重塑生物技术领域的格局。生命健康技术（相关技术焦点包括：创新生物技术、基于增强现实的外科导航系统、人工智能赋能的手术机器人系统和技术等）进入基因组精准调控和智能诊疗时代，正在赋能生命健康领域高质量发展。数字智能技术（相关技术焦点包括：农田图像识别与控制系统、智能草坪护理机器人控制系统、农业多功能喷雾设备与技术系统、数字智能驱动的农业生产优化与管理技术等），正在融入农业生产管理，并推动智慧农业高质量发展。

三是先进材料与制造、机器人与自主无人系统赋能智慧社会建设。各类先进材料（相关技术焦点包括：新型量子点的制备方法、属基纳米复合材料、用于薄膜材料制造的含有机硅的组合物、电子元器件高分子材料等），正在与制造科技深度融合，将全面支撑各领域变革发展。智能自动驾驶控制技术将助力未来的智慧出行，无人机智能控制技术、垂直起降飞行器设计与控制等自主无人系统将成为建设数字城市、智慧城市的重要途径和手段。

四是新能源、智能化节能和环保技术助力绿色发展。新能源技术（相关技术焦点包括：固态锂电池制造技术、移动终端无线充电技术、先进电动机及动力传输系统等）正在向绿色低碳、智能、高效、多元化方向发展。智能化节能环保技术（相关技术焦点包括：工业碳捕集与气体处理技术、基于环境感知的室内空气质量智能优化技术、热水系统智能温度调控与优化技术等），助力绿色低碳高质量发展。

综上，国外与国内关于新科技革命的预测和分析大体一致。概括而言，新科技革命的主要内容至少包括四个方面：新信息技术革命、生物技术革命、材料科技革命和能源技术革命。

### 三、表现特征之"新"

正如习近平总书记所指出的："当前，新一轮科技革命和产业变革深入发展。科学研究向极宏观拓展、向极微观深入、向极端条件迈进、向极综合交叉发力，不断突破人类认知边界。技术创新进入前所未有的密集活跃期，人工智能、量子技术、生物技术等前沿技术集中涌现，引发链式变革。"① 新一轮科技革命正在发生着前所未有的变化，并呈现出不同于前几次科技革命的新的特征，展开而言，主要表现在以下几个方面：

一是多重技术和学科领域的交叉融合。"信息技术、生物技术、新能源技术、新材料技术等交叉融合正在引发新一轮科技革命和产业变革。"② 新科技革命发生的任何一个科技领域都离不开信息技术和新材料技术，因而至少是某一项技术与这两项技术的交叉融合；新一轮科技革命中将涌现出众多新技术门类，但这些技术门类之间不是相互独立的，而是复合的或者交叉融合的。比如，生物打印技术（即利用生物材料进行的 3D 打印）是由基因编辑技术与 3D 技术相融合而成的，自动驾驶技术是由人工智能、电动与混合动力汽车、机器对机器通信、激光雷达等高精尖技术的集合，基因芯片（又称生物芯片或蛋白芯片）是由半导体工业技术与 DNA 探针技术相融合而成的，等等。同时，以往科技革命主要发生在某一学科或某几个学科领域，而在新一轮科技革命中，

---

① 习近平：《在全国科技大会、国家科学技术奖励大会、两院院士大会上的讲话》，人民出版社 2024 年版，第 4 页。
② 习近平：《让工程科技造福人类、创造未来》，《人民日报》2014 年 6 月 4 日。

"学科之间、科学和技术之间、技术之间、自然科学和人文社会科学之间日益呈现交叉融合趋势。"①

二是革命性突破众多。正如习近平总书记所指出的,"物质结构、宇宙演化、生命起源、意识本质等基础科学领域正在或有望取得重大突破性进展。信息技术、生物技术、新材料技术、新能源技术广泛渗透,带动几乎所有领域发生了以绿色、智能、泛在为特征的群体性技术革命。"② 新科技革命是一场群体性技术革命,不仅发生在基础科学领域,而且发生在所有技术领域。其中,基础科学是技术创新和技术革命的先导,没有基础科学领域的重大突破,就不会有新科技革命的发生。一个国家要想抢占新科技的革命先机,首先就得在基础科学研究的关键领域中赢得主动。当前,世界各国越来越重视推进基础科学研究,从而推动了基础科学领域的革命性突破。同时,当前世界范围内代表性技术的研发者和运用者数量众多,技术创新的探索效率已得到空前提高,这就为技术领域提供了更为广阔的突破空间。

三是从信息文明到智能文明的过渡转换。所谓信息文明,是指在工业文明基础上孕育发展起来的、由当代信息技术发展所驱动的一种新型文明,它以计算机技术、量子技术、信息与通信技术、传感器技术、视觉技术、大数据、云计算、人工智能等技术性科学为依托,以超链接、万物互联为主要特征,其核心要素主要包括网民、信息、数据、网络、数字共享主义、智能化生活、扁平化生活等。而人工智能是互联网技术、计算机技术、云计算技术和大数据技术等发展到一定程度的产物。在大数据之前,计算机并不擅长解决需要人工智能来参与的问题,但随着大数据时

---

① 习近平:《在中国科学院第十九次院士大会、中国工程院第十四次院士大会上的讲话》,人民出版社2018年版,第7页。
② 《习近平谈治国理政》,外文出版社2014年版,第119—120页。

代的到来,需要人工智能来解决的问题就变成了数据问题,由此全世界正在迎来一场新型的革命——智能革命。随着智能革命的深入,信息文明将会进入全面发展的高峰期,并逐渐让位于有可能出现智能互联的智能文明。智能文明最为突出的标志就是,人机交互形式实现从图形交互转变为智能交互。所谓人机交互,是指人如何控制电脑、如何与电脑进行交流。最早的人机交互是通过代码的形式完成的,即人必须通过代码来和计算机进行交流,只有经过专业培训的人才能完成电脑操作。二十世纪八十年代,苹果电脑的操作系统采用了由窗口(Window)、图标(Icon)、菜单(Menu)、鼠标(Mouse)等四大要素为组建的图形化界面(简称为WIMP)。通过这种图形化的界面,用户无须经过专业训练也可以借助鼠标的点击来操作电脑,使得计算机成为大众消费品。在新科技革命中,人机交互的形式将由图形变为声音,即用户可以直接通过声音来控制电脑,实现智能交互。[1]

四是新兴技术对应用场景的依赖性更强。与以往的科技革命不同的是,新一轮科技革命中,应用场景和大数据支撑越来越成为科技进步与突破的关键要素。具体而言,随着各种细分领域技术的不断成熟及其背后的配套设施与产业的不断完善,人工智能、大数据、云计算、生物科技等前沿科技的应用场景将大幅度增加。以人工智能和大数据技术为例,在未来一段时期内,这些技术将有望在制造业领域和服务领域实现多场景应用。随着5G技术的突破和实现市场化,万物互联的硬件基础设施也将更加完善,这就为人工智能、大数据等技术的大规模使用提供了更加强大的支撑。

第六次科技革命的到来必将对社会发展产生全方位的重大影响,当然,社会的发展演进也会对新科技革命产生重要的制约作

---

[1] 徐子沛:《数据之巅》,中信出版社2014年版,第294—296页。

用，新科技革命与社会发展将会在新时代的舞台上相互作用、相向而行。因此，在对科学技术、科技革命特别是新科技革命有了简要的认识之后，我们有必要进一步把握社会发展的内涵。

# 第二章
# 社会发展之"思"

发展是当今人类鲜明的"实践标识",对社会发展这一特殊的运动形式予以关注和研究则成了发展哲学的首要任务,换言之,社会发展是发展哲学的基础性范畴。当然,发展哲学所要研究的"社会发展"主要是指现当代以来也包括未来人类社会的发展进程——至于历史上的"社会发展"或"历史进步"则主要属于历史哲学研究的对象了。从发展哲学的视角出发,阐释社会发展的基本涵义和构成要素,是我们进一步理解新科技革命与社会发展关系问题的出发点。

## 第一节　社会发展的本质内涵

在发展哲学视阈内，所谓社会发展，是指社会有机体在人的实践活动基础上所表现出来的合乎人们的需要、目的和主观愿望的，从而遵循一定规律、有着特定方向的运动变化形式。① 社会发展具有丰富的内涵，从方向上看，社会发展体现着社会系统由低级向高级、由蛮荒向文明、由丑陋向美好的螺旋式攀升递进的客观过程；从本质上讲，社会发展包含着三层含义，即社会发展的主体是人、前提和基础是社会实践，社会发展是一个评价性范畴。

### 一、主体依赖：现实的人

星云在演化中创造了太阳和地球，地球在演进中又催生了最美的生命之花——人类。地球是人类之母，当人类从大自然的怀抱中诞生后，立即在实践活动的基础上生成了人与自然、人与社会的矛盾关系，人并以"类"的社会结构在生产力特别是其中的科学技术的推动下开启了发展之旅。人在发展创造中书写着自己代际相传的历史，因而人是社会历史的主人；以"类"的形式存在的人在实践交往中生成了社会并推动着社会发展，于是人成为社会发展的主体。

人何以会成为社会发展的主体？在根本上，这是由人是社会系统运动发展的载体或担当者决定的。物质世界是普遍联系和永恒运动的，而事物的运动不是凭空发生的，有其特定的载体或依托的支点。比如，机械运动的载体是宏观物体，生物运动的载体是生物有机体，思维运动的载体是人的大脑，社会运动发展的载

---

① 参见邱耕田《发展哲学导论》，中国社会科学出版社2001年版，第76页。

体就非人莫属了。作为社会运动发展的载体或担当者的人，也就成为操控社会发展的主体，而由人所主导的社会发展实际上就成为一个为了人、依靠人、成果要由人享用、发展效果要由人"说了算"的实践进程。总之，人是社会发展的发动者、实施者和目的者，社会发展与社会实践共同构成了人的存在方式，社会发展要通过人的发展加以体现和检验。因此，从这个意义上讲，是人而不是物质因素推动着社会的发展。追求发展的人的能力与志向构成了推动社会发展的动力，人的发展意识决定着社会发展的方向。发展是内在潜能的外在表现，而人的受教育程度、愿望和精力的强度、态度和价值观的质量、技能等都会影响社会发展的程度和速度。

## 二、基础支撑：社会实践

"全部社会生活在本质上是实践的。"[1] 社会发展存在着实践的驱动机制。首先，在发展的根源上，实践是社会发展的重要因素和保障——社会关系的"发源地"。实践首先是"人以生产物质资料的劳动来引起和调控人与自然之间的物质变换的过程"[2]，这是社会得以诞生、存在与发展的基础。"人们为了能够'创造历史'，必须能够生活。但是为了生活，首先就需要吃喝住穿以及其他一些东西。因此第一个历史活动就是生产满足这些需要的资料，即生产物质生活本身。"[3] 人们开展物质资料生产活动就离不开自然界，于是就形成了人与自然之间的关系；而人们"如果不以一定方式结合起来共同活动和交换其活动，便不能进行生

---

[1] 《马克思恩格斯文集》第1卷，人民出版社2009年版，第501页。
[2] 杨信礼：《发展哲学引论》，陕西人民出版社2001年版，第31页。
[3] 《马克思恩格斯文集》第1卷，人民出版社2009年版，第531页。

产"①，为此，人与人之间必然要发生一定的社会性的人际关系。可见，人与自然、人与人以及在此基础上所必然衍生的人的物质和精神等关系共生于人的社会实践活动之中，在此基础上，人与自然、人与人以及人的物质与精神的关系又构成了最为基本的社会关系，使得社会的经济结构、政治结构、观念结构等得以建构和发展。

其次，从过程的角度讲，社会发展的过程其实就是实践活动的生成和演进的过程。实践，特别是物质生产实践，使人与动物相区别并使人不再以原始的生物学方式去满足自身需要，而是通过自觉能动的、具有创造性的社会性劳动来满足自身需要。人在物质生产中不断获取并展现自己的本质力量，从自然界和社会的解放中获得自由和发展。"整个所谓世界历史不外是人通过人的劳动而诞生的过程。"② 人类社会就在以追求生存和发展为目的的生产劳动中演进着、接续发展着。可以说，实践活动的历史蕴涵着社会发展历史的全部秘密。人类社会实现什么样的发展，都是通过人的自觉的实践活动来实现的。

最后，从结果的角度讲，实践内涵的丰富昭示着社会的发展进步。人们最初的实践活动仅仅是为了满足其生存需要而进行的物质资料的生产活动；人们为了在生产活动中实现合作与交换，又必须与他人结成一定的经济、政治等的关系，于是有了建构、调控和管理社会及其关系的实践活动；人们为了更好地实现与自然之间的物质交换，便有了探索或认识自然、社会及其关系的精神生产活动。在这一历史性的进程中，人类实践的内涵不断深化和扩展，昭示着社会发展不仅体现于生产力的增强和物质资料的

---

① 《马克思恩格斯全集》第 6 卷，人民出版社 1961 年版，第 486 页。
② 《马克思恩格斯文集》第 1 卷，人民出版社 2009 年版，第 196 页。

丰富中,而且还体现在人们生存环境的不断美化、生活质量的日益提高和精神生活的更加丰富化等方面。

**三、价值指向:评价性范畴**

谈到社会发展,肯定要涉及评价,因为社会发展自身就包含着对其进行评价性认识的尺度。并不是社会领域中所发生的一切变化都会被称为发展,只有那些既合目的性又合规律性的变化才会被视为发展,这不是由于人们对于社会变化这一客观事实的认定不同,而是由于人们对于社会领域各种变化的评价不同。其根源是,社会发展作为人的一种重要的生存方式,其在根本的价值取向上具有利民性的特质,即人们在发展实践中能实现自己"一生性"(个体)和"世代性"(类)的生存,能实现自己具有合目的性和合规律性的发展愿望和发展目标。社会发展是一个将具有主观性的发展愿望和发展目标变成具有客观现实性的发展结果的过程,在这个过程中,人的发展意识始终发挥着检测和评价作用。换言之,发展主体能意识到自己基于需要而生成的发展愿望以及在什么样的条件下实现这种发展愿望的可能性,并且还能设计出实现这种发展愿望的理想条件与路径。如此一来,人的关于发展的意识就已经不是简单的对现有的发展现实的认识,而是包含着对自己的关于发展愿望及发展目的的意识。在这种意识中,人不仅会提出诸如发展"是什么""为什么"之类的问题,而且会进一步提出"这样的发展于我而言意味着什么"或者"我们究竟需要什么样的发展"之类的问题。当社会领域的某些变化趋近于人们所设定的发展目标或期望中的理想状态,从而实现了人的利益,使人获得了自由和发展时,人们才会认定这是一种积极的发展性的变化。可见,社会有没有发展、发展得好还是坏,是以发展过程对发展主体的价值标准的符合程度、发展结果对发展主体需要的满足程度来确定的。由于社会发展是一个具体的历史性的渐进过程，因而在不同时代，人们的发展愿望和发展目标不同，其价值评价的标准也会发生相应变化。

尽管人们对社会领域的变化是否可称作发展这个问题的评价具有一定的主观性和可变性，但这种评价还是有其客观依据或客观标准的。在特定历史条件下，衡量社会发展的状况与程度，可以借助各种特定的评价尺度，比如经济评价标准和尺度、政治评价标准和尺度、文化评价标准和尺度、生态环境评价标准和尺度等加以度量。在马克思主义发展哲学的视阈中，评价社会发展的根本尺度主要有两个：一是生产力的发展尺度，二是人的发展尺度。

所谓生产力的发展尺度，主要是将生产力的发展水平和状况作为评价社会发展的标准。根据唯物史观，生产力的发展是"整个社会发展的主要标准"[1]和"社会进步的最高标准"[2]。纵观人类发展历史，五种社会形态的依次更替归根到底是由生产力的不断发展促成的，不同的生产力发展水平和状况，决定了相应的不同的社会形态，比如，资本主义代替封建主义是生产力发展的结果，共产主义的实现要以"以生产力的巨大增长和高度发展为前提"[3]。同时，生产力的发展从根本上决定社会系统中的其他要素的发展。因此，社会发展的程度取决于生产力发展的水平和状况，生产力的发展尺度是衡量社会发展的根本尺度。

所谓人的发展尺度，主要是指将发展活动及其结果是否满足人的发展需要、实现人的发展愿望以及满足和实现到何种程度作为社会发展的评价尺度。社会发展的核心是人的发展，社会发展

---

[1] 《列宁选集》第4卷，人民出版社2012年版，第466页。
[2] 《列宁全集》第16卷，人民出版社2017年版，第209页。
[3] 《马克思恩格斯文集》第1卷，人民出版社2009年版，第538页。

总是历史地、具体地体现在人的发展的程度上。而在现实社会中，人的发展越来越体现在人与自然、人与社会以及人的物质与精神等多重关系建构特别是和谐优化的程度上。因此，我们对社会发展的评价标准的确定，就必须从人与自然、人与社会以及人的物质与精神等多重关系中去寻找。就人与自然的关系而言，我们将社会发展纳入整个自然生态的大系统中进行考量，既要兼顾人的发展与需求，又要维护自然系统的生态平衡。换言之，必须将人与自然的共生共荣程度作为衡量现代社会发展的评价尺度；就人与社会的关系而言，我们一方面要将具有结构性的社会的进步作为衡量社会发展的重要维度或尺度，但由于社会不是空的，它是由人构成的，因而另一方面我们还必须将人的全面解放与个人潜能的发挥程度作为衡量社会发展状况的基本的评价标准；就人与人的关系而言，我们需要将人与人之间的团结合作、和谐共处的程度作为衡量社会发展的重要标尺；就人的物质与精神的关系而言，我们需要将人的物质需求的满足与精神需求的满足统一起来，在它们的结合点上对社会发展进行评价。

我们在评价社会发展时，不能将生产力的发展尺度与人的发展尺度割裂开来，因为二者之间具有一致性、统一性。首先，从社会发展的总趋势看，这两种评价尺度是一致的。伴随着生产力的不断提高，人也在逐步发展；生产力的发展必然意味着人的发展。用生产力的发展尺度所做的评价与用人的发展尺度所做的评价最终都会在社会的总体发展中殊途同归，达成一致。其次，从本质上讲，生产力的发展本身就包含着人的发展。正如马克思所言，"生产力和社会关系——这二者是社会个人的发展的不同方面"，"真正的财富就是所有个人的发达的生产力"[1]。生产力的发

---

[1] 《马克思恩格斯文集》第8卷，人民出版社2009年版，第197、200页。

展绝不是外在于人的单纯的物质的增长,而是人的能力、价值和潜能等的发挥和发展。从这个意义上讲,生产力的发展尺度和人的发展尺度是统一的。

## 第二节 社会发展的构成要素

作为一种独特的物质运动形式,社会发展有其自身内在的构成要素。社会发展的构成要素主要包括发展主体、发展客体、发展方式、发展观念、发展目的、发展手段等。基于行文需要以及与本选题的相关性,本书将聚焦于社会发展的这三个基本要素或范畴:发展主体、发展方式和发展观念。

### 一、发展主体

所谓发展主体,是指在一定环境下能动地创造社会历史、实现着社会发展的人。换言之,发展主体是指有目的、有意识地从事着社会发展实践的历史的、现实的人。人作为发展主体,不仅是社会发展的实践主体,而且是社会发展的评价主体,担负着提出发展目的、掌握发展手段、制定发展方略、控制发展过程及享受发展成果等多种任务。[①] 分析发展主体的本质规定、范围界定以及要素结构,是了解社会发展的基本要素的基础。

#### (一)发展主体的本质规定

第一,发展主体是指从事实践活动(特别是生产实践)的现实的人。所谓现实的人,是指"人"并非抽象的概念,而是通过实践活动进行自我确证并展示本质力量的活生生的人。也就是说,作为发展主体的人不是某种虚幻的人,而是处在现实的、发展着

---

[①] 参见邱耕田《发展哲学导论》,中国社会科学出版社 2001 年版,第 158 页。

的个人,"这些个人是从事活动的,进行物质生产的,因而是在一定的物质的、不受他们任意支配的界限、前提和条件下活动着的。"① 实践和发展都是现实的人的存在方式。马克思指出:"一当人开始生产自己的生活资料,即迈出由他们的肉体组织所决定的这一步的时候,人本身就开始把自己和动物区别开来",物质生活资料的生产实践是人的立身之本、存活之基。同时,"发展着自己的物质生产和物质交往的人们,在改变自己的这个现实的同时也改变着自己的思维和思维的产物。"② 生产实践不仅包括物质生活资料的生产,还包括政治生活和精神产品的生产。作为物质生产、政治活动及精神活动等生产实践的担当者的人是社会发展的当然主体。

第二,发展主体是指在一定社会关系中进行实践活动、并在实践中不断创造社会关系的人。早在古希腊时期,柏拉图就说过,我们每一个人不能单靠自己达到自足,因此要建立一个城邦③。在柏拉图的基础上,亚里士多德提出,人天生是政治动物,要过共同的生活,只有将人摆在社会关系中来研究,才能认识人的本质。费希特认为,人注定是过社会生活的,如果他与世隔绝、离群索居,他就不是一个完整的、完善的人。④ 马克思将人的本质归结为"一切社会关系的总和"⑤。从柏拉图到马克思都做出了这样的论断,作为发展主体的人从事的实践活动总是在一定的社会关系中进行的,一旦脱离了社会关系,任何形式的实践活动都无法进行。

---

① 《马克思恩格斯文集》第1卷,人民出版社2009年版,第524页。
② 《马克思恩格斯文集》第1卷,人民出版社2009年版,第525页。
③ [古希腊] 柏拉图:《理想国》,郭斌和、张竹明译,商务印书馆2011年版,第58页。
④ [德] 费希特:《论学者的使命 人的使命》,梁志学、沈真译,商务印书馆2009年版,第18页。
⑤ 《马克思恩格斯文集》第1卷,人民出版社2009年版,第501页。

"人们在生产中不仅仅影响自然界,而且也互相影响。他们只有以一定的方式共同活动和互相交换其活动,才能进行生产。为了进行生产,人们相互之间便发生一定的联系和关系;只有在这些社会联系和社会关系的范围内,才会有他们对自然界的影响,才会有生产。"① 人不可能孤立地以个人力量进行实践活动,只有通过一定的社会联系或社会关系结成一个集体、并将集体的能力内化到自身、外化于对象,才能成为现实的具体的实践主体。简言之,人只有在一定社会关系中从事实践活动,才有成为发展主体的可能性。同时,人与人的实践活动总是处在一定的社会关系中,随着实践活动的丰富和发展,社会关系也随之不断地更新与变化。

第三,发展主体是指在实践活动的基础上满足需要、不断生出新的需要,又在需要的推动下从事发展实践的人。作为发展主体的人的需要,是社会发展最根本的"原动力",是社会发展的终极原因。人的生命活动和生产实践,总是因需要而始,因为"需要即他们的本性"②,人们通过实践的方式来满足自己与生俱来的种种需求。而人的需要又随着实践的发展而不断地攀升递进,"一旦满足某一范围的需要,又会游离出、创造出新的需要"③,正是在人的需要的不断生成与满足的推动下,人的发展实践在不断为人的生存开辟前进的道路。

**(二) 发展主体的范围界定**

第一,从横向的角度看,发展主体主要有个人主体、群体主体、人类主体等三种形式。个人主体是指通过相对独立的自我发展来推动社会发展的、现实的、具体的个人或单个的发展主体。马克思认为,社会发展是由无数的个人主体的有目的、有意识的

---

① 《马克思恩格斯文集》第1卷,人民出版社2009年版,第724页。
② 《马克思恩格斯全集》第3卷,人民出版社2016年版,第514页。
③ 《马克思恩格斯全集》第32卷,人民出版社1998年版,第223页。

实践活动构成的，社会发展的历史"是个人本身力量发展的历史"①，因而社会发展史归根到底是个人主体的发展史。群体主体指的是有着共同利益、共同的发展需要或发展目的，并按一定社会关系和一定的规范组织起来的发展主体。在社会发展中，群体主体的作用具有二重性：一方面，它能集中单个的人的力量，壮大和强化个人的发展能力；另一方面，不同的群体主体的划分也很有可能分散社会发展的总体发展力，从而可能对社会发展带来阻力和离心力，甚至可能威胁到对社会共同利益的维护与实现。在社会发展中，个人主体的需要、利益和发展目的与群体主体之间的利益和发展目的并非总是一致，而是常常处于相互矛盾或冲突的状态。只有使个人主体的利益符合于群体主体的利益、将个人主体的发展目的与群体主体的发展目的相统一，才能形成理想的社会发展状态。人类主体是社会发展主体的最高存在形式，它指的是同一个星球上处于同一"命运共同体"中的绝大多数的"地球村民"所构成的主体形式。人类主体的存在要求我们要积极构建人类命运共同体，促进世界各国的共同发展，实现全人类发展的公平正义性。

第二，从纵向角度分析，社会的发展主体不仅包括当代人，还包括我们的子孙后代。正如马克思所指出的："任何生产力都是一种既得的力量，是以往的活动的产物……每一代人都得到前一代人已经取得的生产力并当做原料来为自己新的生产服务。"② 人的存在是历史的存在，这是人与动物的区别所在。动物的存在是自然选择的结果，它是什么、如何存在，与其"先辈"如何活动只具有生物学意义上的基因联系。但人却不同，"彼此发生关系的

---

① 《马克思恩格斯文集》第1卷，人民出版社2009年版，第576页。
② 《马克思恩格斯选集》第4卷，人民出版社2012年版，第409页。

## 第二章 社会发展之"思"

个人的世世代代是相互联系的,后代的肉体的存在是由他们的前代决定的,后代继承着前代积累起来的生产力和交往形式"①,纵向的人际间的联系既具有生物学如基因联系,更具有社会性——主要是指在生产实践基础上所表现出的文化基因的联系。须知,每个历史时期的人都在继承前代人的生产实践,并且只能在继承前一代人发展成果的基础上争取新的发展,同时又把前代人的发展能力纳入到自己发展能力的范围中,壮大自己的发展力。发展主体的世代性就构成了人类社会持续发展的"主体基础",因而社会发展需要坚持可持续的原则。

### (三)发展主体的要素结构

一是需要利益。"人们奋斗所争取的一切,都同他们的利益有关。"② 需要和利益是发展主体的核心发展要素,它决定着人们对于社会发展的价值取向和关于社会发展结果的价值评判。人的需要和利益是一个复杂系统,从不同的层次和角度分析,包含着不同的内容。其一,从功能的角度看,人的需要利益包括物质的需要利益和精神的需要利益。物质的需要利益主要指维持人的衣、食、住、行等生命活动所必需的需要利益,是人的最基本的需要利益;精神的需要利益主要指人的愿望、情感交流、人际交往以及从事政治、文化、艺术活动等方面的需要利益,是人区别于动物的重要标志。社会越发展、越进步,人的精神需要利益的内涵就越丰富,在人的需要利益中所占比重就越高。无论何时,物质的需要利益和精神的需要利益二者缺一不可。发展主体的需要利益在物质和精神方面的统一性,要求我们将需要利益当作一个整体性的存在来看待。其二,按主体的角度划分,人的需要利益包

---

① 《马克思恩格斯全集》第3卷,人民出版社2016年版,第515页。
② 《马克思恩格斯全集》第1卷,人民出版社2016年版,第82页。

括个体的需要利益和整体的需要利益。其中，个体的需要利益指的是单个人的需要利益，这是由个人主体生存的自然环境、历史条件和社会环境的不同决定的，即便个人主体的需要利益是一致的，他们之间也会通过不同的方式表现出来。整体的需要利益指的是整个社会的需要利益。整体需要利益以个体需要利益为前提，但绝不是个体需要利益的简单相加，它是具有共同特征、共同内容的无数个体的需要利益的有机融合并因此获得了整体的性状。同时，满足或实现整体的需要利益最终也落实到个体需要利益的满足与实现上，因此必须防止以抽象的整体需要利益遮掩甚至取代个体需要利益的现象。其三，从实现过程的角度看，需要利益包括现实性需要利益和理想性需要利益。其中，现实性需要利益指的是当下就应该能够实现的需要利益，主要表现为发展主体当下最基本的需要利益，如从事生产实践的需要、对文化成果享受的需要、情感交流需要等。理想性需要利益指的是超越现实、当前一时难以得到满足、经过努力可以达到的需要利益，这往往是发展主体向往和追求的目标，比如对美好生活的向往等。人的需要利益是现实性与理想性的统一。

二是主体能力。所谓主体能力，即作为发展主体的人将自己的发展目的和愿望转化为现实结果的一种能力，也称作人的发展能力。主体能力是一个复杂的、综合的系统，它主要包括生理体能、实践能力、认知能力等。其中，生理体能是主体能力构成的自然基础和前提条件。人的生理体能的完善与进化，比如身体素质的提高、寿命的延长、体力智力的增强等，是发展主体的认知能力和实践能力形成与发展的生理基础，它直接影响着人的发展实践活动。实践能力是主体能力的核心要素，它"给每一个人提供全面发展和表现自己的全部能力即体能和智能的机会"①。认知能力是主体能力的重要因素,它不仅包括人们揭示、反映、认识客观事物的能力,而且包括人们在观念意识中再现特别是创造未来美好事物的能力等。人的实践活动总是在意识的参与和指导下进行的。人通过实践活动将自己的发展愿望和目的转化为一种物化结果,这样,发展目的就支配着人的发展实践,它为人的发展实践起着定向、定则等作用。除此之外,主体能力还包括"作为天赋和才能、作为欲望存在于人身上"②的潜在能力。人只有通过具体的、多方面的实践活动,将蕴藏在人体内的各种潜力和才能充分地挖掘和展现出来,才能得到真正的全面发展。

三是发展工具。工具是发展主体的外在要素,介于发展主体与发展结果之间,是将人的发展目的或发展愿望现实化或结果化的中介性的因素。它是发展主体发展力高低强弱的重要表现。发展主体的工具要素主要由物质性的要素和精神性的要素构成。物质性的工具指人在从事发展活动时所凭借的物质手段或物质条件,主要表现为实物形态和关系形态两种。其中,实物形态的发展工具主要包括生产工具、科学实验的仪器和设备等,这些是对人的自然器官的延伸,可以替代人的部分体力劳动。近代以来出现的电子计算机、智能机等工具,不仅大大延长了人的自然器官,而且进一步扩展了人的思维器官,除了能替代人的部分体力劳动外,还能替代人的部分脑力劳动。关系形态的发展工具主要是发展主体在实践活动中所运用的交往方式和语言系统,它虽然不表现为实物,但具有中介传导的功能,对发展的组织联络和发展结果的宣传展示起着重要作用。精神方面的发展工具指的是对人的发展

---

① 《马克思恩格斯文集》第9卷,人民出版社2009年版,第311页。
② 《马克思恩格斯文集》第1卷,人民出版社2009年版,第209页。

存在进行概括反映的发展意识,主要以发展观念的形式而存在,主要由一系列的概念、范畴与思维方式等组成。这是发展主体在将以往发展成果和发展经验抽象概括起来的基础上,进行新的发展活动而掌握的思维工具,它能帮助发展主体有效把握社会发展的本质和规律,从而为人的发展实践提供诸如世界观、价值观和方法论等的指导作用。

**二、发展观念**

所谓发展观念,是指人类支配发展行为的主观意识。人的实践活动具有目的性和自主性,社会发展就是人自主自觉地追求和实现其预设目标的历史过程。人在进行发展实践活动之前,总会预先设定一个明确的目标,根据社会发展的现实存在,引出或建构起关于特定发展的理论观念,并提出发展的方针计划,然后通过一定的方式或途径去实现所设定的目标。从内容的角度看,发展观念主要承担对社会发展"持有什么样的立场、选择什么样的方式、采取什么样的做法等"① 问题的揭示或回答的功能,因而主要体现为关于发展的思维方式、价值取向和道德观念。发展观念的演变主要包括思维方式和价值取向的转变以及发展理念的重建等。从功能和作用的角度看,发展观念包含着"对发展的总结、反思、展望以及预测"②。

**(一) 发展观念产生和演变的基础是人的社会实践**

正如马克思所言,"全部意识形态……是从人们生活的历史过程中产生的。"③ 发展观念不是自发产生的,也不是"从天国降到人间"的"神佑之物",而是在人的社会实践活动(包括生产实

---

① 邱耕田:《掌握发展的四种方式》,《社会科学战线》2020 年第 3 期。
② 邱耕田:《掌握发展的四种方式》,《社会科学战线》2020 年第 3 期。
③ 《马克思恩格斯选集》第 1 卷,人民出版社 2012 年版,第 152 页。

践、生活实践）的基础上产生的。无论作为类或群体主体的发展观念的产生，还是作为个体主体的发展观念的产生，都是人们"通过经验来确认的、与物质前提相联系的物质生活过程的必然升华物"①。

发展观念不是僵死的或固定不变的，而是随着发展实践的变化而变化从而呈现出了与时俱进的变动性。换言之，生产实践的变化和科技的发展，要求人的发展观念也应随之变迁，以使得人的发展观念符合社会发展的实际进程和结果。正如恩格斯所指出的，"每一个时代的理论思维，包括我们这个时代的理论思维，都是一种历史的产物，它在不同的时代具有完全不同的形式，同时具有完全不同的内容。"② 发展观念作为人们关于发展存在的理性形式，总是根植于当时的生产实践和科技发展的土壤之上，也总是受特定时代人与自然关系等具体状况的制约，因而不可避免地打上不同时代科技发展的烙印，并在一定的历史阶段相对稳定。

**（二）发展观念的演变与科技发展密切相关**

发展观念的演变源于人的发展方式特别是其中的实践方式的变革，而人的实践方式的变革又与科技发展密切相连。科学技术作为一种物化的知识力量，总是反映着生产实践的变化并以理性的因素渗透到人的主观世界中去，因而自然成为推动发展观念变迁的重要力量。

在人类社会几千年的发展进程中，扮演着重要的革命角色的无疑是科学技术，科技的发展与进步必然引起发展观念的变迁，在一定条件下，科学技术是衡量发展观念变迁的重要尺度和依据。纵观人类文明发展的历史，科学技术自产生以来就表现出其强大

---

① 《马克思恩格斯选集》第 1 卷，人民出版社 2012 年版，第 152 页。
② 《马克思恩格斯文集》第 9 卷，人民出版社 2009 年版，第 436 页。

的力量，从渔猎文明时代到农业文明时代、工业文明时代，再到信息文明时代乃至今天的大数据时代，它都促进了人的发展观念的演进。具体而言，在渔猎文明时代，由于生产力极其有限，科学技术还处于萌芽状态，人们只能制作简单的石器工具，因而远远达不到能够支配自然的程度，表现出对自然的完全依赖、敬畏和崇拜，只能以巫术、神话等自然宗教的形式来认识和把握自然。随着科学技术的发展，人们对自然的依赖程度逐渐减少。特别是工业社会以来，科技的快速发展使人类认识和改造世界的能力得到空前提高，人类自我意识得到张扬乃至膨胀。"科技万能""人类中心主义"逐渐成为主导性观念，"不管自然展示和发出什么力量——严寒、猛兽、洪水、大火来反对人，人也精通对付它们的手段，而且人是从自然界取得这些手段，运用这些手段对付自然本身"[①]。但令人深感不安的是，时至今日，人类借助科技过度改造乃至征服自然界，导致自身屡屡遭到自然界的惩罚和报复。新型冠状病毒的肆虐及其造成的危害，就是这种惩罚的最新的例证。因而，面对着无言但却深沉的大自然，我们务必要摒弃"物质至上""科技万能"的陈旧观念，确立起人与自然的生命共同体意识和可持续发展观，在科学技术的变革与发展观念的更新之间寻求"高技术"与"高情感"的平衡。

## 三、发展方式

所谓发展方式，是指人们在现实的发展活动中所采取的方法与形式。有发展就一定有发展方式，发展是通过一定的方式加以体现和实现的。而基于社会发展的含义来理解，发展方式是指社会系统从低级形态向高级形态逐步演进时所遵循或依赖的运作方

---

① 黑格尔：《自然哲学》，梁志学等译，商务印书馆1980年版，第7页。

式或模式。社会从低级形态向高级形态演进,并非只是在原有轨道上按照既有的方式或轨迹运行,而是在遵循发展规律的基础上,根据新的发展任务和要求,对发展的结构、原则、形式等加以重组,以形成新的发展方式,从而使社会获得更好更快的发展。[1] 社会发展"不是简单的、普遍的和永恒的生长、增多(或减少)"[2],它不仅是原有发展水平的提升,而且是原有发展方式的重大变革。社会发展速度的快慢、发展结果的好坏,在很大程度上取决于发展过程中的具体运作方式。不同的发展方式,会造成不同的发展面貌和结果,社会发展的过程也是发展方式不断演变的过程。只有随着发展实践的变化而不断转换发展方式,才能使社会发展保持其有序性、有效性和可持续性。我们可以从以下几个方面把握发展方式及其演变性:

**(一)发展方式转变的本质在于实践方式的切换**

正如马克思所指出的,"人们之所以有历史,是因为他们必须生产自己的生命,而且必须用一定的方式来进行:这是受他们肉体组织制约的。"[3] 人们为了追求生存和发展,就会有计划、有目的地开展实践活动,并以一定的方式和方法来满足自身的各种需要。换言之,人的实践活动在结束时应得到什么样的结果,在实践活动开始时是以目的的形式存在于人的精神意识当中的,这一目的决定着人将以何种方式或方法来开展实践活动。由于人的需要具有"一生性"和"世代性",这就决定了人对需求的满足必须由实践的层面跃升到发展的高度,因此,对发展方式转变的理解就离不开对人的实践活动内容的把握,发展方式的转变意味着

---

[1] 参见丰子义《发展的呼唤与回应:哲学视野中的社会发展》,北京师范大学出版社2009年版,第9页。
[2] 《列宁全集》第55卷,人民出版社2017年版,第215页。
[3] 《马克思恩格斯文集》第1卷,人民出版社2009年版,第533页。

实践方式的转换。

人的实践活动主要包含三个层面的内容：生产实践、生活实践和交往实践。其中，生产实践是发展主体获取物质生产资料的活动，是社会存在与发展的基础。生活实践是指发展主体有意识地维持自身生存、改造自身生命状态、促进自身发展的活动，它既包括直接满足人的衣、食、住、行等需求的生存活动，又包括人的生育繁殖、婚姻家庭以及教育、卫生、休闲等的相关活动。随着物质资料生产实践水平的提高，生活实践在人的实践活动中的地位也日益突出。交往实践是指发展主体在进行生产实践和生活实践的过程中影响或改变与其他发展主体之间关系的活动。发展主体之间通过实物、信息以及其他东西的共享或传递而达到相互协调和彼此融合，从而促成人与人、人与社会之间的辩证统一的关系。交往实践是人的实践活动的又一个重要内容。而人的实践方式的转变，主要体现为上述三个层面的活动方式的转变。从这个意义上讲，发展方式的转变就包含着生产方式、生活方式和交往方式的转变。其中，生产方式起着决定性作用。发展方式的转变首先体现为生产方式的转变，当生产方式转变之后，就会影响到人的生活方式及交往方式的变化。例如，农业文明时期的发展方式和工业文明时期、信息文明时期的发展方式有着明显的不同，而这种不同就是通过生产方式、生活方式及交往方式的不同体现出来的。

### （二）发展方式的转变意味着核心要素的重组

发展方式的转变意味着社会发展中核心要素的重组，这种重组主要表现为社会生产力的突破点或生长点的改变、劳动资料特别是生产工具的改变、劳动对象的改变等几个方面。

一是生产力发展的突破口或生长点的改变。社会生产力的提高是一个系统工程，在发展过程中各生产要素的地位和作用是不相同的，同时又会随着社会生产力本身的发展而不断变化。在某一个历史时期，某个要素在推进社会生产力发展时所起的作用最为突出，这一突出作用便是该历史阶段社会生产力发展的突破口或生长点。比如，生产方式的变革"在工场手工业中以劳动力为起点，在大工业中以劳动资料为起点"①，在近代以工作机、动力机的变革为突破口，而在现代则以现代科学技术及其运用为生长点。

二是生产工具的变革。"各种经济时代的区别，不在于生产什么，而在于怎样生产，用什么劳动资料生产。"② 劳动资料特别是生产工具的先进程度是衡量社会生产力发展状况的客观尺度。历史表明，从古代的铁制工具到近代的大机器装备再到现当代的信息设备，生产工具的进化过程就是发展方式获得转变的过程。

三是劳动对象范围的变化。劳动对象既包括原始的、天然的物质资料，又包括经过加工改造后的原材料。人类最初的劳动对象主要是纯天然的"自然对象"，随着科学技术的进步，人们对物质资料性质及运动规律的了解不断深入，越来越多地挖掘出新的更加有用的对象资料，"机器的改良，使那些在原有形式上本来不能利用的物质，获得一种在新的生产中可以利用的形态"③。也就是说，蒸汽机的改良、电力的应用使得人类对物质资料的性质和功能获得了新的认识和开发利用。在此基础上，人们还能创造出在自然界中原本没有的物质资料，使得劳动对象的数量、用途和种类不断得到拓展，大大提高了劳动对象的利用程度，从而促进了生产力和社会的发展。

---

① 《马克思恩格斯文集》第 5 卷，人民出版社 2009 年版，第 427 页。
② 《马克思恩格斯文集》第 5 卷，人民出版社 2009 年版，第 210 页。
③ 《马克思恩格斯文集》第 7 卷，人民出版社 2009 年版，第 115 页。

### (三) 发展方式的转变意味着发展中各种关系的重构

在某种意义上说，社会发展是在人与自然、人与社会、人自身的物质与精神关系中体现和实现的，或是上述关系的建构及不断协调与优化的过程。换言之，社会的发展性也直接体现在发展关系的持续建构与优化上。这就意味着，发展中的各种关系处理得如何会直接影响到社会发展的速度和状况，就此而言，发展方式的转变要通过发展中各种关系的重构而加以体现。以人与自然的关系为例，在渔猎文明和农业文明时期，人类使用简单的工具、运用人力畜力进行生产，此时人类对自然界作用的深度与广度还是有限的。自机器大工业时代以来，人们长期采用"高生产——高消耗——高污染"的发展方式，将大自然视为取之不尽的"聚宝盆"和无底的"垃圾桶"，或把自然界变成了人任意对待的"水龙头"和"污水池"，人类如牧童在"草场上放牧"般的恣意开发自然、"征服自然"，最终导致了一系列"天灾"的接踵而至。"这种把经济增长和利润放在首要关注位置的目光短浅的行为，其后果当然是严重的，因为这将使整个世界的生存都成了问题。一个无法逃避的事实是，人类与环境关系的根本变化使人类历史走到了重大转折点。"[①] 无限制地追求物质利益、挥霍自然资源，导致人与自然的关系陷入分裂和对抗的错误状态，也加剧了人类自身发展的危机。人征服自然，自然报复人类，人与自然之间陷入相互伤害的恶性循环中。为了应对前所未有的发展困境，人类务必要对以往的发展方式进行反思，重新思考人与自然的关系，探究在发展实践中如何协调好人与自然、社会的关系，以追求人的发展活动与生物圈之间新的平衡。总之，现实的发展问题

---

① [美] 约翰·贝拉米·福斯特：《生态危机与资本主义》，耿建新译，上海译文出版社2006年版，第60页。

特别是生态危机要求人们必须转变既往的发展方式,即要改变以往不可持续的发展模式,走一条可持续发展之路,而可持续发展方式的选择或施行,不仅是人类发展方式在新的时代背景下的转换,更是社会系统在内涵和形式等方面所取得的重大进步。

值得注意的是,无论是实践方式的转换、社会发展中核心要素的重组,还是各种关系的调整,发展方式的转换往往都是以科学技术为先导的。在社会发展的进程中,科学技术越来越成为生产力发展的突破口或生长点;从铁器到蒸汽机、到电力、再到电子信息……每一次科技的重大突破都引起了生产工具的变革,同时不仅扩大劳动对象的范围,而且提高着劳动对象的利用率。

## 第三节 社会发展是科技革命的依托

马克思、恩格斯不仅重视科技革命对社会发展的影响,也强调社会发展对于科技革命所具有的支撑作用。在某种意义上,科技革命既是社会发展的贡献因素,也是社会发展的结果。科技革命是社会发展中的科技革命,社会发展为科技革命的发生发展及其作用的发挥提供了基础和平台。没有社会发展这个基础,科技革命既不可能发生,更无法发挥作用。只有在社会发展进程中,科技革命才能体现出其积极的意义。

### 一、"社会生产"前提

"科学的产生和发展一开始就是由生产决定的。"① 社会生产是科技革命发生和发展的根本前提,这是因为:首先,社会生产发展的需要是科技革命发生的根源。"社会一旦有技术上的需要,

---

① 《马克思恩格斯文集》第 9 卷,人民出版社 2009 年版,第 427 页。

这种需要就会比十所大学更能把科学推向前进。"① 社会发展的需要是科技革命发生与发展的根本动力。无数事例历史表明，没有社会需要，就几乎不存在科技革命发生的可能性，而科技革命的发展总是与社会生产的需要相一致，科学技术的每一次突破都能在社会生产中找到自己"进步的永久根源"②。例如，以"日心说"为开端的第一次科学革命的发生，是由于当时人们的生产生活与天文学有着密切的联系；物理学革命的发生是以机器的广泛应用为背景的，人们为了提高生产效率，就需要把握机器的运行规律并改善动力机械，从而推动了热力学理论的突破。早在古代，人类就已经知道可以通过将蒸汽转化为机械力来制造出相应的机械装置，但当时并没有应用到生产中去。因为当时的社会生产对科学还没有这方面的需求，因而与此相关的科学和技术也就不可能得到相应的发展。到了十七世纪末，采煤业发展的需要迫使人们发明了蒸汽机。但这种最早期的蒸汽机在当时并没有导致技术革命或产业革命。直到十八世纪中期，纺织机械的革新迫切需要解决动力问题，才导致了蒸汽机革命的发生。正如马克思所评价的，"正是工具机的创造才使蒸汽机的革命成为必要"③。据美国学者罗伯特·莫顿分析，在英国工业革命中，有60%以上的技术成果与社会生产的需要有着非常密切的关系。其次，社会生产水平决定科技革命发生发展的可能和速度。"发明的可能性甚至绝对必要性，是由实际情况产生的。"④ 科技革命的发生发展不仅要取决于当时的社会生产提供的可能，同时还需要社会生产为其积累

---

① 《马克思恩格斯文集》第10卷，人民出版社2009年版，第668页。
② [英] 约翰·德斯蒙德·贝尔纳：《历史上的科学》，伍况甫、彭家礼译，科学出版社2015年版，第28页。
③ 《马克思恩格斯选集》第2卷，人民出版社2012年版，第217页。
④ 《马克思恩格斯全集》第3卷，人民出版社2016年版，第344页。

经验和材料并开拓认识领域,因而,社会生产条件在很大程度上制约着科技革命的方向、速度与规模。只有当生产力发展到一定程度,或者当社会注重发展生产并能以足够的生产能力来武装科技,使科技能得到很好的发展的时候,科技革命的发生才具有可能性。正如恩格斯所说:"科学以意想不到的力量一下子重新兴起,并且以神奇的速度发展起来,那末,我们要再次把这个奇迹归功于生产。"① 最后,社会生产实践是科技革命发生的重要动力。社会生产实践提出了生产技术和工具改革的重大课题,造就了科学技术的整体性跃升②,加速了科技革命的到来;社会生产实践为科技研究提供了越来越先进的观测手段、实验设备或仪器,是科技革命得以发生和发展的重要条件。

## 二、"社会政治"制约

社会的政治因素对科技革命的影响和制约作用不容忽视。不同的社会政治制度,对科技发展的影响是不同的。在一定条件下,先进的制度能推动或促进科技的发展,落后的社会制度会阻碍或限制科技的发展。根据世界科技史,中世纪欧洲的科技发展非常缓慢,我国在封建社会科技发展也长期滞后,这除了社会生产力落后之外,还与社会制度有密切关系。由于缺少有效的社会制度来保护和传播科学知识,导致了科学家和发明家对科学的观察与发现都讳莫如深。马克思在批判资本主义的同时,充分肯定了资本主义之于科技革命的历史进步性:"资产阶级在它的不到一百年的阶级统治中所创造的生产力,比过去一切世代创造的全部生产力还要多,还要大。自然力的征服,机器的采用,化学在工业和

---

① 《马克思恩格斯全集》第 20 卷,人民出版社 2016 年版,第 524 页。
② 参见肖峰《论技术的社会形成》,《中国社会科学》2002 年第 6 期。

农业中的应用，轮船的行驶，铁路的通行，电报的使用，整个整个大陆的开垦，河川的通航，仿佛用法术从地下呼唤出来的大量人口——过去哪一个世纪料想到在社会劳动里蕴藏有这样的生产力呢？"① 可见，资本主义的社会制度极大地促进了科技的发展。何以如此？这是因为，资本家为了追求超额利润而展开的激烈竞争大大促进了新技术的发明和广泛应用，而以社会化的机器大生产为基础的资本主义生产方式，为科学的发展和应用创造了较为充分的条件或手段，从而推动了科学革命和技术革命的发生与发展。然而，在资本主义社会中，科技的根本目的在于追求财富，只有当新技术的出现有利于资本家利润最大化时，技术变革才能发生，反之，资本主义就会阻碍技术的变革。

在社会主义制度下，科技的地位、科技进步的目的发生了根本改变。社会主义将促进科技发展作为全民事业，改变了科技的服务方向，科技的发展获得了在资本主义制度下更迅速和更全面的发展。特别是新中国成立以来，我国有计划地推动科技研究和普及应用，集中人力物力和财力发展航天、原子能、尖端电子技术等，取得了举世瞩目的成就，为我国人民的富起来和我国的强起来提供了重要的科技保障。可见，社会主义制度更能为科技发展及其应用开辟广阔前景。但需要说明的是，社会主义更有可能为科技革命创造有利环境，但也并非认同在社会主义条件下科技能自动获得进步。在社会主义制度下，还需要按照科技发展的规律来制定相应的科技政策和改革科技体制，为科技发展创造良好的社会环境。所谓科技政策，主要是指政府对科技在社会发展中的地位与作用的重视程度、对科技发展作出的战略规划、对科技发展的经费投入与人才培养、对促进科技发展所制定的法律制度

---

① 《马克思恩格斯文集》第2卷，人民出版社2009年版，第36页。

等。科技革命的发生，需要一个支持科技发展的社会环境。只有重视科技发展、制定有利于科技发展的政策法规，才能调动广大民众对科技发展的热情与积极性。

### 三、"社会文化"土壤

回顾世界科技史，古代中国的科学技术曾在很长的时间内领先于世界，然而却出现了"李约瑟难题"，即"为什么现代科学没有在中国产生，而只在欧洲发展出来？"① 为什么近代以来的几次科技革命都是首先在西方国家兴起？须知，没有近代科学的开端，便没有科技革命的兴起。近代科学的产生与发展，除了源于欧洲资本主义这一最为重要的经济体制根源以外，还与他们潜藏的文化根源密切相关。

科技革命需要在一定的社会文化土壤上发生，一定的文化基质是科技革命兴起与发展所必需的社会条件。科技革命之所以首先在西方国家兴起，在一定程度上源于西方国家的文艺复兴、宗教改革和地理大发现。文艺复兴以"人文主义"为价值诉求，强调人的主体性的确立，提倡人性和人权，鼓吹个性解放，肯定"人"是现实生活的创造者和享受者。② 正是有了对人的主体性的强调，人们才会充分发挥想象力、创造力，并借助各种技术手段去发现和探究自然，其直接后果就是促使了真正意义上的近代科学的产生。因此可以说，"近代自然科学是人文主义的女儿"③；宗教改革对封建神权统治及其意识形态进行了猛烈批判和冲击，政治自由和宗教条的解放，打破了教条和迷信对人的创造力的

---

① [英]李约瑟：《文明的滴定》，张卜天译，商务印书馆2016年版，"序"第1页。
② 王德胜：《自然辩证法》，北京师范大学出版社2002年版，第128页。
③ [德]文德尔班：《哲学史教程》下，罗达仁译，商务印书馆1993年版，第473页。

限制以及蒙昧主义对思想自由的束缚，推动了实验精神的蓬勃发展；哥伦布、达·伽马、麦哲伦等人的地理大发现，直接拉动了天文学、气象学、生物学等学科的建立和发展。正因为有了文艺复兴、宗教改革和地理大发现，西方文化土壤中包含了科技发展所需要的因素，才有了近代科学革命的生根、发芽、开花。除此之外，多元的文化才是科学适宜成长的理想环境。① 而封建社会的中国，由于独尊儒术的文化体制、科举制的激励机制和封闭僵化的文化氛围，就使得科技发展和科技革命的发生深受羁绊。特别是从十五世纪开始，中国在近五百年的历史上曾将自己与世界隔离开来，因而接连错过了几次科技革命。

---

① 邓周平：《科学技术哲学新论》，商务印书馆2016年版，第403页。

第三章

# 新科技革命在社会发展中的作用

新一轮科技革命呈现出不同于前几次科技革命的特征,其对社会发展带来的深刻影响无疑是前所未有的。在马克思主义发展哲学的视阈内,社会发展的核心是人的发展,因而分析新科技革命在当代社会发展中的作用,首先需要分析新科技革命对人的发展的影响;发展观念对社会发展发挥着指导性的作用,因而把握在新科技革命背景下的发展观念的变革趋势,是研究新科技革命在当代社会发展中的作用的重要内容;社会发展的过程是发展方式不断转变的过程,因而分析由新科技革命所导致的发展方式的深刻变革,也是我们分析新科技革命在当代社会发展中的作用的另一重要内容。

## 第一节 新科技革命促进人的发展

如前文所述,人的发展是社会发展的核心。人的发展不是一个抽象空洞的概念,它至少体现为人的主体能力的发展、人在劳动中的主体性的增强等方面。科技革命对人的发展的促进是多方面的:一是增强人的主体发展能力;二是增强人在劳动中的主体性;三是为人的全面发展的实现创造条件。不同于前几次科技革命的是,新一轮科技革命直抵人类"本体"的存在,它聚合了生物技术、信息技术、纳米技术等新兴技术力量,有力地增强着人的主体发展能力,对人的自由全面发展的实现发挥着强劲的"杠杆"作用,赋予了人的发展以新的内涵和新的特质,同时也对人自身的主体性提出了反思性命题。

### 一、人的发展与科技发展具有同步性

人的发展与科技的发展具有历史的同步性。马克思在考察人的发展与科技发展的关系时深刻指出,"工业的历史和工业的已经存在的对象性的存在,是一本打开了的关于人的本质力量的书"[①]。在马克思看来,人的发展的历史就是人的本质力量的发展史,而科学技术是其中一个起着至关重要作用的因素。在人类文明的历史长河中,科学技术的发展始终深刻地作用于人的体能、起居以及文化等各方面能力的发展,不断涌现和进化的技术锻造着人认识和改造自然的能力,推动着人的发展发生各式各样的量变甚至是质的飞跃。在不同的历史时期,科学技术的发展水平与状况决定了当时的人从事实践活动的具体方式和发展状况。

---

① 《马克思恩格斯文集》第 1 卷,人民出版社 2009 年版,第 192 页。

在原始社会，自人类学会了用火、制造与使用石器等原始技术起，人的发展的"阶梯"即已开始搭建。但由于当时的生产力水平极端低下，人的实践活动要受到自然界的限制，人的实践能力和思维能力都不强，知识也尚处于未加分化的原始状态，因而人的发展具有原始性、被动性和有限性。到了铁器时代，人类创造和发明了房屋建造、农作物种植、动物驯养、采石采矿、纺织烧陶等技术，特别是种植畜牧技术的掌握和发展引发的农业革命，使人的实践方式也逐渐摆脱了原始社会中的被动状态，使生产力得到了显著提高，开创了人类社会最早的农业文明时期。这一时期，人的发展出现了新的变化：一方面，农业革命通过创造物质财富大大地促进了人的发展；另一方面，脑力劳动与体力劳动的分工又对人的发展造成了一定的负面影响。对此，恩格斯曾评价道："第一次大分工，即城市和乡村的分离，立即使农村居民陷于数千年的愚昧状况，使城市居民受到各自的专门手艺的奴役。它破坏了农村居民精神发展的基础和城市居民的肉体发展的基础。……人的这种畸形发展和分工齐头并进，分工在工场手工业中达到了最高的发展。"① 可以说，人类最早的社会分工在一定程度上限制了人的发展的范围与程度。

十六世纪以来，科学技术取得了新的发展和进步。特别是十八世纪七十年代，纺纱机、蒸汽机的发明和广泛使用宣告了机器大工业时代的到来，科技革命开始作为"革命力量"，为人的发展按下了"快进"键。机器生产越来越多地取代手工生产的劳动，这不仅提高了劳动生产率，也在很大程度上使劳动者的身体得到解放。同时，在机器大工业的生产过程中，由于技术含量的不断提高必然对劳动者的素质与能力提出更高的要求，劳动者必

---

① 《马克思恩格斯文集》第 9 卷，人民出版社 2009 年版，第 308 页。

须不断接受教育和培训并更新知识，因而劳动者的知识与智力水平也随之得到相应的提高。随着机器对人类劳动的替代范围的扩大，科学技术的发展越来越成为人的发展的决定性因素。

十九世纪七十年代，电力革命的兴起使人类进入了电气化、自动化时代，将人的发展推向了一个崭新的历史阶段。随着以信息技术和网络技术为代表的现代科技的迅猛发展，人类社会进入了新的时代——信息时代和互联网时代。当前，随着以信息技术、人工智能为代表的新兴科技的快速发展，人类正在进入一个"人机物"三元融合的万物智能互联时代。随着脑力劳动逐渐成为人的主要劳动形式和创造性劳动活动的逐渐增多，人的知识和智力水平得到了质的飞跃，人类在实践进程中所利用的科学技术不再是仅仅为了提高生产效率，更多的是为了提高现实世界中人的发展的层次。

通过历史考察所折射出的科技发展与人的发展之间的关系表明，科学技术的发展过程就是人发展的过程。正是在发展和运用科学技术的过程中，人类认识与改造世界的能力不断得到提高，各方面得到发展。随着现代科技的日新月异的革命性发展，人们凭借强有力的技术力量极大地发展了自己的本质力量。随着人的本质力量和实践活动中越来越广泛地注入了现代科技的要素，现代人越来越普遍地成为科学技术化的人，而现代科学技术为现代人提供了积极发展的时间和空间①，使人的发展的内涵不断得到充实和拓展。

## 二、增强主体能力

人的发展首先体现为人的主体能力的增强，人的主体能力的

---

① 参见夏甄陶《人是什么》，商务印书馆2000年版，第321页。

高低是社会发展到何种程度的基础性条件。如第二章所述,主体能力即作为发展主体的人认识与改造客观世界的一种能力,它主要包括生理体能、实践能力和认知能力等。人在创造、发展和运用科学技术的过程中,其主体能力也在不断获得改造和增进。人是运用和发展科技的主体,科技的发展是人的实践创造的产物,同时科学技术的发展又反过来塑造人,促使人的主体能力在更多方面得到发展。在新一轮科技革命中,生物技术、新一代信息技术、纳米技术等新兴技术的突破,将更有力地增强人的生理体能与实践能力,并大大地扩展着人的认知能力。

### (一) 生物技术的突破增强人的生理体能

诚如马克思所言,"全部人类历史的第一个前提无疑是有生命的个人的存在。"[①] 由于人的实体存在首先是一种自然生物,因而生理体能是人的主体能力的天然的基础性要素。增强人的生理体能始终是科学技术发展的重要任务之一。得益于科技革命以及生物医学技术的发展,人类的生理体能获得了大幅度增强,寿命延长了一倍以上。在新一轮科技革命中,基因技术、纳米技术、人工智能、医疗生物等技术的突破,对于人的生理体能的增强又将是一次质的飞跃。特别是医疗生物技术,正在从疾病预防、基因诊断、疾病诊断、生物治疗、器官移植、人类扩增功能等方面实现突破,这将会给人类自身的进化与发展带来无限生机,甚至具有决定人类终极命运的意义。

首先,疾病预防技术正在发生变革,疫苗的研制和应用将使一些疾病被有效控制甚至消灭。乙型肝炎、霍乱、疟疾等疾病已经得到有效控制,艾滋病疫苗、SARS疫苗、乙肝疫苗等疫苗已经取得重大突破,而诸如MERS疫苗、冠状病毒疫苗、卵巢癌治

---

① 《马克思恩格斯文集》第1卷,人民出版社2009年版,第519页。

疗性 RNA 疫苗、针对多种病毒和癌症 MRNA 疫苗等的研发与应用，将大幅度提高对重大传染性疾病、遗传病和慢性病、癌症等的防控能力；其次，疾病诊断技术正在发生变革，生物芯片、基因诊断、代谢产物诊断等高新诊断技术正在发生革命性的变化，利用人类基因组测序技术能够准确预测出上千种单基因控制的遗传性疾病，利用生物芯片技术可以预测和诊断出多种疾病；再次，疾病治疗技术正在发生变革，基因编辑、干细胞技术、合成生物学、再生、仿生工程等生物技术等将有望使一些遗传病、疑难杂症得到有效治疗甚至被根除。生命健康技术进入基因组精准调控，基因编辑技术可以对单基因遗传疾病进行根除，合成生物学可以通过基因编辑赋予人类定制有机体的能力，干细胞定向培育生物组织（器官）的突破使人体组织（器官）再生成为现实；从次，人类扩增功能正在发生变革，穿戴式智能设备将被当作人体的延伸功能。AR 智能眼镜的可穿戴技术将大大增强人类的视力，外骨骼套装将不仅增强人携带重物的能力，而且有望帮助四肢瘫痪者恢复行动能力；最后，基于生物技术与数字技术结合的智慧医疗，正在成为人类抵御疾病和延长寿命的核心科技。当前，大数据、人工智能、云计算等数字技术已经在病情检测分析、病毒溯源、精准防控和后续治疗等方面发挥着重要作用，基于增强现实的外科导航系统技术实现了虚拟器官与真实场景的融合显示，帮助医生更容易定位病灶和观察复杂结构。① 上述医学生物技术的变革和突破，正在实现"从认识生命、改造生命走向合成生命、设计生命"，这将在很大程度上有助于改造人们生理体能上的各种缺陷，使人的健康水平得到大幅度提高、人的预期寿命得到延长，进而

---

① 李国鹏、朝淋、潘教峰等：《〈2023 技术聚焦〉折射新一轮科技革命与产业变革的形势及制高点》，《中国科学院院刊》2024 年第 39 卷，第 0 期。

帮助人类逐渐具备操纵生命的能力，但同时也带来生命伦理的挑战。

### （二）新一代信息技术拓展人的实践能力

实践能力是人的主体能力的核心要素，它标志着人能在多大程度上、以多快的速度改造客观世界，使其符合人类发展的目标。由于人本身所具有的生物学意义上的能力是有限的，因而人的实践能力主要取决于人所借助的科学技术的威力。作为"人类劳动力发展的测量器"[①]，工具在本质上就是人的实践能力的延伸。从人类社会早期的手工工具、到近代的机器、再到现代的自动化、智能化设备，工具系统的更新过程就是人的实践能力的发展过程。人的实践能力随新型工具系统的更新而发生变革。有什么样的工具系统，就要求有什么水平的智力和体力与之相对应。

当前，新一代信息技术的发展与突破，正在加速人的实践能力的拓展。首先，以人工智能技术的发展为例，人工智能系统的快速发展与广泛应用，已经提出了分布式认知、分布式智能和分布式决策等全新的概念，这就需要人们具备与这种分布式系统相关的新的实践能力。随着人工智能应用场景的丰富与多样化，人工智能技术与社会生产的紧密结合正在更新着人的知识技能结构、智力和创新能力。智力劳动、创新劳动逐渐成为主要劳动方式，人与机器的关系在不断改变着，人的精力将更多投入如何通过创新创造性的活动来改造和完善机器的性能。这就意味着人们需要不断掌握和提高相关能力，与那些互联网程度和智力水平越来越高的机器一起工作。[②] 其次，信息资源和数据资源等全新的资源的出现将促进人的实践能力的高效进步。实践能力的发展不仅受人

---

① 《马克思恩格斯文集》第5卷，人民出版社2009年版，第210页。
② 参见[德]克劳斯·施瓦布《第四次工业革命：转型的力量》，李菁译，中信出版社2016年版，第42页。

自身条件的制约,特别是受人赖以生存的物质基础——自然资源的制约,而且与外界条件有着密切关系。随着科学技术的发展和进步,人对自然资源的开发利用能力在不断增强。当前,信息资源、数据资源作为可以无限次使用的自生性资源,有望帮助人类突破非再生资源的极限。信息资源和数据资源的出现既是人的实践能力增强的推动因素,又对其提出了更高的要求——人自身的知识储备和信息储备越来越成为不可或缺的关键要素。

### (三) 大数据技术和纳米技术增强人的认知能力

大数据技术的发展与应用正在帮助人们增强预知能力和预测能力。大数据并不只是对海量数据的收集,而是在海量数据的基础上进行分析和挖掘,找出隐藏在大量细节背后的规律或逻辑,进而依据规律预测未来。通过利用大数据技术,人们可以预测自然的变化、个人未来的行为以及某些社会事件的发生,因而大大提高了预知未来的能力。从社会发展的角度出发,人们利用大数据技术做出的发展计划、发展目标和发展决策将不再盲目且更为科学,从而使社会得到更高效运转。而纳米技术则将通过医学途径增强人的认知能力,比如,纳米芯片、纳米神经假肢、纳米电子植入器等技术将有望增长人脑获取、储存与处理信息的能力,从而提高人的记忆力、感知力、专注力等认知能力。此外,由纳米技术与基因技术相结合而成的新型纳米基因技术,能帮助人迅速、准确地改善与认知能力相关的基因,进而进一步强化人的认知能力。

## 三、撬动人的全面发展

人的全面发展是人的发展的最高境界。马克思曾在《资本论》中对未来的社会形式提出了设想,即"以每个人的全面而自由的发展为基本原则的社会形式"①。实现人的全面发展是社会发展的终极目标和最高追求,人的一切实践活动都必须以这一目标的实现为行动指南。人类社会历史一直在向着这个美好而远大的目标迈进,科技革命在推进人类社会奔向这个美好而远大的目标的过程中起着越来越重大的作用,而新科技革命在这一实现进程中无疑起着"杠杆"的作用。基于马克思主义发展哲学来观之,人的全面发展的实现是一个漫长的过程,生产力的高度发达是实现人的全面发展的物质基础,闲暇自由时间的增多是实现人的全面发展的前提条件。新科技革命对人的全面发展的实现所起的杠杆作用,主要在于它从生产力和人的闲暇自由时间两个层面为人的全面发展创造着实现的条件。

第一,新科技革命在生产力层面为人的全面发展奠定了物质基础。生产力的高度发达不仅是实现人的全面发展的物质基础,而且生产力本身也是人的主体能力的社会化、物质化的具体表现。要推进人的发展进而实现社会的发展当然离不开生产力的进步,而新科技的开发运用推动了当代社会生产力的指数式增长。当前,大数据、云计算、人工智能、物联网等新一代信息技术的快速发展和广泛应用,正在引发一场数字革命。在这场数字革命中,人工智能在生产领域的应用极大地提高着劳动生产率、不断制造出更多新的经济增长点,带动着新产业、新业态和新模式的发展,因而推动着生产力的整体跃升。同时,数据力正在成为最重要的生产力之一,大数据和区块链技术将在很大程度上改变甚至是彻底改变前几次科技革命的生产函数,即"生产力 = 传统劳动力 + 土地 + 资本"这一函数将变成"生产力 = 数据力 + 数据资本 + 数据

---

① 《马克思恩格斯全集》第 23 卷,人民出版社 2016 年版,第 649 页。

资本表现型技术"①，生产力将因数据力而得到空前的释放和发展。生产力的极大发展，为人的能力与个性朝着全面的方向发展创造了物质条件，也为社会发展打下了坚实的基础。

第二，新科技革命为人的闲暇自由时间的增多创造了技术前提。闲暇自由时间的增多是实现人的自由全面发展的关键条件。所谓闲暇自由时间，是指人在劳动之外可自由支配的时间，即用于休闲娱乐、学习、创作以及从事其他受个人兴趣或爱好支配的活动的时间。根据马克思的观点，闲暇自由时间的多少决定着人的发展空间的大小，"整个人类的发展，就其超出人的自然存在所直接需要的发展来说，无非是对这种自由时间的运用，并且整个人类发展的前提就是把这种自由时间作为必要的基础"②。只有当人们花在物质生活资料生产的必要劳动时间降低时，才有机会从事促进全面发展的实践活动，提高自身的能力、品质、知识、创造力、能动性和自觉性等综合素质。回顾历史，在原始社会中，人过着半动物般的生活，全靠狩猎和采集来勉强维持生存，根本不存在闲暇和自由；在农业文明主导的社会中，由于生产力和科技水平低下，人只能依靠最简单的畜力和人力日出而作、日落而息，劳动时间长、劳动强度大，几乎谈不上闲暇和自由。在机器大工业时代，虽然人们普遍拥有了更多的闲暇时间和更大的自由度，但受制于生产力发展包括科学技术进步的阶段性制约，绝大多数人都要为生存而奔波忙碌，不少人拖着沉重的肉体而挣扎于生活的功利场上。

在新一轮科技革命中，随着人工智能、机器人、超级制造等智能技术的开发和广泛应用，由智能技术驱动的智能化机器越来

---

① 大数据战略重点实验室编：《块数据3.0：秩序互联网与主权区块链》，中信出版社2017年版，第269页。
② 《马克思恩格斯全集》第32卷，人民出版社2016年版，第215页。

越多地进入到生产领域,正在大范围取代着人的单调重复的劳动,使得劳动虽然依然是人的谋生手段但将不再成为人的生活的"沉重负担",这必然会在客观上帮助人们节约在生产劳动中耗费的时间。"节约劳动时间等于增加自由时间,即增加使个人得到充分发展的时间。"① 自由时间的增多,为人的活动的多维度展开提供了条件,使得人们有可能腾出更多的时间去从事和享受劳动生产以外的活动,进而在"在艺术、科学等等方面得到发展"②。

第三,新科技革命赋予人的发展以新的内涵和新的特质。新科技革命与前几次科技革命有着本质区别:前几次科技革命从根本上讲是对劳动工具的革命,而新一轮科技革命则将转向对劳动者自身的革命,对人的知识与能力结构提出更高和更复杂的要求。在信息技术、生物技术、新材料技术、新能源技术等最新科技的武装下,生产劳动的过程将变成融合多学科、多领域的科学知识与技术的自动系统,这就需要不仅能精通专业知识和技能而且熟悉多学科知识和掌握多重技能的复合型人才。以数据工程师为例,不仅需要对数据做出科学的、有价值的分析,而且要对机器、数学、统计学等多重知识进行综合掌控。再以人工智能技术为例,当前,人工智能技术正在由弱人工智能迈向强人工智能、超人工智能时代,随着智能技术应用场景的不断增多,智能化机器对人的体力劳动和脑力劳动的替代将会远超预期。2017 年,麦肯锡全球研究院在对 46 个国家不同程度的自动化进展对于就业的影响进行分类评估的基础上提出预测:到 2030 年全球或有 4 亿个工作岗位被机器人所取代。这意味着,不仅人的体力劳动将逐渐被替代,而且越来越多的可模拟、可复制的脑力劳动也将被替代,而只有

---

① 《马克思恩格斯文集》第 8 卷,人民出版社 2009 年版,第 203 页。
② 《马克思恩格斯文集》第 8 卷,人民出版社 2009 年版,第 197 页。

涉及到人文性、理想性、创造性和思想性的那一小部分内容无法被机器所替代，这将颠覆传统的人才概念。在未来，只有无法被人工智能所取代的劳动力才称得上人才。人工智能技术的发展与应用呼唤着用新知识、新技术武装起来的职业人才的诞生。同时，科学技术的变革迫切要求人的科学文化素质的全面提高。人们既要告别"文盲"，还要告别"科盲"——这种"科盲"的告别显得尤为迫切，因为在现代以来的社会发展中，依然存在着严重的"反智主义"现象，而这种反智主义在2020年全球抗击新型冠状病毒的斗争中表现得十分明显，反智主义对社会和人的发展起着严重的阻碍作用。

### 四、提高人的主体性

人的主体性是在对象性实践活动中得以确立和实现的，它体现为人的自觉性、能动性、自主性、创造性等特性。当前，以人工智能、大数据等为主要内容的新一代信息技术正在引领人类社会向智能社会迈进。新一代信息技术的发展和应用为人们开启了新生活和新实践，人的主体性在新生活和新实践中得到确认和巩固。然而，人们在憧憬着智能时代的到来的同时，也对人工智能和大数据应用下的人类未来充满了焦虑，因为新信息技术在给人的主体性的张扬带来机遇的同时也带来了挑战。对此，我们有必要对新信息技术与人的主体性的关系进行辩证分析。

一方面，新信息技术有助于人的主体性的确证和提高。当前，人工智能、智能制造等智能技术的进化与广泛应用已成为必然趋势，这将在很大程度上帮助人从劳动中解放出来，进而有助于人的主体性的增强。随着生产过程日益智能化，人们正在逐步从生产过程中退出、离开生产实践的直接现场、站在生产过程之外，以监督者和调节者的身份对整个生产过程进行宏观管控。人在生产过程中的直接参与少了,能在更大程度上帮助人从体力劳动中解放出来,这是对人的自由性和自觉能动性的确证。在此基础上,人工智能的应用就能间接地帮助人们根据自身愿望和身心需要去选择和从事各种实践活动,进而发挥其主体的自主性和创造性。

另一方面,新信息技术为人的主体性的增强带来挑战。随着无人超市、无人驾驶等系列"无人"现象的不断涌现,新信息技术的发展和应用引发了新的担忧和焦虑:机器人、人工智能等新技术和新发明对人的劳动的取代会威胁到人的主体地位吗?近年来,不少学者和公众都表达了对此问题的担忧,比如,日本人工智能专家松尾丰在其著作《人工智能狂潮:机器人会超越人类吗?》中表达了其对人工智能的飞速发展的忧虑;霍金也多次提出对人工智能的担忧,"人工智能将依靠自身快速发展,并以不断增长的速度重新设计自己。而人类受到缓慢的生物进化的限制,不能与之竞争,或将最终被取代"[①]……这些担忧不无道理,其现实依据主要表现在两个方面:其一,人工智能对人的体力劳动和部分脑力劳动的替代,在一定程度上导致失业问题的出现。比如,随着无人驾驶、无人售票、无人工厂、无人餐馆等无人现象的增多,智能机器越来越多地替代人的体力劳动,这很可能导致蓝领阶层因为工作被替代而失业;随着以深度学习为主的强人工智能的发展,智能机器人越来越多地替代人的部分脑力劳动,这很可能导致某些白领阶层的失业,等等。其二,智能手机和大数据的普遍应用,可能使人们在不经意间将独立思考能力让位于智能机器人或算法。比如,智能手机、微信或网站自动信息推送功能的普及改变着人们获取信息的方式,使得人们对信息的接收由主动搜索向被动接受转变,人们在浩如烟海的数字世界里变得越来越

---

[①] 霍金:《自动化和智能化将让中产阶级大面积失业》,腾讯网,2016年12月3日。

被动，人的思考能力逐渐被机器或算法所操纵。

　　但同时，我们需要理性看待这些关于人工智能的担忧。首先，无论将人工智能用于扩展人类能力还是取代人类劳动，都取决于人的态度，而不是因为技术本身有什么特异功能。正如美国科学家维纳在回答《美国新闻与世界报道》提出的问题——"机器或计算机，有一天会凌驾于人类之上吗？"时所讲到的，这样的危险其实是由人的智力惰性本身造成的。有些人被"机器"这个词迷惑，分不清哪些事可以用机器完成、哪些事不能，什么会被留给人类、什么不会。① 人工智能将如何被设计和应用，完全由生产成本和收益所决定。换言之，如果某项工作可以借助机器或智能系统完成，且成本更低，那么人们会选择让机器或智能系统来完成它。其次，尽管人工智能机器人有深度学习和搜索的能力，看起来似乎具有某种自主性，但这种深度学习和搜索必须由人输入程序才能完成，并不代表它具有真正的主体性，因而只能算作是一种"类主体性"。正如赵汀阳教授在谈及人工智能对人的主体性的影响时所讲，每一种机器都能在各自的特殊能力上远远超过人类，未来的人工智能也不例外，它将在能力上远远超越人类能力，但无论其能力多么强大，都不会对人类构成真正的威胁，因为它不可能自动地反思自我进而创造和控制自我意识，很难依靠自身而自动升级为超级智能。人类能够控制任何没有自我意识的机器，因此，没有自我意识的智能机器越强大就越有用。② 对于那些需要灵活性判断和常识的技术和手工工作，仍然很难用机器来取代人。可见，那种将人工智能视为机器要统治人的看法或说法，只能使

---

① ［美］约翰·马尔科夫：《与机器人共舞》，郭雪译，浙江人民出版社2015年版，第75—76页。
② 参见宋冰《智能与智慧：人工智能遇见中国哲学家》，中信出版社2020年版，第9—11页。

人们对自身的主体性产生怀疑甚至丧失信心。最后，由于发展主体具有社会性，人类的思维活动是一种社会现象，而无论人工智能的功能与人脑多么接近，它都无法同具有社会属性的人脑相提并论，因而不可能真正威胁人在劳动中的主体地位。因此，我们必须客观、辩证地看待新信息技术对人的主体性的影响，积极利用新信息技术来增强人的主体性。

## 第二节　新科技革命引起发展观念的变革

新科技革命在影响发展主体的基础上，必将会引起发展观念的相应变革。换言之，新科技革命作为促进人的发展实践迈向新阶段、新层次和新境界的重要动力因素，必然会要求人的发展观念实现向更高阶段的转变与提升。在新科技革命时代，在传统发展观念支配下的发展实践行为所带来的人类社会发展困境更加突出，因而必须摒弃传统的发展观念、确立新的发展观念。由新科技革命引起的发展观念的变革，主要包括价值观念、思维方式和发展理念的转变。在新科技革命条件下，实现价值观念由互害型发展向互利型发展的转变、思维方式由简单性思维向复杂性思维的转变、发展理念由传统的全球治理理念向共享发展理念的转变既具必要性，更具现实性。

### 一、科技革命是发展观念变革的重要条件

科技革命作为科技实践中的突破性进展环节，它的发生与发展必然伴随着发展观念的变革，并表征着发展观念变革的总体趋势。科技革命是发展观念变革的重要条件，没有科技革命的发生，发展观念的变革就难以完成。当然，这并不是说，只有在科技革命发生的条件下才有发展观念的变革，因为发展观念的变迁不是

一蹴而就的，而要经历一个漫长的过程。伴随着科学技术的发展和进步，发展观念也在逐步发生改变，而只有当科技革命发生时，发展观念才能真正实现一个爆发式的飞跃。

回顾科技革命史，我们不难发现历次科技革命的兴起与发展都引起了发展观念的变革。以哥白尼"日心说"的提出和牛顿力学体系的建立为标志的科学革命成为"西方人价值观变更"的"划时代的转折点"①，使人们追求真理，强调用理性探究世界、用理性去解释人与自然的关系、解释社会生活和政治生活，科学原理被当作"衡量一切现象和事物的尺度"②；以电气和运输革命为主要内容的技术革命和以相对论和量子论等为主要内容的科学革命，使人们强调自然规律、重视功利主义，将经济发展作为追求社会发展的轴心和目标。特别是自二十世纪以来，以电子技术和自动化、信息技术和网络化为主要内容的现代科技革命，使人们的发展观念经历了从单纯的"经济增长论"到关注人的发展的转变过程。所谓经济增长论，是指二十世纪五六十年代流行于西方国家的一种发展观念，其代表人物为英国经济学家刘易斯、美国经济学家罗斯托等。刘易斯认为，国民生产总值与人均国民收入的增长是评判社会发展的首要标准甚至是唯一标准，他提出将投资和资本的增加、科技的进步和知识的增长等因素当作发展的动力。罗斯托将发展问题完全归结为经济的增长，提出根据物质消费水平和经济增长水平作为划分发展阶段的标准。③ 伴随着现代科技革命的发展，单纯的"经济增长论"引发了一系列社会问

---

① 转引自［美］伯纳德·科恩《科学革命史》，杨爱华等译，军事科学出版社1992年版，第105页。
② ［美］伯纳德·科恩：《科学革命史》，杨爱华等译，军事科学出版社1992年版，第175页。
③ 参见刘福森《发展观念的历史演变》，《中共天津市委党校学报》2005年第3期。

题，如出现了"有增长无发展"的情况，引起了人们对早期发展观念的反思，许多经济学家纷纷提出重新定义发展的基本含义。因为尽管许多发展中国家的经济增长速度很快，但实际上并未真正取得普遍的进步，不能单纯将国民生产总值作为衡量发展的唯一指标。比如，西方发展经济学家达德利·西尔斯就对早期发展理论提出疑问："问到一个国家的发展情况如何，就应当提到：贫困情况有何变化？失业情况有何变化？不平等情况有何变化？……如果这些问题中有一两个问题越来越糟，尤其是如果三者都是这种情况的话，那么，即使人均收入增加一倍，把这称为'发展'也是很奇怪的。"① 他提出，社会发展不仅包含经济增长，而且还应在消除贫困、减少不平等、解决失业问题和增加收入等方面取得进展。法国经济学家 F. 佩鲁在《新发展观》一书中对经济增长理论进行了反思和批判，提出发展的目的从单纯的经济增长转向关注人的发展，标志着人们关于发展的价值取向发生了转变。由此可见，在每一次科技革命中，人们的发展观念都发生了深刻的变革。

## 二、价值观念：从互害到互利

发展观念是人们关于社会发展问题的观点和认识，发展观念具有丰富的内容，结合新时代的社会发展及新科技革命自身所具有的相关性能，我们着重从互利型发展观等三个方面来阐述新科技革命对人的发展观念所具有的变革作用。

### （一）互害型发展观的困境

所谓互害型发展观，是指处于某一生态链中的发展主体只考虑自身发展需要和利益，无视甚至损害其他主体或发展客体的利

---

① ［英］达德利·西尔斯：《发展的意义》，《国际发展评论》1969 年第 12 期。

益的一种发展观念。这种发展观念主要表现在两个方面：一是在人与自然的关系上，主张以人的需要和利益为轴心，将人类社会发展片面定义为人类的能力、利益和需要的增长与满足，而忽略或漠视人类赖以生存与发展的自然界的权益。① 在这样的发展观念的支配下，在很长时期内，特别是进入工业社会以来，人类为了自身的存在和发展，凭借日益强大的科技力量和日益发达的生产力，创造了空前繁华的物质财富与高度发达的工业文明。然而，就在人类貌似高歌凯进的同时，人类自我毁灭的祸根也随之埋下，并遭受了自然界一个又一个的报复。二是在人与人关系的维度内，互害型发展观表现为不同的发展主体在满足自身需求和追求自身利益的同时，有意无意地将危害后果转嫁给了其他主体，致使社会呈现出恶性循环的互害型格局和现象。不同的发展主体从利己的角度出发，且忽略他人利益，甚至明知可能会对他人利益造成损害却仍然持放任态度，这一行为貌似能让行为者获利，但最终导致的是"共害化"的结局，每个人都成了受害者。在互害型社会，每个发展主体都可能是潜在的加害者，也都可能是受害者，没有人能独善其身，没有人可以幸免于难，每个人都陷入互害的恶性循环之中。当社会再也没法承载这种互害之困时，必定是社会危机爆发之日。由互害型发展观支配的发展实践行为所导致的严重的发展问题，呼唤着另一种能支配人类走出生存困境的新的发展观念——互利型发展观。

**（二）新科技革命时代树立互利型发展观的必要性**

互利型发展观是对互害型发展观的超越和否定。所谓互利型发展观，指的是以互利互惠的原则来处理人与自然、人与人之间关系的一种发展观念。在人与自然的关系方面，互利型发展观主

---

① 参见邱耕田《发展：在人与自然之间》，社会科学文献出版社2019年版，第45页。

张既关注人的发展需要、又维系保护自然环境，保持人的发展利益与自然之间的平衡，维持人与自然共生共荣的关系，寻求社会发展与自然发展的有机统一，优化二者的关系。在当代人类的发展实践中，它主要体现在"人与自然命运共同体"的主张上。在人与人的关系方面，互利型发展观主要表现为各发展主体在满足自己的需求和利益的同时也关注到他人的利益，主张将单个人、群体或集团的利益与整个人类的利益相结合，又将当代人的发展利益和需要与后代人的发展利益和需要相结合，实现一种互利的发展格局和共利的发展结局。它主要体现在"人类命运共同体"和"可持续发展"等的主张上。

当前，互联网、物联网、区块链、智慧地球正在使大数据沿着"摩尔定律"飞速增长，一个全球高度互联的时代正在到来。在这个全球高度互联的时代，"人类生活在同一个地球村里，生活在历史和现实交汇的同一个时空里，越来越成为你中有我、我中有你的命运共同体。"① 在这个地球村中，所有的国家都是其有机而重要的成员，所有的生态环境问题与"地球村"所有成员的利益都息息相关，不存在绝对安全的世外桃源，"一国的安全不能建立在别国的动荡之上，他国的威胁也可能成为本国的挑战。邻居出了问题，不能光想着扎好自家篱笆，而应该去帮一把。"② 因此，在新科技革命的背景下，发展需要同舟共济、而非以邻为壑，我们必须以互利型发展观来审视发展现实、解决发展问题、重塑发展未来。

### （三）新科技革命条件下树立互利型发展观的现实性

在新科技革命条件下，树立互利型发展观最具现实性。从

---

① 《习近平谈治国理政》，外文出版社2014年版，第272页。
② 《习近平谈治国理政》第2卷，外文出版社2017年版，第541—542页。

## 第三章 新科技革命在社会发展中的作用

"人—自然"互利发展的角度看,新科技革命为互利型发展观的建立提供了科技支撑。新一轮科技革命将在更大程度上帮助人类节约自然资源、缓解能源危机,从而促进实现人与自然的和谐共生。首先,能源技术革命已不再以某种特定能源的发现和利用为主导,而是多种能源的相继产生并共存。人们利用新能源技术与信息技术的深度融合,构建起一个新型能源网络系统。在这个新型能源网络系统中,人们可以通过电网和互联网,将风电、太阳能、核能、地热能、化石能源等供电侧,与电解铝、制氢、冶金、煤化工、煤炭清洁燃烧、绿色交通、城市污泥污水处理等高耗能产业的用电侧进行深度融合;可以利用互联网、大数据、云计算,将多元化、碎片化的能源整合成一个"能源互联网";可以运用传感器将能源的真正价值激发出来。在此基础上,还可以通过物联网和智能资产追踪能源和材料的流动,在价值链全程大幅度提高资源利用率,减少生产中的能源浪费。其次,新材料技术的变革将有助于减少人类社会发展对自然资源的高度依赖。比如,聚六氢三嗪的新型可回收热固性聚合物的发现,为发展循环经济做出重大贡献,循环经济以资源再生利用为出发点,打破了生产对资源的高度依赖;可再生能源、纳米技术和智能系统等新技术很有可能被用于修复和重建人赖以生存的自然资源;水能、风能、太阳能、海洋能、生物质能等可再生能源的发展有助于缓解全球性的"能源耗竭危机"。最后,3D打印技术融合了材料加工、计算机辅助设计、成形技术,依照"增材制造文件"或三维模型文件提供的蓝图,将专用的粉末状塑料或金属等可黏合材料以及医用生物材料,通过逐层打印的方式一层一层将计算机上的蓝图变成实物,这一应用有望避免过去传统制造技术在加工产品时造成的材料浪费。综上所述,一系列最新科技的开发运用,将在技术的层面优化人与自然的关系,促进生态文明和绿色发展,从而培植起人与自然互利性的发展观念。

从"人—人"互利发展的角度看,在业已形成的"地球村"时代,不同文明的人"必须学会在和平交往中共同生活"①。正如习近平总书记所指出的,"新一轮科技革命和产业革命正在孕育成长,各国相互联系、相互依存,全球命运与共、休戚相关,和平力量的上升远远超过战争因素的增长,和平、发展、合作、共赢的时代潮流更加强劲。"② 当前,科学技术发展的全球化特征显露无遗,而新一代信息技术确定了概率性、创新性、共享性和相互性的思维方式,强化了"人类命运共同体"的理念。"人类命运共同体"的构建与形成,在全球范围内极大地凸显着社会发展的互利性特征,实际上也为互利型发展观的确立和"发育"提供了有利的土壤和条件。

### 三、思维转念:从简单到复杂
#### (一)简单性思维的局限

所谓简单性思维,指的是一种以线性、孤立性、静态性、片面性为主要特征的思维方式。从世界科学史看,自毕达哥拉斯从"数是万物的本原"出发提出数学简单性思想以来,科学家们就笃信,纵使世界纷繁复杂,其中必定隐藏着某种"简单力"或"简单物",使得人们习惯于从简单、秩序的角度看世界。近代以来,自然科学在很长一段时间内主张基于静止、孤立的角度研究自然界,其直接结果是使人们获得了大量的自然知识,但同时又在哲学领域导致了形而上学和机械论的兴起与流行。从本质上讲,形而上学的思维方式其实就是一种简单性思维。

---

① [美]塞缪尔·亨廷顿:《文明的冲突与世界秩序的重建》,周琪等译,新华出版社1999年版,第372页。
② 《习近平谈治国理政》第2卷,外文出版社2017年版,第538页。

简单性思维有三大表现：一是线性思维。所谓线性，来自数学方程，指的是只含一个未知项的简单方程式。根据简单线性方程，只要有 A 原因就一定能推出 B 结果，且 B 结果具有必然性和确定性，即可以从一个原因推算出一个确定的结果。从线性的思维方式来看，自然的运动过程是连续的、平滑的，几乎不存在突变或质变现象，而社会发展作为一种特殊的物质运动，其过程也是无限的、简单和谐的、富有秩序的。根据线性思维，人类生存与发展所依赖的自然资源也是取之不尽、用之不竭的，因而可以利用技术尽情开发甚至任意挥霍浪费它；社会的发展是简单有序的，可以按照人们既定的目标发展，以达到人们所期望的理想状态，科学技术可以解决一切问题，因而无须考虑社会发展过程中的不确定性。二是缺乏系统性思维。根据简单性思维，社会发展就等同于物质财富的增长，即只要把经济搞上去，就代表着社会的发展和进步，不存在资源、环境、政治、文化等其他制约社会发展的问题，这实际上是把经济从社会的复杂系统中孤立出来，使经济发展至上化、唯一化，最终导致了社会发展出现片面化的态势。三是短视性和功利性。在简单性思维的支配下，人们盲目追求眼前的、现实的直接经济利益，不顾子孙后代的利益，忽视了社会发展的可持续性。

自工业革命以来，在简单性思维的支配下，人们为了求得经济增长，不惜以牺牲自然环境来换取"发展"，忽视了社会系统内各要素之间的协调和平衡发展。但社会发展并没有按人们所期望的轨迹运行，尽管西方发达国家因此走上了工业化发展道路，而部分发展中国家也实现了经济增长和国民生产总值的增加，但同时，发展中的问题也随之不断暴露，经济增长并不能自动解决诸如平等、就业等社会问题，相反，片面的经济增长导致了生态失衡、环境破坏、社会动荡等问题的发生。随着科学技术的进步，以简单性思维为指导的发展所导致的严重后果也越来越多，人类面临的全球性问题与发展困境也日益突出。

### （二）新科技革命时代确立复杂性思维的必要性

所谓复杂性思维，是以不确定性、不稳定性、偶然性、整体性为主要特征的一种思维方式。复杂性思维突破了简单性思维的片面、静止、孤立的局限，将系统、多样性、熵、矢量时间、非线性等概念运用到分析研究中。非线性思维、系统思维是其最主要特征。其中，非线性思维强调多样性和复杂性。所谓非线性，也来自数学方程，是指包含多个未知项的复杂方程。根据非线性思维，世界万物和人类社会都是一个多变的且具有无数可能性的复杂系统。系统思维强调整体性，认为"世界是一个不可分割的整体，是一个相互纠结的复杂系统网络"[①]。因此，根据复杂性思维，社会是一个复杂系统，社会的发展与进化是错综复杂的，而且充满了风险性、不确定性和不稳定性，我们只能在一定的可预测的时间内对其进行合理预测。

在新科技革命时代，全球化特征空前突出，科学技术的爆发式突破使社会发展的复杂性和不确定性更加明显，特别是新兴科技的发展与突破所带来的风险更加具有不可预测性，这种复杂性、风险性和不确定性远远超出了我们的认知范围，根本不能用以前的简单性思维来分析和处理，因此我们必须促进实现思维方式的变革，以复杂性的思维方式来分析和解决自然和社会发展问题。

应对新科技革命可能带来的风险和不确定性，需要以复杂性思维为有力指导。新科技革命条件下的科技风险，为人类带来的危害将更具有不可控制性、难以预测性、时滞性等特征。从信息革命的角度看，生活在"智能文明"开端的我们，正在经历着人

---

① 金吾伦：《生成哲学》，河北大学出版社2000年版，第85页。

工智能带来的改变和挑战,我们现在还没有足够的知识储备和恰当的概念框架来理解、应对甚至化解这些挑战,这是我们在智能化社会到来时面临的最大风险。从生物技术革命的角度看,我们现在所经历的一切并不仅仅是基于解码或操控 DNA 的技术革命,而是一场潜在影响生物科学的革命。[①] 这场科技革命汲取了包括认知神经学、人类学、心理学、行为遗传学、进化生物学等相关科学领域的最新发现与进展,增添了我们对于人类行为根源的知识,让我们逐渐有能力去操控它,但同时也让我们面临基因隐私、人类克隆以及与胚胎有关的研究的伦理挑战。转基因技术作为超级人工生物技术,其自身具有的系统性、复杂性、非线性,决定了转基因技术的风险性、不确定性以及不可预测性等。总之,当全新的科技正在以异乎寻常的速度投入实际应用时,我们如果缺乏对其可能产生的不良后果的预警和制约机制,必然导致生态失衡和环境污染跨越国界等全球性问题的出现,进而影响到社会的持续健康发展。

### (三) 新科技革命时代确立复杂性思维的现实性

在新科技革命条件下,复杂性思维的确立最具现实性。随着信息技术革命的迅速蔓延,我们正在步入一个"超链接化"的世界。在"超链接化"的世界里,地球越来越像一个"神经系统",世界各国之间的相互联系前所未有,没有一个国家或地区可以关起门来搞发展,在"别处"发生的事情,也会对"这里"产生这样那样的影响,任何一个地方的问题都会成为一个全球性问题。正如《纽约时报》专栏作家托马斯·弗里德曼在《世界是平的》中所写到的,互联网技术带来的一系列变化就如一个推土机方阵,

---

[①] [美] 弗朗西斯·福山:《我们的后人类未来:生物技术革命的后果》,黄立志译,广西师范大学出版社2017年版,第22页。

上来就把这个世界推平了。全球化的进程和日益严重的全球性问题，从正反两个方面凸显着社会系统及其发展变化的整体性特征。伴随着新科技的突破与变革，我们"地球村""村民"的身份越来越鲜明，使得当代人更有条件从多视角、多角度、全方位思考发展问题，并将决策建立在复杂性的思维方式之上。

而从具体的科技背景看，大数据的发展为确立复杂性思维提供了技术手段。如前所述，尽管细胞学说、能量转化理论、进化论和量子力学已经在揭示世界的整体性，系统科学也为人们提供了认识世界的新思维——以整体或系统思维看待一切，但这些都只能停留在抽象的层面，无法落实到技术操作上。这是因为，当时的技术手段还不足以帮助人们把握复杂的整体，人们只能通过随机抽样、样本选择等方式来进行统计和分析，从而得出对整体的研究结论。但无论抽取样本的方法多么科学，都会存在误差，因为部分始终不能代表整体。随着大数据时代的到来，人们终于可以不再进行随机采样，直接对全部数据进行研究。正如迈尔所说，"当数据处理技术已经发生了翻天覆地的变化时，在大数据时代进行抽样分析就像在汽车时代骑马一样。一切都改变了，我们需要的是所有的数据，'样本=总体'。"[1] 大数据技术使得人们更易于从整体上、全面系统分析和研究问题。

**四、治理理念：从传统到共享**

共享发展理念作为新发展理念之一，是党的十八届五中全会提出来的，这是新时代中国特色社会主义发展的本质要求。而与共享发展理念相关的全球背景，则是以大数据、物联网、区块链

---

[1] ［英］维克托·迈尔-舍恩伯格、肯尼思·库克耶：《大数据时代》，盛杨燕、周涛译，浙江人民出版社2013年版，第27页。

等新一代信息技术为核心的新一轮科技革命。

从起源上看，共享发展不是新科技革命时代才有的，但共享发展理念的确立却是新科技革命时代特有的。人类的文明发展史表明，早在原始社会时期，部落成员之间相互协作、共同采集和分享食物，过着共同劳作和分享食物的生活方式，这是最古老和最朴素的共享发展。只是自文明时代以来，所有权的概念才日益成为主导。在新科技革命时代，大数据、移动互联网、区块链等技术的发展，为共享资源、共享时间和空间、共享技能以及共享思维理念提供了新的可能。这是人类自进入工业文明时代以来，在发展理念上的一个里程碑式的变革。

共享发展理念包括四个方面的内涵：其一，就共享的主体范围而言，是指全民共享，即人人共享，而不是少数人或一部分人共享；其二，就共享的内容而言，是指全面共享，即共享社会发展的各方面的成果；其三，就共享的实现途径而言，是指共建共享，即人人参与、人人尽力；其四，就共享的推进进程而言，是指渐进共享，即从不均衡到均衡、从低级到高级的逐步推进和实现。

**（一）新科技革命时代构建共享发展理念的必要性**

共享发展理念是对传统的全球治理理念的摒弃和超越。传统的全球治理理念是指各国在参与全球发展事务过程中，从自身的利益出发，奉行以国家至上主义、地区本位主义、集团利益为中心的原则，其实质是国际关系上的"极端利己主义"和"极端中心主义"。在这种理念的支配下，最大限度地攫取自身利益成为参与全球发展事务的宗旨和目标，全球治理也不过是个别霸权国的治理理念向世界的扩展和延伸。

但是，随着大数据、移动互联网、物联网、云计算、区块链等技术在全球范围内的大规模发展，人类正在迈入一个"超级全球化"时代。所谓"超级全球化",是指依托于互联网技术的全球化。在"超级全球化"时代,主权国家发展事务的边界越来越模糊,解决任何一个国家或地区的问题就等于在解决关乎全球的问题。比如,流行性传染疾病不会"尊重"国界,气候变化、自然灾害、网络攻击、人口爆炸、跨国犯罪等非传统安全问题需要动员全球力量共同应对。特别是 2020 年冠状病毒疫情在全球的暴发,更为直观地证明了在大灾大疫面前,没有哪个国家能够独自应对人类面临的共同挑战。当前,面对层出不穷的全球性问题和传导联动的风险挑战,传统的全球治理理念更加显得捉襟见肘,这就迫切需要新的发展理念来解决各种危机和挑战。在"超级全球化"的时代,世界各国必须共同合作、共同管理发展事务、共同克服困难、共同享用发展权益。新科技革命的到来,正在确证树立共享发展理念的历史必然性。

**(二) 新科技革命条件下构建共享发展理念的现实性**

在新科技革命条件下,共享发展理念的构建最具现实性。从总体上讲,新一轮科技革命不同于前几次科技革命,它以实现信息共享、全球互通互联为追求目标,在此基础上所建立的世界秩序必将与传统的资源控制型秩序迥然不同,使得共建共商共享正在成为世界新秩序的代名词。

从技术的层面看,新一代信息技术正在为人类打造一个开放、包容、安全、便捷的全球化的互动社区,使得全人类在更大的程度上共同参与发展。第一,物联网强调开放发展、协同经济,它能借助互联技术和各类平台在人与人、人与物、物与物之间建立起联系,通过物联网,人们可以在住房、交通、服饰以及生产制造过程安装上更加智能化、体积更小的传感器,可以利用随身携带的智能手机、平板电脑等设备接入互联网,高效地与外界进行信息传递和信息共享。"在未来的 8 年内,活跃在网络上的人口新增30亿，这些人都会参与全球对话，并为全球经济做出贡献。"①第二，区块链技术的应用为共享发展提供社会信任的平台。共享发展理念强调开放和协同，而实现这种开放和协同的基础是信任。区块链采用的技术无须寻找保管人或中央分类账等中立部门作为中介，通过促成互不相识的人进行协作，从而为人们提供了一种开放共享、安全可信的合作平台。②基于区块链的分布式、去中介、不可篡改和可编程等特征，人与人之间进行交易的所有节点都参与账本的有效性检验，按程序规则建立互信的交易模式，因而人与人之间的相互信任程度得到增强。第三，物联网、大数据、区块链等关键技术的实际应用，正在深刻改变人们之间的互动与协作方式，使共享成为人们的日常生产生活和交往方式，这不仅有助于促进人类从追求物质消费、获得经济利益的全球化，向共享信息、共享文明和共享集体智慧的全球化发展。

## 第三节　新科技革命推动发展方式的变革

随着新一轮科技革命的深入发展，信息技术、生物技术、新能源技术、新材料技术等高新技术的应用推动了社会生产力的指数式增长，并正在渗透到社会生活的各个领域，深刻影响着人类社会的发展方式。在新一轮科技革命中，以人工智能、物联网、大数据、云计算、区块链等为代表的新一代信息技术，因其对社会生产力的放大、叠加和倍增效应，而不断撬动着整个人类社会快速迈向智能化时代，新兴科技的突破牵引着生产方式的变革，

---

① ［美］彼得·戴曼迪斯、史蒂芬·科特勒：《富足：改变人类未来的4种力量》，贾拥民译，浙江人民出版社2016年版，前言第3页。
② ［德］克劳斯·施瓦布：《第四次工业革命：转型的力量》，李菁译，中信出版社2016年版，第20页。

为人们创造着全新的生活方式，颠覆着人们现有的交往方式。

## 一、科技革命是发展方式变革的重要基础

正如马克思所言，"随着新生产力的获得，人们改变自己的生产方式，随着生产方式即保证自己生活的方式的改变，人们也就会改变自己的一切社会关系。"① 发展方式的变革主要体现在生产方式、生活方式及社会交往方式的变革上。

其一，科技革命对社会的发展方式的影响首先在于引起生产方式的变革。马克思曾在《〈政治经济学批判〉序言》中指出："物质生活的生产方式制约着整个社会生活、政治生活和精神生活的过程。"② 恩格斯在《反杜林论》中指出："一切社会变迁和政治变革的终极原因，不应当到人们的头脑中，……而应当到生产范式和交换方式的变更中去寻找。"③ 马克思、恩格斯的经典论述为我们指出了考察社会发展的重要逻辑，即社会发展的基础是物质资料的生产方式，生产方式是社会发展的决定力量。

回顾历史，历次科技革命都引起了生产方式的深刻变革。蒸汽机革命使社会生产实现了从工场手工业向机器大工业的转变，机器对手工操作的替代促使人们从落后的生产力和生产关系中获得解放；在以电气和运输革命为主要标志的科技革命中，电力的广泛使用使欧洲告别了蒸汽时代而进入到电气时代，使社会生产实现了从机械化到电气化的转变，人们也从原来落后的生产力和生产关系中进一步获得解放；在以电子技术、信息与网络技术为主要标志的科技革命中，随着电子信息技术的不断升级与进步，人类告别了电气时代，快速迈入电子时代、自动化时代，而社会

---

① 《马克思恩格斯全集》第4卷，人民出版社2016年版，第144页。
② 《马克思恩格斯文集》第2卷，人民出版社2009年版，第591页。
③ 《马克思恩格斯文集》第3卷，人民出版社2009年版，第547页。

生产也随之实现了由电气化向自动化的转变。同时，在每一次的科技革命中，科技的更替和革新都在淘汰旧的落后的劳动方式、淘汰掉冗余劳动力，同时又在创造出大量的新产业、新工种或新岗位。二十世纪五十年代以来，通过信息技术特别是人工智能技术实现的自动化所创造的工作机会要远高于原来所消除的工作岗位，还创造了更有趣和高薪的工作。①

其二，科技革命的发展在导致生产方式变革的基础上，必然引起生活方式的变革。生活方式是由当时的生产方式所决定的，但在很大程度上要受科技发展的程度和水平的制约和影响。科学技术的突破不仅引发人们的衣、食、住、行等物质生活的内容和方式的变革，而且深刻改变着人们的思想、情感等精神生活的内容与方式。在原始社会，人们过着茹毛饮血、兽皮裹体、穴处巢居的生活，人的思想与情感也处于蛮荒状态。在农业社会，人们日出而作、日暮而息，思想也处于相对封闭的状态。以蒸汽机、电力设备等机械和动力技术的发明与应用为标志的科技革命，促使人们从农业社会的生活方式向工业社会的生活方式转变。特别是二十世纪以来，以电子技术为标志的现代科技革命，又将人们从工业社会带入了信息社会，使人们生活的各个方面都发生了深刻变化。

其三，科技革命不断引起交往方式的变革。"现实的人"除了从事物质生产这一根本活动之外，还必须进行社会交往活动，人们的普遍交往是建立在生产力的普遍发展的基础上的。在农业社会，由于人们获得物质生活资料主要是靠与自然交换，而不是通过与社会交往，因而人与人之间并没有发生多种多样的交往关

---

① ［美］罗素、诺维格：《人工智能：一种现代的方法》，殷建平等译，清华大学出版社2013年版，第863页。

系。马克思曾在《路易·波拿巴的雾月十八日》中用"由一些同名数简单相加而形成的,就像一袋马铃薯是由袋中的一个个马铃薯汇集而成的那样"①的比喻来形容小农社会成员之间的关系,他认为,"他们的生产方式不是使他们互相交往,而是使他们互相隔离。……不容许在耕作时进行分工,应用科学,因而也就没有多种多样的发展,没有各种不同的才能,没有丰富的社会关系。"② 随着第一次科技革命的兴起,大工业生产的商品需要在世界各地开辟市场,使得世界性的普遍交往成为可能。随着航海技术和军事武器等科学技术的发展,人的交往范围也随之不断加深和扩大,人与人的普遍交往从"地域性"扩展到"世界性",出现了"时间消灭空间"的现象。③ 特别是现代科技革命以来,随着电子信息技术的快速发展与普遍应用,狭隘的"地域性的个人"越来越为"世界历史性的"、科学技术上普遍的个人所代替。

## 二、革新生产方式

新一轮科技革命为生产方式带来的变革将是颠覆性的:大数据、区块链正在成为关键的生产要素,智能信息技术正在重新定义生产过程。第一,大数据、区块链正在成为关键的生产要素,促进了生产要素的优化升级。生产要素的优化升级是生产方式变革的根本条件。生产要素是一个历史范畴,其具体形态总是随社会发展而不断演变。随着社会生产力的发展和科学技术的进步,生产要素在不断地再生与分化,各生产要素的地位与作用也处在不断变化的过程中。因而,在不同的历史发展时期,对社会生产发展起决定性作用的生产要素也是不相同的。比如,在农业文明

---

① 《马克思恩格斯文集》第2卷,人民出版社2009年版,第566页。
② 《马克思恩格斯文集》第2卷,人民出版社2009年版,第566页。
③ 李包庚:《世界普遍交往中的人类命运共同体》,《中国社会科学》2020年第4期。

时代，土地和劳动力是社会生产的决定性要素，因而当时的社会生产发展主要取决于土地和劳动力两大要素的增加；十八世纪中叶，蒸汽机革命的兴起拉开了工业文明的序幕，机器生产取代了人力劳动，使得资本取代土地和劳动力而成为社会生产的核心要素；二十世纪以来，在以信息技术、生物技术、新材料技术等为核心的现代科技革命的推动下，科学技术逐渐从资本中独立出来，成为社会生产发展的关键性生产要素。

当前，随着新一代信息技术的快速发展与广泛运用，大数据、区块链正在成为重要的生产要素，其在社会生产中的地位和作用亦日益凸显。我们正在进入一个大数据时代。2017年5月《经济学人（The Economist）》杂志封面文章宣告："世界上最宝贵的资源不再是石油，而是数据。"党的十九届四中全会也提出，"健全劳动、资本、土地、知识、技术、管理、数据等生产要素由市场评价贡献、按贡献决定报酬的机制"[1]，首次将数据列为与土地、劳动力、资本、技术等要素相并列的生产要素。党的二十届三中全会再次强调："健全劳动、资本、土地、知识、技术、管理、数据等生产要素由市场评价贡献、按贡献决定报酬的机制"[2]，并做出"培育全国一体化技术和数据市场"的决定。在大数据时代，最大的能源就是大数据本身，只有收集和拥有足够的数据、并掌握分析和利用数据的技术，才能掌握大数据时代的先进生产力。与土地、劳动力、资本等传统生产要素大为不同的是，数据要素具有可复制性、可共享、可无限供给和重复使用等特征，这些特征打破了以往的传统生产要素的有限供给对生产力发展推动作用

---

[1] 《〈中共中央关于坚持和完善中国特色社会主义制度、推进国家治理体系和治理能力现代化若干重大问题的决定〉辅导读本》，人民出版社2019年版，第21页。
[2] 《中共中央关于进一步全面深化改革推进中国式现代化的决定》，人民出版社2024年版，第9页。

的制约，其对生产方式的变革是颠覆性的。"数据要素的投入和信息技术的应用，使得物质要素不断被节约，带来更多且更高的生产资料。"① 与此同时，区块链作为一种新的生产力要素，能够将劳动者、信息技术和庞大的计算力等整合起来，为社会生产提供了一个全新的全球化协作社区，有助于实现劳动资源的优化配置，帮助数据资源实现自动调度分配。

第二，人工智能、大数据、云计算等智能信息技术正在重新定义生产过程。首先，借助云计算、大数据分析技术，可以将数据、生产技术、制造、销售等多元生产要素链接起来，实现生产端与消费端的精准对接。在此基础上，生产不再是简单的生产单位内部的生产，而是包括生产单位、政府、科研院所、大学、个体研发者和消费者在内的产业生态系统。其次，随着以人工智能为代表的智能技术在生产过程中的广泛应用，生产智能化将逐步实现。在生产中加入传感器，可以使这些传感器能给机器带去和人一样的判断和工作机制，如人一样的操作并自动工作。最后，智能化生产促进劳动过程与生产过程的分离。在机器工业之前，人的劳动过程与生产过程是一致的；自机器大工业时代以来，由于工具机和动力机的出现，人的操作职能和动力职能逐渐被机器所替代，因而使得部分劳动者的生产过程和劳动过程逐渐开始相互分离。近年来，随着智能机器的广泛使用，劳动者越来越多地站在生产过程之外、扮演着监督者和调控者的角色，由人所承担的直接劳动逐渐转交给了智能机器人。同时，随着智能信息技术的进一步发展，机器逐渐可以实现自我监督、自我调控，这将进一步加剧机器替代人力劳动的过程，劳动者的大部分工作可在中控室、实验室完成，从而生产过程将真正实现数字化、智能化、

---

① 阿里研究院编：《互联网＋：从IT到DT》，机械工业出版社2015年版，第281页。

无人化。

### 三、重塑生活方式

随着计算力、数据、算法等关键要素的突破,我们"正在进入一个'人机物'三元融合的万物智能互联时代"①。人工智能、物联网、移动互联网、大数据等智能技术的深度应用和高度融合就如"核聚变"一般,正在为人们塑造着一种全新的生活方式——智能互联生活,增强了人们对幸福的感知力。

#### (一)智联网创造智能生活

当前,人工智能正在由"云端"走向"边缘"、物联网正在由"链接"走向"智能",在人工智能与物联网的结合部位,产生了智联网。智联网以知识自动化系统为核心系统、以知识计算为核心技术,寻求建立一种包含人、机、物在内的智能实体之间的联结。② 智联网的发展和应用,正在引领人类进入一个全新的智能生活。衣、食、住、行是人们日常生活的最基本方面,而由智联网创造的全新的智能生活则主要体现在住与行两个方面。

从住的角度看,智慧家居、智慧社区、智慧城市将成为智能生活的典型代表。首先,人们可以通过智联网将居家各种产品和设备连接起来形成智慧家居。智慧家居不仅具有传统的居住功能,而且还兼备通信、商务、娱乐等立体交互功能。人们可以利用"中央微处理机"接收信息、发送指令,再通过各种界面来控制家里的各种电气设备,同时还可以利用智能摄像头随时查看和体验家庭里的微妙变化。其次,人们可以通过智联网将同处一个社区的智慧家庭连接起来,形成智慧社区。智慧社区将楼宇、绿化、

---

① 习近平:《在中国科学院第二十次院士大会、中国工程院第十五次院士大会、中国科协第十次全国代表大会上的讲话》,人民出版社2021年版,第7—8页。
② 殷凤:《智联网赋能新时代》,中国社会科学网,2019年9月25日。

超市、幼儿园、养老院、医院、停车场等统一连接起来,实现资源优化配置,最大限度方便社区内人们的生活。最后,人们可以在智慧家庭、智慧社区的基础上,将关系到城市主要功能的基础设施、网络和环境的五个核心系统(即人、业务、交通、能源、通信)连接起来,形成智慧城市。智慧城市借助共享性的低碳战略来解决传统城市中存在的诸如能源紧缺、交通堵塞、住房不足等问题,进而实现绿色发展、可持续发展。智慧家居、智慧社区、智慧城市的形成,必将使人们的幸福感大大提升。

从出行的角度看,自动驾驶汽车、全球定位系统将成为智能生活的另一个典型代表。所谓自动驾驶汽车,即"机器人汽车",是一种依靠无线电雷达、摄像头、激光雷达等多个传感器和计算机视觉系统来感知、检测周围环境,并利用全球定位系统(GPS)实现定位的机动车辆。随着城市交通日趋智能化和网络化,自动驾驶汽车正在逐级减少人力操作直到"零操作",实现真正的"无人驾驶"。随着智联网在自动驾驶汽车中的广泛应用,驾驶安全性将得到提高,交通拥堵将得以缓解,能源因汽车油耗下降而得到节省,人们因交通效率的提高而节约出时间用于办公或生活。自动驾驶汽车的普及不仅深刻改变着人们的传统驾驶行为,而且会带来一整套的城市智能系统。将人工智能应用于城市整体交通治理中,就能实现利用大数据对城市交通全局进行即时分析,将会促进城市公共资源的有效调配,推动城市实现可持续发展,从而为人们带来巨大的便利和福祉。而全球定位系统(GPS)的不断升级,为汽车、列车、船舶、飞机等交通工具提供了越来越强大的导航服务。北斗全球导航系统的建成将为人们提供更高精度等级的导航服务,还能帮助手机用户解决在隧道、地下室、高山等环境中无法定位的问题。

## （二）互联网 3.0 增强人的幸福感知

对幸福的追求是人的社会生活的基本方向，是创造美好生活的基本价值要求。当前，我们迎来了互联网 3.0 时代，随着互联网平台成为人与人之间的主要沟通渠道，人们的生活正在走向深度"互联网化"。互联网 3.0 的主要特征是：以物联网为基础，借助大数据和云计算实现高层次的人工智能。互联网 3.0 对人的生活方式的影响将是革命性的，它正在以全新的方式来增强人们对幸福的感知能力。

首先，"随时联网、网尽一切"成为人们新的生活常态。随着智能手机与互联网的日益普及，联网已经成为我们生活、工作和学习的前提条件，一系列非接触式的学习、工作、服务、娱乐、社交正在深入大众生活，以网络安全、在线教育、在线办公、在线消费为代表的"非接触式"经济已现雏形。其次，随着人工智能应用场景的不断拓展，智能设备日益成为人们生活中不可或缺的好帮手。比如，语音识别系统帮助人们唤醒房间里所有"智能物联"的家居，而智能家居又能自动识别我们的需求，调整家中的温度、光线等环境参数；智能医疗系统能够根据我们的健康状况，提供个性化的健康建议和治疗方案；智能交通系统能够实时分析交通状况，为我们规划最佳的出行路线。同时，刷脸支付、智能语音音箱、无人商店、AI 翻译等日常应用，正在以人人都易于感受到的方式，给人们带来无尽的便利和惊喜。再次，个性化定制将更有针对性地满足我们的需求。比如，搜索引擎将能够更准确地理解我们的搜索意图，为我们提供更加精准的信息；社交媒体将能够更深入地挖掘我们的兴趣爱好，为我们推荐更加符合我们口味的内容。最后，随着物联网的发展，数字经济已经形成并逐渐渗透于人们生活的各个层面。数字经济的特征是，网络上接入的计算机越多，网络和计算机的价值就越大。当前，智能手机作为最便携的互联网终端,已成为能把几乎所有人连接起来的信息纽带。人们可以利用智能手机进行购物、叫餐、打车、预约挂号,可以通过手机在商场或超市快速扫描支付,等等。总之,互联网3.0正在以全新的方式、超乎想象的速度改善、优化着人们的生活,让人们获得一种全新、高效、美好的生活体验,在这种生活体验中人们对幸福的感知会变得更强烈、更细腻。

### 四、拓展交往方式

当前,以大数据、移动互联网、物联网等新一代信息技术正在引发一场全新的数字革命,深刻改变着人的社会交往方式。第一,数据空间和智能网络空间突破了人们交往的时空限制。交往是人的社会关系得以建构和维持的重要途径,而便捷顺畅的交往实践是创建高质量生活方式的重要手段。在前几次科技革命中,汽车、轮船、火车、飞机等交通史上的一次次跨越,电话、传真、电报、手机等通讯史上的一个个奇迹,收音机、电视机等媒体工具的惊奇"亮相",等等,都在很大程度上帮助人类实现了对小小的"地球时空"的突破和超越,极大缩短了人们交往的时空距离,人们能够快速地、全方位地了解和熟悉外部世界并与之沟通和交流。但由于存在耗费时间和金钱等因素的限制,这还不是完全意义上的便捷和通畅,不是一种理想化的状态。而数据空间和智能网络空间载体的孵化,使得人与人的交往可以突破空间的阻隔,不同国家、不同地区和不同民族之间的交往更加高效、频繁和密切。

第二,基于数字化的新型数字媒体帮助人们建立起一种新型的社群关系。正如海德格尔曾提出的:"近代科学的基本特征是数学性的东西。"① 当前我们已进入一个由数字化技术统治的时代。所谓数字化的新型数字媒体,是指建立在数字信息处理技术基础之上或受其影响而出现的媒介形态,如数字电视、互联网络、卫星通信、手机终端等。通过新型数字媒体,志同道合的人们可以突破社会和现实障碍、超越时间和空间来建立联系并维系友谊,开启了全球性超时空的社区生活,世界各地在互联互通中使得地球"村镇化"或"村落化"。人们可以利用电脑、手机等工具远程办公,足不出户便可通过物联网、区块链在全国乃至全球自由地找到合作伙伴、通过电脑集成制造系统灵活地进行批量生产、通过"网上商业"将产品配送至全国或全球各地。机器智能化使人的身体素质、所处地域等不再构成制约,无论身处闹市还是偏远地区,无论是大型企业还是小微组织,都将有条件获得全球性的工作机会。

---

① [德] 马丁·海德格尔:《海德格尔选集》(下),孙周兴译,上海三联书店1996年版,第856页。

第四章

# 社会发展呼唤着新科技革命的合理运行

　　人类文明史无数次表明，科学技术是社会发展的基石和杠杆，科技革命已成为当代社会发展的最强助推器。新科技革命对社会发展所带来的深刻影响是空前的，它给人类社会带来的便利与福祉是前几次科技革命所无法比拟的，但同时，新科技革命又具有高风险性，它以新的形式有可能将人类带入一个前所未有的高风险甚至困境当中。这种高风险性在很大程度上是科学技术的不合理使用造成的。科学技术的不合理使用增加了社会发展的不确定性，催生了社会发展问题甚至使之严重化。因此，我们在利用新兴科技造福人类的同时，还必须慎重地考虑到它所可能带来的风险和负面效应。当代社会发展的一个重要特征是人们已经进入到了追求美好发展的新阶段，美好发展对新科技革命的发展提出了新的要求。要实现美好发展，就需要引导和"规约"新科技革命，推进科学技术的合理运用，使之朝着利于美好发展的方向做功或用力。

## 第一节　新科技革命存在高风险性

正如德国著名学者乌尔里希·贝克所说，人们用科学技术发展的钥匙开启了社会财富源泉之门，但同时也"使危险和潜在威胁的释放达到了一个我们前所未知的程度"①。科技革命不断为人类创造着财富、惊喜和奇迹，但同时又把人类一步步推上了"文明的火山"。当代社会已进入高风险社会，新科技革命的高风险性是当代社会高风险的主要来源。因此，分析新科技革命与社会发展的关系问题，有必要对新科技革命的高风险性进行理性审视。

### 一、何谓"高风险性"

发展与风险并存。风险是社会发展中固有的内生性问题。何谓风险？贝克认为，风险是一种"不明的和无法预料的后果"②。英国社会学家安东尼·吉登斯认为，风险是指各种各样的不确定的情况，与可能性和不确定性概念是分不开的③，"这个概念的诞生是随着人们意识到这一点而产生的，即未能预期的后果可能恰恰是我们自己的行动和决定造成的，而不是大自然所表现出来的神意，也不是不可言喻的上帝的意图"④。贝克与吉登斯对于风险概念的界定，为我们提供了重要的认识参考：风险意味着不确定

---

① ［德］乌尔里希·贝克：《风险社会》，何博闻译，译林出版社 2004 年版，第 15 页。
② ［德］乌尔里希·贝克：《风险社会》，何博闻译，译林出版社 2004 年版，第 20 页。
③ 参见［英］安东尼·吉登斯《失控的世界》，周红云译，江西人民出版社 2001 年版，第 18 页。
④ ［英］安东尼·吉登斯：《现代性的后果》，田禾译，译林出版社 2011 年版，第 27 页。

性、具有人为性。这与马克思的风险观具有一定的契合性。根据马克思的风险观,有了人类才有风险可言,只有对人的生存和发展构成一种损害性关系时才谈得上具有风险性。因此,风险主要包括两层含义:一是会对人类社会产生损害的可能性或不确定性;二是与人的实践有关,更多的是社会风险,而非自然风险。

当代社会的风险与传统社会中的危险有着质的区别:在传统社会中,人类遭遇的主要是自然风险,如地震、火山爆发、河流泛滥等自然灾害,其破坏性虽然也很强,但一般是局部性或区域性的,通常情况下不会危及整个人类的生存和发展,其造成的破坏也往往能在自然循环中完成自我修复;而在当代社会中,人类面临更多的是人为风险,特别是科技进步带来的风险,如基因食品可能造成的健康损害、全球变暖可能造成的灾难以及核污染等,这些风险往往是跨区域和全球性的,甚至可能波及整个地球或遥远的未来,而且在很大程度上是不可控的。正如吉登斯所说,这个世界已经成为一个失控的世界,科学和技术不可避免地会致力于防止全球气候变迁及其伴随的危险,但是首先它们也导致了这些危险的发生。① 随着现代科学技术的飞速发展,当代社会发展中存在的很多问题不断得到解决,但与此同时,人类又不得不开始面临因解决社会发展问题而产生新的科技风险,如网络风险、基因技术风险、生态风险、纳米技术风险、核技术风险、航天航空技术风险等。而伴随着科学技术活动的全球化进程,现代科学技术所带来的风险也逐渐上升为一种高危后果风险,即会对极大数量的人口造成普遍性伤害的风险,从而使人们的生活处于极端的

---

① 参见[英]安东尼·吉登斯《失控的世界》,周红云译,江西人民出版社2001年版,"引言"第3页。

不确定状况。① 就如病毒不断变异一般，由科技发展带来的社会风险在不断升级，逐步转变为全球性威胁，其特征也由过去的明确和易识别变得模糊和难以感知，其不良后果也越发不可预估。科技的高度发展既造就了高度发展的社会，也造就了一个高风险的社会。可以说，现代科技迅猛发展的过程，也是人类疾速步入高风险社会的过程。

当前，新一轮科技革命和产业变革深入发展，科学技术正在不断取得新的突破，新兴科技给人类社会带来了前所未有的惊喜，但同时也正在带来各种新的令人忧虑的风险和挑战：生态危机、各种新的变异病毒（如 SARS 病毒、禽流感、MERS 病毒、埃博拉病毒等）不断威胁着人类；基因工程、纳米技术、人工智能等技术可能重新设计人类的身体和思想；以合成生物和再生工程为代表的现代生物技术早已超越纯粹的科技本身，向人类本身提出了新的质疑和挑战；层出不穷的新装置可能会改变人类的命运；网络攻击或关键信息系统失灵可能造成严重的金融危机；等等。这些令人应接不暇的新变化或新问题，使新科技革命的风险打破了传统风险的局限范围，呈现出不同于以往科技革命的风险的特征，并以新的形式将人类置于前所未有的危险之中。

## 二、"高风险性"的表现

新科技革命的高风险性，主要源于新科技革命所带来的风险的难以预测性、复杂关联性、不可把控性、跨时空性等特征。

第一，新科技革命的风险具有难以预测性。这种难以预测性首先体现为风险的不可感知性。在新一轮科技革命中，由于新兴

---

① 参见刘大椿《科技实践与伦理重建的互动》，《武汉科技大学学报（社会科学版）》2007 年第 1 期。

科技具有前沿性、颠覆性、汇聚性等特征，其风险不仅突破了人们想象的空间，使得只有极少数的人可能了解其中的风险成分，而且已经远远超出了人们的直接感知范围，不再是以空气污染、雾霾当空等看得见、可解释的危险形式存在，而是以基因变异、放射性、病毒等让受害者既看不见也无法感知的更为隐蔽的危险形式存在。除非发生了核泄漏事件，或快速出现了众多感染病例，否则人们很难明确知道，正在涌现的新兴科技究竟会在什么时候和什么地方、以什么方式和多大程度给人类带来威胁或危害。

同时，这种难以预测性还体现为风险的"不可预知性"。以合成生物学技术为例，随着人工合成蛋白质、DNA 合成技术等的不断突破，人类已能利用合成生物技术直接创造出新的生命物质，但由于这种合成生命原本是自然界并不存在也没有任何生物进化史轨迹的，因而其环境释放后的繁衍和进化存在着诸多不可预知的偶然性。比如，合成生命与自然环境或与其他有机体之间的相互作用可能发生意外，会导致跨物种杂交、现有物种被挤压、进化失控等后果，给生物多样性造成威胁，从而打破原有的生态平衡，进而对自然环境和公众健康造成巨大危害；人工合成致命的病原体可能会因遭到恐怖袭击或被恶意使用而导致严重的社会安全和国家安全问题，等等。① 再以纳米技术为例，当纳米颗粒进入人体，它能与生物体结合并产生反应，纳米颗粒在反应过程中会随其所处的微环境而改变表面特性；当纳米颗粒与细胞结合后，它会在纳米颗粒的化学组成、性状、表面电荷、聚集状态等因素

---

① 参见袁志明《合成生物学技术发展带来的机遇与挑战》，《华中科技大学学报》2020 年第 1 期。

的协同作用下,对人体健康带来难以评估的危害。① 纳米颗粒与环境和细胞发生作用时的不确定性,增强了其风险的难以预测性。且不说在前沿科学领域的新兴技术的风险难以预估,即使是在广为人知的熟悉领域,比如设计婴儿、个性化药物、超智能计算机和机器人、大脑模拟等技术的风险也是很难预估的。

第二,新科技革命的风险具有复杂关联性。新科技革命的风险之所以更具复杂关联性,是因为科学技术的发展与应用关涉人—自然—社会整个复杂系统。生物、信息、能源、材料等新兴科技相互交叉融合,使新科技革命风险的复合型特征更为明显。当前,科技因素已经渗透到社会发展的各个领域和各个方面,新兴科学技术的突破及其成果应用不仅会直接影响到自然环境、经济发展和人们的生产生活方式,而且还会与政治、军事、安全等一系列问题密切相关。比如,人造组织或器官、人造细胞、人造躯体等仿生和再生工程的发展会涉及伦理问题;现代生物技术的应用会涉及生物安全问题;大数据平台、人脸识别、智联网等技术的应用会涉及个人信息安全、隐私保护等问题;超级制造与人工智能的发展对体力脑力劳动的替代,可能会带来大规模的换岗失业问题;等等。由于科技与社会各要素之间深度融合,新科技革命中的科技风险很可能直接转换为政治风险、经济风险、健康风险、伦理风险,或者与这些风险发生耦合并产生放大效应,进而导致社会风险更加综合、更加复杂。同时,当前世界各国都在争相发展高新科学技术,这就使原来的复杂系统变得更加错综复杂,导致科技发展的正效应越来越被其凸显的负效应所遮蔽,从而增加了新科技革命的风险的复杂性。

---

① 参见龚超《纳米技术不确定性的哲学反思》,博士学位论文,大连理工大学哲学系,2016年,第44页。

第三，新科技革命的风险具有不可把控性。首先，新兴科技的突破与成果转化应用更加迅速，新技术的发展对社会发展的影响更加广泛，因而也更难以防范。其次，以信息技术为代表的新兴科技渗透性更强，这些科技渗透到社会发展的各领域各方面，其影响更为隐蔽，如果人们不能及时认知并强力驾驭，新兴科技所带来的突发性影响往往会产生令人措手不及的严重后果。最后，新科技革命的风险带来的危害后果难以把控，其危害后果一旦产生，几乎无法逆转，甚至足以威胁到整个人类的生存和发展。比如，人类利用基因改造技术对生物基因进行修饰或篡改，使之产生新的生理机能，这就扰乱了生物之间的相互依存和制约关系，从而很有可能引起"基因污染"。基因污染所带来的风险具有极强的蔓延性、不可清除性，由于它打破了原有的物种与物种之间的"分子屏障"，极有可能致使生物的适应性下降、损害生物遗传的完整性，并会导致或加速其他生物种群的灭绝[1]，最终引发一连串的生态灾难。而在人工智能特别是超级智能的发展中，假使有人将不良动机输入到智能系统，利用黑客技术操纵超级智能，运用致命性智能武器攻击他人或社会，运用恶意病毒讹诈他人，或者凭借已掌握的智能技术优势对他人进行敲诈或盘剥，其造成的严重后果不堪设想。

第四，新科技革命的风险具有跨时空性。从时间维度看，新科技革命的风险不仅会使当代人受到影响，而且可能使我们的子孙后代都难逃厄运。比如，由于转基因食物有携带外源性病毒或细菌的基因，因而可能会导致食用者出现跨物种感染或者罹患一些不明疾病的风险，这些感染或疾病又有可能通过遗传的方式对

---

[1] 参见陶应时、蒋美仕《现代生物技术的负面效应及其治理路径》，《湖南大学学报（社会科学版）》2016年第6期。

后代产生无法预估的危害。从空间的维度看,新科技革命的风险一旦爆发便可在非常短的时间内向全球扩散蔓延,其扩散蔓延的速度和范围都是不可控的。新科技革命时代是一个全球性的大科学时代,没有哪个国家或团体能够单独控制整个科技项目的研发与应用,同样,新科技革命的风险也不可能只在某个国家或某一特定区域爆发,其他的国家或区域会安然无恙,而是能够以"多米诺骨牌效应"或"蝴蝶效应"等形式在全球范围内产生辐射性影响。此外,一些发达国家还会利用科技霸权,将高风险且危害大的科技活动转移至别的国家或地区进行研究与发展,这就加剧了现代科技风险的全球公平性的失衡。

### 三、"高风险性"的成因

新科技革命何以会存在高风险性?有学者认为,风险"既源于风险事件与行为本身的随机性,也源于我们对风险影响理解与把握的不确定性"[①]。参考这一思路,我们可以从内生性根源和主体性根源两个方面进行分析。

#### (一) 科学技术自身的不确定性

从内生性根源的角度分析,新科技革命的高风险性源于科学技术自身内在的不确定性。近年来,随着基因编辑技术、人工智能、大数据、纳米技术、新材料新能源等高新技术的发展,科学技术的不确定性也日益凸显。科学技术的不确定性包括科学技术本身天然存在的不确定性和其发展过程中存在着的偶然性。

其一,科学技术本身天然具有不确定性。对于科学技术的不确定性,恩格斯很早就揭示道:"只要自然科学在思维着,它的发

---

① [英] 彼得·泰勒-顾柏、[德] 詹斯·O. 金:《社会科学中的风险研究》,黄觉译,中国劳动社会保障出版社2010年版,"主编序"第5页。

展形式就是假说。"① 物质世界是无限的、永恒发展的，而人的认识和实践总是有限的，任何时代的科学都只能是对物质世界的有限认识，科学的"真"是相对的和有条件的，而所谓的科学原理也无外乎是对物质世界的近似的描述而已，基于这种相对的、近似的认识而出现的技术，必然具有内在的缺陷，科学技术的发展与运用必然充满不确定性。比如，人工智能会因为其基础——算法与数据的不确定性而存在着数据和知识缺失等缺陷；转基因自身具有的非线性、复杂性等特征，决定了转基因技术的不确定性和不可预测性。

其二，科学技术在发展过程中存在着诸多偶然性。在科学技术的设计、研发、实验和应用过程中，其中任何一个环节都可能发生偏离设计预期的意外情况。比如，基因编辑技术在应用过程中，由于基因编辑结果容易出现随机性，因而极易导致脱靶风险。脱靶效应一旦发生，就很有可能导致基因组的不稳定性，扰乱正常细胞功能，甚至诱发癌症②；以深度学习为代表的人工智能技术在应用过程中，会因为环境的复杂性而具有不确定性；大数据技术在使用过程中，会因数据量的增大而导致一些错误数据混进数据库，进而发生数据失真的风险；纳米技术会因为纳米技术自身的自组织特性和自然过程的随机性而造成了不确定，纳米技术的不确定还与复杂分子结构的自组织生成有关，自组织会很突然形成一种"更高"的秩序状态，这种更高的状态是不可预见的，也有可能以灾难的形式出现。③

---

① 《马克思恩格斯全集》第 20 卷，人民出版社 2016 年版，第 583 页。
② 参见孙怡迪等《基因编辑技术的风险和机遇》，《科学》2019 年第 6 期。
③ 艾尔弗雷德·诺德曼：《以社会科学工具观察纳米技术发展》，《中国社会科学报》2010 年 9 月 21 日。

## （二）人们对科学技术的不合理使用

从主体性根源的角度分析，新科技革命的高风险主要源于人们对科学技术的不合理使用。这种不合理使用在很大程度上源于人的认知局限。其一，由于新兴科学技术在本质上代表着科技的突破与变革，这一本质决定了新兴科技的发展和成果应用无先例可循，因而人们在面对新兴科技时，很难获得发展这些科技所需的全部信息，也无法对其运用方式和运用结果进行预测，这就直接导致了新兴科技的不确定性的出现。其二，由于科学技术具有高度复杂性，人们无法凭借以往的经验或现有的知识来对科学技术的未来进行评估，因而难以准确地预测、计算和控制新兴科技可能存在的威胁。比如，人们以现有的认知水平，难以搞清人造的合成生物体如何适应自然环境、如何与其他生物相互作用；人们不能将传统的经验套用在人工智能、大数据技术等新一代信息技术上；尽管人们关于纳米技术方面的知识在日益丰富和完善化，但依然难以预测纳米对人体健康具体造成的危害。"这个社会在技术上越来越完善，它甚至能够提供越来越完美的解决办法，但是，与此息息相关的后果和种种危险却是受害人根本无法直觉到的。"①

通过对新科技革命的高风险性的表现和成因的分析，我们可以发现，新科技革命让社会发展变得"更美好"还是"更糟糕"，这并不仅仅是由科学技术的变革本身决定的问题，而是更多地取决于人们怎样发展和应用科学技术的问题。新科技革命的高风险性，使我们不得不慎重考虑其"双刃剑"效应，并认真反思科学技术的不合理使用这一重大的现实问题。正如爱因斯坦所言，"原

---

① ［德］乌尔里希·贝克、约翰内斯·威尔姆斯：《自由与资本主义》，路国林译，浙江人民出版社2001年版，第127页。

子核链式反应的发现,正像火柴的发明一样,不一定会导致人类的毁灭。但是我们必须竭尽全力来防范它的滥用。"① 为了新科技革命的运行与当代社会发展的需要和预期目标相吻合,必须认真考察当代社会存在的发展问题及其技术根源,以便利用好科学技术和减少科技运用的失误或不当,使之发挥好应有的杠杆作用。

## 第二节 当代发展问题及其技术根源

科学技术的发展与应用是一把"双刃剑",科学技术是推动社会进步的发动机,但如果科学技术的运用不合理,就很有可能导致诸多负面效应的发生。随着科学技术的发展,由科学技术的不合理使用所导致的社会发展问题也日益凸显,有的甚至成为导致现在特别是未来"人类困境"的重大问题。

### 一、当代发展问题的凸显

科技的发展及其运用的目的是为人类社会及其发展服务,但现实并不总是那么理想化。正如奥锐里欧·贝恰所说,"微微出现在地平线上的技术上的新突破口,不断地给人们带来明朗的希望。但这种希望最后不过是梦幻,不,甚至可能是陷阱。"② 由于人类的认知局限(这种认知局限在 2020 年全世界抗击新型冠状病毒方面表现得淋漓尽致)、主观上的不当行为等原因,导致了人们对科学技术的误用或滥用,随之诱发了在人类健康、生态危机、伦理道德等方面与发展之初衷相悖的负面效应。近年来,由网络信息技术、大数据、基因改造技术、核技术等的不合理使用所直接或

---

① 《爱因斯坦文集》第 3 卷,许良英等译,商务印书馆 1979 年版,第 304 页。
② [日] 池田大作、[意] 奥锐里欧·贝恰:《二十一世纪的警钟》,卞立强译,中国国际广播出版社 1988 年版,第 23 页。

第四章　社会发展呼唤着新科技革命的合理运行

间接引发的发展问题，日益引起全球的关注和反思。

(一) 新信息技术存在的风险与挑战

一是网络信息技术引起的问题。随着互联网的迅猛发展和信息化的快速膨胀，各种数据化信息被海量生产并被不断收集、储存、处理和利用，大数据时代正在来临。"在这个电子垃圾、病毒、电脑黑客和安全突破的时代里，充斥着个人隐私、引起大规模不方便和盗窃保密资料等的行为。"[①] 近年来，不合理使用大数据技术正在带来诸多新的安全挑战，隐私安全、数据泄露、数据滥用等问题日益成为明患隐忧。

首先，人们日益生活在一个全景式的数字社会中，如何重新界定和保护个人隐私，已经成为我们面临的新的社会挑战。当前，无处不在的网络使人们的私人空间越来越成为公共空间的一个重要延伸。随着微博、微信等社交工具的广泛使用，以及网上交易、网上注册、应用程序安装等场景的增多，用户的个人信息越来越多地被暴露，并在其不知情的情况下被复制、被传播，自动算法系统会实时解读和编辑用户的个人行为、跟踪和筛查出用户的个人习惯和喜好，并在此基础上建立起个人电子档案，进行有针对性的信息推送，这不仅为诈骗集团、不法商人等进行直接或间接的诈骗、骚扰提供了机会，也给用户自身的生活安全带来了诸多隐患和危险。近年来，谷歌智能音箱 Google Home 用户语音泄露事件、苹果公司手机语音助手 Siri "窃听门"事件、亚马逊云备份快照与敏感信息泄漏事件等各种个人隐私泄露事件层出不穷，手机 App 泄露个人隐私信息只是冰山一角，在由南都个人信息保护研究中心和南都大数据研究院联合发布的《2019 个人信息安全

---

① ［美］达雷尔·韦斯特：《数字政府：技术与公共领域绩效》，郑钟扬译，科学出版社 2011 年版，第 18 页。

报告》中显示，95%受访者承认遭遇过隐私泄露。这些隐私泄露事件所引发的社会安全问题不容小觑。其次，人们基于虚拟网络媒介进行的交往互动频率和范围都是空前的，但由于网络技术的漏洞、网络监管的缺位、个人的信息安全意识不强等问题的存在，因而给黑客提供了盗取个人信息、盗用身份的机会。近年来，数据泄露事故频频发生，将网络数据安全问题推上了舆论的风口浪尖。比如，美国Facebook（脸书）被曝5000多万用户信息被数据公司利用，Elastic Search服务器被曝泄露约4200万中国用户简历，美国第七大银行Capital One约1亿客户信息遭黑客窃取，韩国信用卡泄露2000万人的隐私，日本服装品牌优衣库逾46万名客户个人信息遭泄露，Snowflake黑客事件导致Ticketmaster 5.6亿条记录被盗，等等。最后，大数据在收集、存储、分析、传输和使用等环节中，一旦出现数据泄露，就很可能被攻击或盗取。诸如金融数据、国防数据、医疗数据以及其他涉及政治安全、主权安全、文化安全、网络安全等方面的信息数据，如果存在着安全防范不力或数据漏洞等问题，就很可能被不法分子、恐怖分子、敌对分子加以利用，从而产生严重的网络安全和信息安全问题。

二是生成式人工智能引发的风险挑战。生成式人工智能（Generative Artificial Intelligence，GAI）是一种通过收集和储存数据、算法运作、内容生成和大模型应用，创造新的内容来区分的技术，可以生成高质量、多样性的数据和内容。近年来，生成式人工智能领域不断涌现出新的颠覆性成果，且已在各领域、各行业得到广泛使用。特别是2022年底以来，以ChatGPT、Google Bard、Sora、通义千问等大模型为代表的生成式人工智能技术井喷式发展，正在改变着人们的生产方式和生活方式。然而，生成式人工智能也存在着不容忽视的风险和问题。

在信息可信度与可靠度方面，生成式人工智能大模型可以生成逼真的文本内容，但由于在判断信息真实性方面存在一定难度，因而可能会被用于制造虚假信息、有害内容、误导性信息等，给社会和个人带来负面影响。例如，可能会被用于伪造虚假新闻报道、传播扩散谣言、干扰公众判断、扰乱社会秩序；可能会生成宣扬极端主义、恐怖主义、淫秽色情等法律法规禁止的有害内容，严重危害社会利益，尤其是对未成年人的身心健康造成极为有害的影响；可能会被用于制造虚假声音视频和欺骗性内容，对个人生命财产安全造成巨大威胁；可能会伪造他人形象，侵犯他人的肖像权、名誉权，当伪造政治人物形象时还可能误导一国甚至全球的公共舆论，引发严重社会不稳，等等。[①] 在科技伦理方面，生成式人工智能可能会引发信息安全和数据安全风险。例如，生成式人工智能大模型使用的海量数据来源主要是社交媒体、网易百度、书刊报纸等互联网公开数据，一方面，这些公开数据可能并未经授权，就会产生知识产权侵权风险或数据合规的问题；另一方面，在处理海量数据和对用户个人信息进行收集、存储、使用、加工、传输的过程中，可能会因黑客攻击、内部人员泄露等原因导致个人隐私或商业秘密泄露。

（二）生命科学领域技术引发的伴生性伦理问题

当前，对生物大分子和基因的研究进入精准调控阶段，从认识生命、改造生命走向合成生命、设计生命，在给人类带来福祉的同时，也带来生命伦理的挑战。其中，最为典型的是转基因和基因编辑技术。

转基因技术作为现代生物技术的核心，它自诞生之日起就一直是人类关注的焦点。目前，转基因技术已在世界范围内得到大

---

[①] 参见支振锋、刘佳琨：《伦理先行：生成式人工智能的治理策略》，《云南社会科学》，2024年第4期。

力推广，并广泛应用于工业、农业、环保、医药、能源、新材料等多个领域。在转基因技术迅猛发展的同时，也出现了多起因技术使用不当引起的社会事件。近年来，由转基因技术引发的基因污染事件已经在多个国家或地区发生，比如，美国的"星联玉米事件""拜耳长粒大米基因污染事件"，加拿大的"转基因亚麻污染事件"，墨西哥的"玉米基因污染事件"，等等，日益激增的案例表明了基因污染事件带来的威胁不容忽视。在我国，由基因改造技术可能带来的风险问题也一直受到全社会的关注。近年来，我国接连通报了多起与转基因技术有关的社会事件，仅2017年至2019年初的两年时间内，就通报了湖南转基因玉米中间试验、福建转基因水稻中间试验、研发试验单位违规开展转基因作物试验、企业违规开展转基因作物加工和制种等28起转基因事件。这些充分表明，我国也正面临着比较严峻的基因改造生物环境问题。基因编辑技术是生命科学领域的一项革命性创新，这项技术的出现为我们提供了前所未有的能力，可以精确地修改生物体的基因组，从而对许多遗传性疾病和其他健康问题进行治疗和预防，但同时由于技术本身发展的局限性和不确定性及技术不规范应用引发了诸多伦理问题。例如，对基因的编辑是否会导致人类对自然的过度干预？人类利用基因技术对物种的"任意修改"和"非自然干预"将打破自然界原有的平衡，使得技术实践无法严格遵循自然界的客观规律，这就背离了科学技术的合目的性与合规律性的统一的原则，从而导致诸如食物链破坏、抗药性、免疫力、食品安全等问题的出现。再比如，是否可以对人类胚胎进行基因编辑？人类基因已经形成较为稳定的系统，基因操作的任何失误都将伴随着生殖遗传延续一代又一代，造成无法挽回的后果。这些问题需要我们严肃地面对和解决。

## （三） 核能与核技术引起的问题

核能与核技术是核领域的两大重要方面，是二十世纪以来在人类社会中迅速发展起来的高技术产业。随着科学技术的不断发展，核能与核技术的应用领域越来越广泛。当前，核能与核技术的应用可谓无处不在，除了用于军事、化工、水利、农业、环保等领域之外，还被广泛应用于医学诊断和治疗、安检、探测、核子秤、放射性避雷等各个方面。核能与核技术的研发与应用使世界科技都有了飞跃性的发展，极大推动了工业技术、环保事业的发展，也提高了人类克服疾病的能力，但同时也使人类面临着核灾难的巨大威胁。1945 年原子弹给日本广岛、长崎造成的伤害至今未消除，一些幸存者饱受皮肤灼伤、白血病、癌症等辐射后遗症的折磨。1986 年乌克兰切尔诺贝利核电站发生爆炸，致使全球 20 亿人受到影响，20 多万人因此患上癌症。据乌克兰卫生部公布的数据，在 2003 年，乌克兰全国仍有 250 万核辐射受害者尚处在医疗监督中，儿童群体甲状腺癌的发病率比核事故前高 10—60 倍。直到今天，切尔诺贝利核事故造成的生态灾难后果远未消失。2011 年日本福岛核电站发生泄漏，导致当地儿童甲状腺癌罹患率比全国平均水平高 20—50 倍，核辐射 80% 的污染都被排到海洋中，周边海域深海鱼被检出放射物浓度超过安全标准的 380 倍，海洋制品及泄漏源周边禽类牲畜植物都有可能发生基因突变，严重影响着整个海域周边各个国家的安全。据 2019 年 3 月新华社报道，日本福岛核辐射的污染物已漂移至白令海峡。福岛核事故已过去 8 年多，核辐射污染造成的灾难仍无法估量，这个灾难只能由全世界一起买单。同时，在日常生活中，医疗核技术的应用也造成了一定的放射性污染。核污染对生态环境的破坏力极强、持续时间可长达上千年，核污染引发的癌症、不育症、先天性缺陷、免疫性疾病和遗传变异等疾病，都是人类社会发展中面临的巨大难题。

**（四）其他全球性问题**

"全球性问题"最早由罗马俱乐部在《增长的极限》一书中提出，该书将环境污染问题、生态平衡问题、资源短缺问题、粮食问题和人口膨胀问题等威胁人类生存与发展的社会发展问题统称为"全球性问题"。十八世纪开始的科技革命，为人类创造了极大的物质财富，但是，人类并没有得到期待中的幸福与安宁。人类在科技领域中一次次打开了"潘多拉的盒子"，每一次对自然界的胜利都付出了沉重的代价，人类赖以生存的自然环境正在急剧恶化、社会环境也处于危机四伏之中。

从社会环境的角度看，当代社会发展中面临的全球性问题有：一是疾病挑战。随着医疗生物技术的发展，人类的防病和医病的能力已得到大大提高，人类的平均寿命也得到了延长，然而，人类疾病的发生和因疾病而死亡的人数却未降反升。近年来，各种新型传染病、怪病"异军突起"，对人类造成了严重威胁。诸如SARS（非典）、埃博拉病、禽流感、人感染猪链球菌、艾滋病、莱姆病以及2020年暴发的并在全世界大流行的新型冠状肺炎疫情等新型传染病接踵而来，各种新型变异病毒犹如在与人类的医疗科技赛跑一般，不断侵扰着人类。在2007年《构建安全未来：21世纪全球公共卫生安全》报告中，世界卫生组织证实到，当代有近40种疾病在一代人之前是不为人所知的，每年至少有一种或多种新传染病被发现。同时，自十九世纪以来，人类平均体温在持续下降，短短两百年间从37℃降到36.6℃。有研究表明，人的体温每上升1℃，人体基础代谢会提高13%、白细胞的活动即免疫力就会提高5—6倍。二是恐怖活动。二十世纪九十年代以来，恐怖活动仍呈难以遏制的势头，而且日益国际化，对世界各国人民都构成了严重威胁。三是新型犯罪。近年来，随着互联网的发展，各种利用高技术犯罪案件呈急速增长趋势。诸如制作与传播网络病毒、网络窃密、高技术污染、网上诈骗、网上赌博、网上色情、网上教唆犯罪等新型网络犯罪呈集团化、产业化状态，形成了盘根错节的黑色产业链。而基因编辑黑客、大脑黑客、虚拟货币犯罪、无人机和机器人犯罪、人工智能瘟疫等高科技犯罪，正在从科幻片中的场景走进现实，对社会发展提出了挑战。2020年3月，在韩国曝出的"N号房"事件就是一个最新的惊天安全丑闻。一位25岁的信息和通信专业毕业的赵姓男子利用网络加密技术、通过诱骗的方式迫使七十多位年轻女性甚至包括一些未成年女孩进行"性贩卖"，而在设置了加密的网上观看的人员竟然多达二十多万。这种网络技术方面所涉及的安全问题可谓触目惊心。

从自然环境的角度看，生态环境问题仍是当代社会发展面临的严峻挑战。近年来，全球生态环境仍呈恶化趋势。2017年，全球15000余名科学家联名支持《生物科学》上刊载的一篇文章——《世界科学家对人类的警告：第二次通知》，文章称，自二十世纪九十年代以来，全球人均可用淡水量减少了26%，哺乳动物、爬行动物、两栖动物、鸟类和鱼类的数量减少了29%，全球人口增长了35%，林地损失近3亿英亩，海洋死亡区的数量增加了75%。此外，每年野生鱼类捕获量下降，全球碳排放量和平均气温持续上升。所有这些问题将严重危害人类福祉。①

## 二、科技使用不合理的原因

当代社会发展中面临的诸多风险挑战，是由科学技术的不合理使用造成的。而导致科学技术的不合理使用的原因是多方面的，其中，科学技术自身的不确定和人们的认知局限就是非常关键的。

---

① 刘海英：《全球环境恶化趋势不容忽视》，人民网，2017年11月15日。

对于科学技术自身的不确定和人们的认知局限,前文已进行分析,此处不再赘述。此外,我们还需要从以下几个方面反思科学技术的不合理使用的原因:

### (一)主观因素

科技有利害,利害全在人。研究当代社会发展问题,仅仅关注科学技术本身是不够的,更大程度上还需要从人的主观因素角度进行分析把握。正如弗洛姆所说,"是人,而不是技术,必须成为价值的最终根源。"[①] 科学技术的发展带来的挑战越大,对科学技术的反思就越应该转向对其主体——人的审视。科学技术的不合理使用,在很大程度上是由人的主观因素所造成的:

一方面,人的主观认识具有局限性。人的认识能力要受到一定历史条件的客观限制。人们在发展科学技术的过程中,总是不断面临着各种未知领域,难免缺乏对科技的长远预见,"现代技术的发展速度使人目不暇接,眼花缭乱,而技术的应用在转瞬之间已经遍及全世界。这一切的到来都是在我们还没有来得及揭开所有这些物质和技术对全球系统可能产生的危害之前。人们只是一味地盲目追求未来,却忘记了所有技术背后存在的危险。"[②] 人的主观认识的局限可能会导致人们对科学技术的突破与发展做出错误的决策,也可能会导致新兴技术不能在正确的领域实现突破、不能朝着正确的方向发展。另一方面,人的价值观出现迷失。人类在利用科技手段改造自然的过程中,总是要受到一定的价值观的支配。在现代科技发展的过程中,新事物的出现往往会引起人们价值观的冲突,使得个体价值观陷入混乱。一是科技功利主义

---

[①] [美]E. 弗洛姆:《弗洛姆著作精——人性·社会·拯救》,黄颂杰编译,上海人民出版社1989年版,第491页。

[②] [美]西奥·科尔伯恩等:《我们被偷走的未来》,唐艳鸿译,湖南科学技术出版社2001年版,第250页。

的盛行。科技功利主义将追求物质财富作为科技发展与进步的目标，片面追求经济效益，忽视生态效益；二是价值取向的偏离。一些前沿技术的倡导者因追求科研新成果的热情而有意无意地忽视科技成果可能给社会带来的负面影响，一些科技工作者为了追求个人名利而偏离了科技探索的本质；三是个人主义的兴起。个人主义强调个人的需求和利益，有人故意利用技术追求非法利益。

（二）社会因素

由于科学技术是人类社会发展到一定阶段的产物，因而科学技术的使用要受到多种社会因素的影响，如政治因素、经济因素和文化因素等的影响和制约。在造成科学技术使用不当的众多社会因素中，以下两大因素是不可忽视的：一是现实利益的不一致。各个发展主体的现实利益是新技术的发展方向和利用方式的决定因素。在现实生活中，当发展主体的现实利益不一致时，科学技术的突破与应用就很有可能出现有利于个别主体而对其他主体不利、有利于私人利益而损害了公共利益或有利于人类共同利益而牺牲了个体利益的现象。这就导致了科学技术的发展超出了社会发展本来的预期，从而在应用中出现了差异或者偏差。二是科技权力的不平等。科学技术发展的根源在于人的现实需要，但在现实实践中，科学技术在哪些领域发生突破、开发什么样的新技术、怎样运用新技术等问题并没有完全取决于人的现实需要，在既定条件下，还取决于掌握科技权力的人的利益选择或目的选择。换言之，谁掌握了科学技术的权力，谁就决定开发什么样的技术、怎样运用这些新技术。通常情况下，科技权力主要由国家或社会集团所掌握，在进行科技决策时首先考虑的是国家或集体利益。掌握科技权力的主体决定科技活动的实施方向和进度，但不具备科技权力的发展整体仍需要共同承担科学技术的风险和后果。科技权力的不平等性，导致了不同发展主体在科技活动中的科技行为和道德责任各不相同。

(三) 科技体制因素

科技体制的弊端也是造成科学技术使用不当的一个重要原因。一是科技法律机制不健全。例如，法律机制的不健全会降低科技主体承担后果的法律成本，因而在客观上导致了科技主体对科技后果的忽视或无视；由于法律的发展相较于高新科技的发展相对滞后，因而缺少有针对性的法律法规对科技行为的约束。二是科技评价机制不完善。例如，科技评价中存在着重数量、重形式的倾向，必然会导致科技评价的结果使用不当；科技评价问责机制不完善，会影响科技成果评价的公正性、客观性。

综上所述，当代社会发展问题的形成与凸显，告诫人们不要过分陶醉于科学技术进步带来的幸福，而是必须正视科学技术的不合理使用问题。科学技术的不合理使用，助推了当代社会的发展问题并使之严重化。无论人们对新科技的发展的预期目的多么合理，但如果其运用的手段或方式不当而对社会及其发展产生危害，因而仍是不能被广泛接受的。在新一轮科技革命中，高科技的发展给人类带来了实质性的好处，但即便是最发达、最有益的科技，都有可能因为被误用或被滥用而对社会发展带来消极影响。因此，我们需要对新兴科技的发展和运用进行相应的规约，以促进新科技革命的合理运行。

## 三、合理运用科学技术

弗洛姆曾说："所有计划的标准不是生产的最大限度的发展，而是人的最理想的发展。"[1] 科学技术是社会发展的推动力，但不

---

[1] ［美］E. 弗洛姆：《弗洛姆著作精选——人性·社会·拯救》，黄颂杰编译，上海人民出版社1989年版，第491页。

是推动社会发展的唯一"杠杆"。研究当代社会发展问题，仅仅关注科学技术本身是不够的，还需要对人的主观因素特别是人的价值观念的研究。科学技术的发展带来的挑战越大，对科学技术的审视就越应转向其主体——人自身的审视。如前文所述，科学技术的开发和利用是以人的需求为出发点的，科学技术的发展与应用程度在很大程度上是受人的主观因素所影响的。人的主观认知一旦有误，就会造成科学技术的不合理使用，进而难免增加科学技术的风险性。因此，人们需要合理使用科学技术，以避免科学技术的风险上升为一种高后果风险。无论人们对新科技的发展的预期目的多么合理，但如果其运用的手段或方式不当而对社会及其发展产生危害，仍是不能被广泛接受的。

"对将会产生深远影响和不确定的社会影响的新技术采取漫不经心的态度是文明迷失的标志。"[1] 在面对大数据、人工智能等新技术时，我们最需要研究也最难以研究的问题，恰恰是人的价值观念和思维方式。对于人的价值观念和思维方式的探索，有助于揭示这些新技术的发展价值或伦理限度，以确保对这些新技术的掌控。可见，人的价值观念和思维方式在很大程度上决定着科学技术的发展方向。在新一轮科技革命中，新兴科技的高度发展，直接影响到人类的生存与发展，影响到人类的未来。如果失去了正确的价值导向，科学技术就会偏离增进人类福祉的终极目标。因此，新科技革命的合理运行，离不开包括价值导向在内的发展观念的规约。面对当代社会中存在的发展问题，我们有必要从多角度、多层次去考察由科学技术的不当使用所引发的发展问题的缘由、性质和解决方法。这是因为，新科技革命所带来的负效应，

---

[1] ［美］温德尔·瓦拉赫：《科技失控》，肖黎黎译，江苏凤凰文艺出版社 2017 年版，第 15 页。

正在或者甚至超出了单纯的自然科学技术的研究范围。这就需要我们对科学技术的发展和运用进行反思和批判，进行相应的规约和引导，消解新科技革命发展过程中出现的负效应。

## 第三节　实现美好发展需要"规约"新科技革命

实现美好发展是当代社会发展的理想蓝图和基本奋斗目标。美好发展的推进离不开科学技术的发展与突破作为支撑，但并非任何科技的突破都有助于美好发展的实现。美好发展对新科技革命提出了新的要求，这些新要求需要我们通过引导和规约的方式来实现。所谓"规约"新科技革命，就是要认识到新的科学技术都有其不可预测的风险和弊端，人类在实现美好发展中，必须通过制定一系列相应的规则来约束新兴科技的开发利用、发展方向和节奏，重塑发展观念，引导科学技术朝着有利于美好发展推进的方向"给力"。

### 一、关于美好发展

美好发展是社会发展的高级形态或理想形态，是当代社会发展所应该追求的一个基本方向，它至少包含以下五个方面的内涵和要求：第一，美好发展是一种以人民为中心的发展，追求人的全面发展和全体人民的共同富裕。这种发展不仅体现为满足人的美好生活需要，让广大人民有充分的获得感、安全感和幸福感，而且还强调将社会发展落实到人的全面自由发展上，比如，人的需要满足了、人的利益或价值实现了、人的关系和谐了、人的素质提高了、人的寿命延长了，等等。第二，美好发展是一种整体性的发展。这种整体性的发展不仅体现为社会发展与自然的协调平衡，而且强调将发展当作包括经济增长、科技进步、政治民主、生态文明等相互影响和作用的整体。整体性发展是针对要素性发展而提出来的，它是当代具有应然意义的社会发展与传统发展相区别的内在规定性，是美好发展的内在而重要的属性，美好发展是以整体性发展为依托的。第三，美好发展是一种低代价的发展。所谓低代价的发展，是指以最小的投入或付出、最小的风险或危害，以最优质态、最良序化、最佳量度，以最适宜的速度，获得最大收益的一种发展。它在追求发展的同时，还致力于抑制和克服发展的代价与问题，因而追求的是一种全面协调可持续的发展，反对发展中存在的短视行为或自我利益最大化的极端功利化行为。第四，美好发展是一种互利型的发展。这种互利型是对互害型发展的否定和超越，它主张以互利互惠的观念和做法来实现人与自然、人与人、人的物质和精神的全面协调平衡的发展。第五，美好发展是一种绿色的发展。美好发展在推进人的生产方式、生活方式和思维方式绿化的实践中，要求再现清水绿岸、鱼翔浅底、蓝天白云、繁星闪烁的自然景象和青山常在、绿水长流、空气清新、鸟语花香的田园风光。①

新科技革命的到来，为美好发展的实现提供着新的机遇和强大的科技支撑，而美好发展也对新科技革命的发生发展提出了新的要求。但正如美国学者瓦拉赫在《科技失控》中所讲到的，"我们实际上将要创造的未来很大程度上取决于我们今天所采取的行动包含了怎样的价值观，而不是关于技术可能性的投机性想法。"② 美好发展的实现离不开新科技革命的合理运行，但如果没有相应的制度约束和正确的价值导向，新科技革命的发展就很容

---

① 参见邱耕田、王丹《美好生活的哲学审视》，《北京大学学报（哲学社会科学版）》2019年第1期。
② [美]温德尔·瓦拉赫：《科技失控》，肖黎黎译，江苏凤凰文艺出版社2017年版，第251页。

易偏离社会发展的预期目标。为此，我们需要在制度上和价值观念上进行一次深刻的变革，"规约"新科技革命朝着有利于社会美好发展的目标与方向运行。

## 二、理念选择

理念是行动的先导，没有理念的引导就没有前进的方向。科学技术的发展作为人类有意识、有目的和有计划的创造性活动，其背后始终离不开发展理念的支撑。自进入工业文明时代以来，人们长期受传统发展理念的影响，片面地利用科技追求经济增长，忽视了科学技术的发展可能带来的风险和负面效应。在传统发展观念的指引下，人类社会发展一度出现经济繁荣的良好局面，但一些影响社会发展的严重问题也接踵而至。很显然，传统的发展理念与美好发展的内涵与要求是相悖的。在新科技革命的条件下促进实现美好发展，我们需要树立新的发展理念，引导科学技术朝着正确的方向发展。

### （一）整体性发展理念

整体性发展理念是对传统的要素性发展理念的超越和扬弃。要素性发展理念是工业文明时代的发展理念，它主张将经济增长作为衡量社会发展和进步的唯一尺度，忽视了社会、政治、自然等社会其他诸要素的发展。在这种发展理念的支配下，人们为了求得经济增长，不惜以牺牲自然环境来求得"发展"，忽视了社会系统内各要素之间的协调和平衡发展，使社会发展陷入"有增长无发展"的尴尬境地。可见，要素性发展理念指导下的发展实践缺乏科学性，或具有片面失调性，因而，我们必须确立起整体性发展的理念。

## 第四章　社会发展呼唤着新科技革命的合理运行

根据整体性发展理念，世界是一个整体①，其中的任何一个部分都不是孤立的存在，它们之间是普遍联系的。从地球生态系统的角度看，地球是一个完整的整体、一个超级生物体，生命万物都是相互关联的，每一个物种的生存都与我们自己本身的生存息息相关；从社会发展的角度分析，社会不仅可以被看作一个由经济、科技、政治、文化、生态等要素组成并相互关联的复杂系统，而且"是一个能够变化并且经常处于变化过程中的有机体"②，我们不能"把社会体系的各个环节割裂开来"③。

整体性发展理念倡导系统性、关联性、协同性。用整体性发展理念引导新科技革命的运行，主要包括三个方面的内容和要求：一是维持人—自然—社会整个系统的有机平衡。地球是一个巨型的有机体，拥有自我调整的能力，从而使它本身的环境维持在一个最佳状态。生态系统是一个由多种成分构成的有机整体，其中的每个成分都有自己的功能与价值，并同其他成分以"网格"的形式相互联结，在生态系统的物质循环、能量流动和信息转换中，如果损害了其中任何一个成分或成分之间的联系，就有可能给整个生态系统带来不利影响。这就决定了科学技术的发展必须遵循自然运行的客观规律，只能"运用各物质之间的能量转换通道设置我们的技术装置"，绝不能"创设或构建某种超自然的能量转换能量"④。正如日本学者池田大作所说："科学技术是不应该被用于征服和统治各种生物在内的自然界这一目的。科学应该是用

---

① ［美］约·贝·福斯特：《生态革命》，刘仁胜、李晶、董慧译，人民出版社 2015 年版，第 33 页。
② 《马克思恩格斯文集》第 5 卷，人民出版社 2009 年版，第 10—11 页。
③ 《马克思恩格斯文集》第 1 卷，人民出版社 2009 年版，第 603 页。
④ 邓周平：《科学技术哲学概论》，商务印书馆 2015 年版，第 500 页。

来使人与自然的节奏协调,使其有规律的活动最大限度地发挥效用。"① 如果科学技术的发展及其应用导致了环境更加恶化、生态失衡更加严重,如果"在我们的超级、科技、数字化、基因工程、全球化、奇异社会等光鲜亮丽的外表之下,我们的地球家园和人性正在颓坏、腐烂"②,那么,这样的科学技术就不利于整体性发展,因而不能算作是可行的或进步的。

二是积极追求社会的整体性发展。社会发展的整体性既表现在组成有机体的各要素之间的对立统一,又表现在社会发展的各阶段之间的相互关联。从横向的维度看,整体性发展理念强调社会机体各要素都得到发展。这种理念纠正了长期以来片面追求物质增长目标的要素性发展理念的偏颇,把社会发展看作一个包括经济增长、科技发展、政治民主、文化进步、自然协调等发展要素相互影响的复杂系统,关注社会各要素之间的内在关联性。从纵向的维度看,整体性发展理念要求强调眼前发展与长远发展相结合。在新科技革命中实现美好发展,就必须"把发展需要和现实能力、长远目标和近期工作统筹起来考虑"③。

三是倡导世界各国利益协调、管理协同。世界是由各个民族、国家、地区组成的联合整体,它们之间相互联系、相互依存。科学技术是世界性的,美好发展不是某个国家或地区的发展目标,而是整个人类社会的共同期待。在新一轮科技革命中,实现美好发展需要世界各国人民的共同奋斗,"努力构建合作共赢的伙伴关系,共同应对未来发展、粮食安全、能源安全、人类健康、气候

---

① [英]阿·汤因比、[日]池田大作:《展望二十一世纪》,荀春生等译,国际文化出版公司1985年版,第39页。
② [美]科马克·卡利南:《地球正义宣言—荒野法》,郭武译,商务印书馆2017年版,第一版"前言"第12页。
③ 《习近平关于科技创新论述摘编》,中央文献出版社2016年版,第15页。

变化等人类共同挑战,在实现自身发展的同时惠及其他更多国家和人民,推动全球范围平衡发展。"[1] 越是高新科技,越是离不开世界各国之间的协同合作。比如,虽然当前人工智能、大数据、物联网等前沿科技正在不断取得突破,但假如忽视了不同国家、不同地区之间的协同作用,一旦遇到重大风险事件,各个地区之间无法得到及时协调,无论多么前沿的科技方案都会显得力不从心。以 2020 年新冠疫情为例,要应对这样的涉及全国、全世界的重大风险事件,就需要建立起国家级甚至世界级的统一智慧系统,使世界各国人民携手起来、共同应对。

### (二) 互利型发展观

互利型发展观倡导以互利互惠的观念和原则来处理人与自然的关系,实现人与自然、人与人的共生共荣、共同进步。从人与自然的关系的角度出发,互利型发展观念要求科学技术在尊重和保护环境的前提下谋求人类的利益和幸福。"人因自然而生,人与自然是一种共生关系,对自然的伤害最终会伤及人类自身。"[2] 人类社会要想实现美好发展,就必须摆正人与自然的位置,变人—自然互害型发展为人—自然互利型发展。因此,用互利型发展观念引导新科技革命的发展,要求人类在满足自身美好发展的需要和实现自身利益的同时,维护好自然生态环境的安全和利益。例如,人类的衣、食、住、行和生产实践都离不开能源,但人类在满足自身对能源的需求时,必须考虑到能源储量的有限性。为了既能满足人类对能源的需求、又能避免引发能源危机,在新一轮科技革命中,就要加快推动能源技术革命,将能源开发和利用转向替代能源和可再生能源。

---

[1] 习近平:《在中国科学院第十九次院士大会、中国工程院第十四次院士大会上的讲话》,人民出版社 2018 年版,第 17—18 页。
[2] 《习近平谈治国理政》第 2 卷,外文出版社 2017 年版,第 209 页。

从人与人的关系的角度出发，互利型发展观念要求科学技术的发展尊重众多发展主体的不同利益，兼顾较远和较近的利益。从纵向的时间向度看，科学技术的发展必须坚持长远发展与当前发展的统一，即应该"既满足当代人的需要，又不对后代人满足其需要的能力构成危害"[①]"既要考虑当前发展的需要，又要考虑未来发展的需要"[②]；从横向的空间向度看，科学技术的发展应该坚持个人利益和集体利益的统一、局部利益和整体利益的统一，按照统筹兼顾的原则来处理各种利益关系。"均衡的社会将必须不仅考虑现在的人类价值，而且也考虑未来的人类价值，并对由有限的地球造成的不能同时兼顾的因素，做出权衡。"[③] 因此，在新科技革命的发展中，我们不能采取"竭泽而渔""杀鸡取卵"的急功近利的短视行为，而必须从社会系统的整体利益出发，同时关注到科技发展对于当代人与后代人的利益，特别要防止滥用信息技术或生物技术等高科技，以避免其对全局利益和整体利益造成伤害。

## 三、"规约"原则

### （一）人本原则

人本原则要求以人为本，坚持人民主体地位原则。人本原则的基本精神是满足人的需求、促进人的发展。根据唯物史观，人是社会发展的主体，社会发展的核心是人的发展。一方面，人本原则要求科技发展以满足人的需求、实现人的利益为出发点。作

---

① 世界环境与发展委员会编：《我们共同的未来》，王之佳等译，吉林人民出版社1997年版，第52页。
② 《江泽民文选》第1卷，人民出版社2006年版，第518页。
③ ［美］丹尼斯·米都斯等：《增长的极限》，李宝恒译，吉林人民出版社1997年版，第141页。

## 第四章　社会发展呼唤着新科技革命的合理运行

为发展主体的人的需要，是社会发展最根本的源动力。人的需要又随着实践的发展而不断地攀升递进，"超出社会当前需要的生产……同时将创造出满足这种新需要的手段。"① 需要推动生产及技术进步，生产及技术进步会引起新的需要，新的生产及技术进步又会产生更新的需要，如此螺旋攀升、呈波浪式发展态势，推动着社会不断向前发展进步。② 马克思指出，"要把自然科学发展到它的最高点；同样要发现、创造和满足由社会本身产生的新的需要。"③ 因此，科学技术需要不断突破，这样才能持续地满足人类在时间轴上的不同时刻的需求。

在新一轮科技革命中，科学技术应该发生在哪些领域或方向取得突破，应该取决于人的生产和生活需要。当前，人们对更和谐的关系、更健康的身体和更美好兼具更个性化的生活的追求，决定了未来科技应向着更健康、更智能和更绿色的方向发展；人们对提高工作效率和舒适度的需求，呼唤着新一代人工智能、超级智能制造等技术进一步取得突破；人们对战胜各类突发性流行病和慢性疾病、延缓衰老、延长寿命等的需求，呼唤着再生技术、仿生技术、基因精准调控、人造细菌细胞技术等新生物学技术的突破。当这些崭新的技术不断出现在我们的生活和发展进程中的时候，一种新的人的存在状态和美好的社会及其发展也会随之到来。

另一方面，人本原则要求科技发展以促进人的发展为目的。无论科学技术如何发展、多么发达，都应该为人类的发展和幸福服务。美国科学家维纳在《人有人的用处》中指出，人们利用现

---

① 《马克思恩格斯文集》第 1 卷，人民出版社 2009 年版，第 688 页。
② 参见王丹、邱耕田《习近平新科技革命观论析》，《中共中央党校（国家行政学院）学报》2019 年第 3 期。
③ 《马克思恩格斯文集》第 8 卷，人民出版社 2009 年版，第 90 页。

代科技的目的在于,"为人类造福,减少人的劳动时间,丰富人的精神生活而不是仅仅为了获得利润和把机器当作新的偶像来崇拜"①。爱因斯坦也曾讲过,应当将关心人本身作为一切技术上奋斗的主要目标。因此,新科技革命的发生和发展必须与人的发展相对接,为增强人的主体能力、提升人的价值、开发人的潜能创造条件,将这样的价值取向渗透到科技的开发、突破及其成果应用的各个环节中去。

新兴科技的发展的根本目的,在于帮助解决人类发展中不断存在的问题。近年来,随着科学技术的不断突破和发展,核能事故、化学品事故、基因事故、病毒疫情等重大风险事件的不断涌现,使新兴科技的应用面临着一次又一次的考验。特别是2020年突如其来的新冠疫情,不但给人类带来了巨大威胁,同时也引发了我们对新兴科技的应用问题的反思。虽然我们看到了诸如大数据、人工智能、机器人、物联网、城市大脑等科技力量在疫情防控中起到了很大的作用,但又不得不承认,这些前沿科技在应用中还存在着严重的不足。无论是被寄予厚望的城市大脑,还是产业界火热的传感器设备、人工智能等,在疫情暴发初始之际都未能起到应有的提前感知和事先预警的作用。新冠疫情虽然给全人类造成了巨大损失,但从另一个角度讲,它又注定给人类社会带来深刻变革、促进人类社会实现更美好的发展。通过此次疫情,依托大数据、物联网等技术的智慧城市、城市大脑将更加成熟和完善,新兴科技的发展和应用中将更加重视人的群体智慧的参与,互联网大脑、超级智能等技术将加速形成,更好地帮助人类预警、防范和应对各种对人的生存和发展可能造成威胁的重大风险事件。

---

① [美] N. 维纳:《人有人的用处》,陈步译,商务印书馆2009年版,第143页。

## （二）绿色发展原则

绿色发展原则要求坚持生态优先、保护环境。对于绿色发展的内涵和要求，习近平总书记做出过明确的界定："绿色发展，就其要义来讲，是要解决好人与自然和谐共生问题。"[①] 根据绿色发展原则，新科技革命的发展必须解决好人与自然和谐共生问题。这是由于，"人靠自然界生活。"[②] 人类自诞生之时起，就时刻与自然界发生着联系：一方面，人作为"自然存在物"[③]，需要依靠自然界来维持其生物机体的存活，需要不断通过向自然界获取能量和生活资料，来满足人自身的生存及吃穿住行等行为的基本需要。人还必须依托自然界来从事一切实践活动，自然界是人的"一切劳动资料和劳动对象的第一源泉"[④]；另一方面，人能认识和改造自然，并在此基础上创造出人化的自然。人类利用技术力量不断控制和改造自然，将科学技术作为"征服自然"的重要武器，创造了人与自然和谐统一的属人世界。但正如恩格斯所言，每一次我们对自然界的胜利，都会遭到自然界的报复。人类如何对待自然，自然就会怎样对待人类。人类以自己的贪婪杀食了蝙蝠、果子狸等野生动物，蝙蝠、果子狸等野生动物却通过病毒警告和惩罚了人类。人类在征服自然的过程中，由于对自然过度索取甚至破坏，导致了气候异变、环境恶化、资源枯竭等生态环境问题日益严重，最终造成了社会发展的不可持续性。当前，人类所面临的一系列发展问题，在很大程度上就是由人类对于人与自然的关系的错误认知和行为造成的，而一系列科技手段的不合理运用又加重了这一危机。

---

[①] 《习近平谈治国理政》第 2 卷，外文出版社 2017 年版，第 207 页。
[②] 《马克思恩格斯选集》第 1 卷，人民出版社 2012 年版，第 55 页。
[③] 《马克思恩格斯文集》第 1 卷，人民出版社 2009 年版，第 209 页。
[④] 《马克思恩格斯文集》第 3 卷，人民出版社 2009 年版，第 428 页。

绿色发展原则强调，必须在人与自然的和谐统一中实现美好发展。正如习近平总书记所提出的："环境就是民生，青山就是美丽，蓝天也是幸福，绿水青山就是金山银山；保护环境就是保护生产力，改善环境就是发展生产力。"① 联合国秘书长古特雷斯也在 2020 年《联合国气候变化框架公约》第二十六次缔约方会议中，呼吁所有国家和利益攸关方"大力促进清洁和绿色发展，让世界早日走出气候困境"②。古特雷斯在 2023 年的第二十八次缔约方会议中敦促各国落实"到 2030 年将全球可再生能源装机容量增加两倍"③ 的目标。用绿色发展的原则来规约人类的行动特别是科学技术活动，就要求我们在处理人与自然的关系时，坚持尊重自然、顺应自然、保护自然，即"像保护眼睛一样保护生态环境，像对待生命一样对待生态环境，推动形成绿色发展方式和生活方式"④，发展方式的绿色化要求我们摒弃以要素投入为主的粗放型发展道路，走以绿色科技创新为主的生态文明发展道路；生活方式的绿色化要求我们自觉抵制物质主义幸福观和消费主义价值观，追求节能低碳、绿色消费、文明健康。

同时，以绿色发展原则规约新科技革命，不仅是对人与自然和谐共生关系的维护，而且还要求新科技革命的发展朝着人与自然和谐共生的方向用力。换言之，以绿色发展原则规约新科技革命，并非所谓的回归田园、浪迹山林，而是指利用新科技革命推动绿色发展，实现生态效益与经济发展的双赢。为此，我们不仅必须坚持绿色的方向，用绿色约束新科技革命、科技进步，而且要为科技发展注入绿色的理念和方法，使科学技术成为保护绿色、

---

① 《习近平谈治国理政》第 2 卷，外文出版社 2017 年版，第 209 页。
② 《古特雷斯呼吁促进绿色发展让世界走出气候困境》，新华网，2020 年 3 月 7 日。
③ 《采取全球行动，应对气候变化挑战》，光明网，2024 年 8 月 6 日。
④ 《习近平谈治国理政》第 2 卷，外文出版社 2017 年版，第 209—210 页。

解决环境问题的重要手段。具体而言，在新一轮科技革命中，科学技术的发展与突破方向需要转向清洁能源和可再生资源等领域。要解决环境污染问题，必须推动清洁能源的发展，为此，建设清洁低碳、安全高效的新一代能源系统，促进和实现能源转型，是新一轮能源技术革命的核心目标；要解决资源短缺问题，就必须推动可再生资源的发展。大力发展可再生资源，是实现金山银山、绿水青山的保证。为此，新一轮科技革命的主要任务就至少包括以下四个方面：一是大力发展太阳能、水能、风能、生物质能等可再生能源；二是着力研究开发以受控核聚变能为代表的清洁能源；三是构建新型电能、综合能源的传输和配给系统；四是构建与网络信息技术深度融合的能源互联网。

### （三）低代价发展原则

低代价发展原则强调在对发展代价的关注和克服中追求社会的发展进步，实现发展与代价的逆向互动。在发展哲学的范畴中，代价主要指的是人类在追求发展的过程中所付出的努力、牺牲以及所造成的消极后果。发展与代价之间既相互共存、又相互制约，没有发展就没有代价，只有付出代价才会获得发展。当发展的代价大于或等于发展收益时，就意味着发展的成本过高，就会导致一种高代价的发展。只有当发展的代价低于或小于发展之收益时，才能实现真正意义上的社会进步。自机器大工业时代以来，人们长期采用"高生产—高消耗—高污染"的高代价发展模式，主要通过对生活资料的高消费和对自然资源的高消耗来追求利润的最大化，片面强调生产规模和速度而忽视了发展的可持续性。这种发展方式在一定程度上促进了经济的增长，但由于忽视了对生态环境的保护，势必会影响社会发展的可持续性。没有发展的可持续性，美好发展自然无从谈起。要实现美好发展，就必须从高代价发展转向低代价发展，追求发展收益的最大化和发展代价的最小化或最少化。

低代价发展原则强调资源节约，高效利用自然资源、发展循环经济。低代价发展原则为新科技革命的发展指明了方向。在新一轮科技革命中，我们需要采用新材料技术、新能源技术等新技术，摒弃"过多依赖增加物质资源消耗、过多依赖规模粗放扩张、过多依赖高能耗高排放产业的发展模式"[①]，加大对太阳能、风能、地热能、海洋能等新兴能源的开发，用以逐渐替代石油、煤炭等传统能源，发展低碳循环经济，用尽可能少的资源消耗和最低的环境代价来获取最大的经济社会效益。

综上所述，当下我们关注和讨论新科技革命问题，是在实施美好发展的时代背景下进行的。美好发展对新科技革命的规约性要求，主要可概括为两点：其一是欢迎，即在我们的主观态度上要热诚欢呼新科技革命的到来，高度重视新科技革命所拥有的伟大力量，积极借助新科技革命的手段来创造我们的美好生活，建设互利型社会；其二是防范，即在方法论上要高度重视新科技革命自身所具有的高风险性，一方面要通过新科技革命克服业已存在的发展问题，另一方面还要认真防范新科技革命自身所可能带来的新的发展问题，做到未雨绸缪、防患于未然。

---

① 《习近平谈治国理政》第2卷，外文出版社2017年版，第395页。

第五章

# 新科技革命与新时代中国的发展

  在对新科技革命与当代社会发展的关系进行宏观考察的基础上，我们需要端起历史的望远镜细心观望新科技革命在神州大地上的方兴未艾。在新科技革命发生发展的历史天空下，我们又迎来了"中国特色社会主义进入了新时代"以中国式现代化全面推进强国建设、民族复兴的关键时期，新科技革命和新时代中国的发展形成了难得的历史交汇。无论是站在中国发展的立场看，还是从全球的视野分析，新科技革命都为当代中国发展提供了千载难逢的历史机遇。我们必须抓住和利用好新科技革命带来的机遇，推动中国社会朝着预期的发展目标前进。

# 第一节　新中国成立以来中国共产党人的科技革命观

新中国成立以来，中国共产党人始终将科学技术的发展置于十分重要的位置。从新中国成立初期到改革开放新时期、再到中国特色社会主义发展的新时代，我们党始终紧跟世界科技发展浪潮，对科学技术的发展进行了积极探索，创造性将马克思主义科技革命观与中国科技发展的实践相结合，逐步探索出一条具有中国特色的科技发展道路，丰富和发展了马克思主义科技革命观。回顾新中国成立70多年来中国共产党人的科技革命观，对于我们在新科技革命条件下推动中国社会发展具有重要指导意义。

## 一、新中国成立初期：向科学进军

新中国的成立，为中国科学技术的发展奠定了政治基础。此时的西方世界正在经历一场以电子计算机、原子能和空间技术为主要内容的现代科技革命。这是世界科技革命浪潮与新中国的首次交汇。一些西方国家在科技革命中相继实现了现代化，并企图利用其技术优势排挤或封锁新中国。一穷二白、千疮百孔的新中国如何才能跟上世界步伐？以毛泽东同志为核心的党的第一代中央领导集体经过艰辛探索，吹响了"向科学进军"的号角，掀起了技术革命运动，坚持走具有中国特色的科技发展道路，带领中国人民改变了一穷二白的落后面貌，也使中国取得了一系列了不起的科技成就。

（一）向科学进军

面对现代科技几乎为零的局面，以毛泽东为主要代表的中国共产党人，深刻认识到发展科学技术的重要性和紧迫性，向全国发出了"向科学进军"的伟大号召。"向科学进军"主要包含三方面内容：一是强调科学技术的重要作用。毛泽东多次强调科学技术对于改变中国落后面貌的重要性："不搞科学技术，生产力无法提高。"① 周恩来也提出："只有掌握了最先进的科学，我们才能有巩固的国防，才能有强大的先进的经济力量，才能有充分的条件……战胜帝国主义国家"。② 1964 年，在毛泽东的提议下，我们党将"科学技术现代化"与工业、农业、国防现代化并列为"四个现代化"，并将它正式确定为我国发展的总体战略目标。二是提出赶超世界先进水平的任务。毛泽东提出："要在几十年内，努力改变我国在经济上和科学文化上的落后状况，迅速达到世界上的先进水平。"③ 周恩来也认为："人类面临着一个新的科学技术和工业革命的前夕……我们必须赶上这个世界先进科学水平"④。三是重视科技人才队伍建设。毛泽东多次强调，"努力改变我国在经济上和科学文化上的落后状况，迅速达到世界上的先进水平……要有数量足够的、优秀的科学技术专家"⑤ "无产阶级没有自己的庞大的技术队伍和理论队伍，社会主义是不能建成的"。⑥ 为了改变"我国的科学家不是太多而是太少"⑦ 的状况，我们党特别重视储备高科技人才，不仅通过人才引进的方式吸引侨居海外的科技人才回国、重点邀请大量苏联专家来华指导，而且通过自己培养的方式储备高科技创新人才。

---

① 《毛泽东文集》第 8 卷，人民出版社 1999 年版，第 351 页。
② 《周恩来选集》下卷，人民出版社 1984 年版，第 182 页。
③ 《毛泽东文集》第 7 卷，人民出版社 1999 年版，第 2 页。
④ 《周恩来选集》下卷，人民出版社 1984 年版，第 181 页。
⑤ 《毛泽东文集》第 7 卷，人民出版社 1999 年版，第 2 页。
⑥ 《毛泽东文集》第 7 卷，人民出版社 1999 年版，第 309 页。
⑦ 《周恩来选集》下卷，人民出版社 1984 年版，第 26 页。

## (二）走自力更生为主的科技发展之路

毛泽东提出，不走"循序渐进"式的科技发展老路，走一条具有中国特色的"非常规且科学"之路，即自力更生为主、争取外援为辅的科技发展之路。一方面，他强调坚持自力更生的重要性："我们现在已经比过去强，以后还要比现在强，不但要有更多的飞机和大炮，而且还要有原子弹。在今天的世界上，我们要不受人家欺负，就不能没有这个东西。"[①] 另一方面，他并不排斥借鉴学习别国的先进技术："不但学习马克思列宁主义的理论，而且学习他们先进的科学技术，一切我们用得着的，统统应该虚心地学习。"[②] 但同时，毛泽东提出反对盲目照搬，"中国的和外国的要有机地结合，而不是套用外国的东西。学外国织帽子的方法，要织中国的帽子。外国有用的东西，都要学到，用来改进和发扬中国的东西，创造中国独特的新东西。搬要搬一些，但要以自己的东西为主。"[③] 在《论十大关系》中，他指出，"我们的方针是，一切民族、一切国家的长处都要学，政治、经济、科学、技术、文学、艺术的一切真正好的东西都要学。但是，必须有分析有批判地学，不能盲目地学，不能一切照抄，机械搬用。"[④]

## （三）进行技术革命

面对我国科技水平和工业生产水平都极其落后的状况，毛泽东曾尖锐地提出问题："现在我们能造什么？能造桌子椅子，能造茶碗茶壶，能种粮食，还能磨成面粉，还能造纸，但是，一辆汽车、一架飞机、一辆坦克、一辆拖拉机都不能造。"[⑤] 随着"一五计

---

① 《毛泽东文集》第7卷，人民出版社1999年版，第27页。
② 《毛泽东文集》第6卷，人民出版社1999年版，第264页。
③ 《毛泽东文集》第7卷，人民出版社1999年版，第82页。
④ 《毛泽东文集》第7卷，人民出版社1999年版，第41页。
⑤ 《毛泽东文集》第6卷，人民出版社1999年版，第329页。

划"的全面落实，落后的科学技术越来越不能满足社会主义建设的需求。正是在这样的背景下，毛泽东提出，必须打好科学技术这一仗，"把党的工作的着重点放到技术革命上去"①。在毛泽东的技术革命思想的指引下，全党全国掀起了一场群众性的技术革新和技术革命运动。这场运动的开展，在很大程度上推动了我国科技事业的发展，对改变我国落后状况起到了积极的作用。

## 二、改革开放初期：迎接现代科技革命的挑战

二十世纪七十年代以来，以信息技术为核心的现代技术革命正在掀起新的高潮，深刻影响着全世界。党的十一届三中全会的召开标志着中国进入改革开放的新时期。站在新时期的历史起点上，以邓小平同志为核心的党的第二代中央领导集体接过并高举二十世纪五十年代以来毛泽东倡导的技术革命大旗，引领刚刚从"文革"中艰难跋涉而出的中国冲向了现代科技革命激烈竞争的新战场。作为一位卓越的战略家，邓小平阐明了现代科技革命的本质特征，强调发展高科技、向科学现代化进军，推进了我国科学技术的现代化，充分发挥了科学技术对于中国经济社会发展的巨大推进作用。

### （一）界定和阐释现代科技革命的概念和本质特征

在1978年召开的全国科学技术大会上，邓小平讲道："现代科学技术正在经历着一场伟大的革命。近三十年来，现代科学技术不只是在个别的科学理论上、个别的生产技术上获得了发展，也不只是有了一般意义上的进步和改革，而是几乎各门科学技术领域都发生了深刻的变化，出现了新的飞跃，产生了并且正在继

---

① 《毛泽东文集》第7卷，人民出版社1999年版，第351页。

续产生一系列新兴科学技术。"① 这次讲话不仅是改革开放时期中国向科技革命进军的号召和纲领,而且是第一次对正在蓬勃发展的现代科技革命做出的科学界定。根据这一界定,现代科技革命最大的特征是以"科技革命群"的出现为标志,具有明显的综合性特征,这当然不同于历史上的以个别科学理论的新发现为标志的科学革命和以个别生产技术的突破为标志的技术革命,还不同于一般意义上的科技进步或科技改革。在此基础上,邓小平对现代科技革命的本质特征进行了论述②。这一论断是邓小平在马克思关于"生产力中也包括科学"③和毛泽东关于"不搞科学技术,生产力无法提高"④等的论断基础上提出的,这是对马克思主义科技革命观的继承和创新。邓小平指出:"马克思讲过科学技术是生产力,这是非常正确的,现在看来这样说可能不够。"⑤这不仅是将科学技术摆在生产力发展的首要地位,更是对现代世界科技革命本质特征的揭示。在1992年南方讲话中,邓小平再次谈道:"近一二十年来,世界科学技术发展得多快啊,高科技领域的一个突破,带动一批产业的发展。我们自己这几年,离开科学技术能增长得这么快吗?"⑥

**(二)发展高科技,向科技现代化进军**

随着现代科技革命在全世界范围内的爆发,国家间科技领域的竞争进入了白热化阶段。为了迎接世界现代科技革命的挑战,必须及时启动中国的科技大船,不失时机地追赶世界先进水平,

---

① 《邓小平文选》第2卷,人民出版社1994年版,第87页。
② 《邓小平文选》第3卷,人民出版社1993年版,第274页。
③ 《马克思恩格斯文集》第8卷,人民出版社2009年版,第188页。
④ 《毛泽东文集》第8卷,人民出版社1999年版,第351页。
⑤ 《邓小平文选》第3卷,人民出版社1993年版,第275页。
⑥ 《邓小平文选》第3卷,人民出版社1993年版,第377页。

"在世界高科技领域占有一席之地"①。对此,邓小平特别强调,"现在世界的发展,特别是高科技领域的发展一日千里,中国不能安于落后,必须一开始就参与这个领域的发展。……因为你不参与,不加入发展的行列,差距越来越大。"② 同时,邓小平多次强调科学技术的重要性,"四个现代化,关键是科学技术的现代化。没有现代科学技术,就不可能建设现代农业、现代工业、现代国防。没有科学技术的高速度发展,也就不可能有国民经济的高速度发展。"③ 因此,必须发展高科技,向科技现代化进军。这一方向的确定,既适应了二十世纪七十年代世界科技的发展趋势,也是对以毛泽东为代表的中国共产党人的科技目标的继承与发展,为我国科学技术发展增加了新动力和新内容。"863"计划、火炬计划、星火计划、科技攻关计划等一系列高科技发展计划,从提出、拍板到实施、完成,都与邓小平的"发展高科技"的战略思想密切相关。

发展高科技离不开科技人才。邓小平提出"尊重知识、尊重人才"的八字方针,他在1978年全国科学大会开幕式上重申到:"我们向科学技术现代化进军,要有一支浩浩荡荡的工人阶级的又红又专的科学技术大军,要有一大批世界第一流的科学家、工程技术专家。"④ 在邓小平科技革命观的指导下,中国科技事业乘风破浪,在信息技术、航天技术、生物技术、新能源、新材料、自动化技术等领域,取得了接近甚至领先于世界先进水平的日新月异的高科技成果。

---

① 《邓小平文选》第3卷,人民出版社1993年版,第279页。
② 《邓小平文选》第3卷,人民出版社1993年版,第279—280页。
③ 《邓小平文选》第2卷,人民出版社1994年版,第86页。
④ 《邓小平文选》第2卷,人民出版社1994年版,第91页。

## 三、新世纪：科教兴国战略

随着二十一世纪的临近，信息技术、生物技术、新材料和新能源技术、海洋开发和空间开发技术等高技术迅猛发展，逐渐成为世界科技发展的主流趋势，世界现代科技革命发展到了一个空前活跃的更高的阶段。国家之间的竞争已由原来的政治、军事的冷战转变为科技、经济领域的"热战"，世界各国纷纷调整科技政策和发展战略，将提升科技竞争力作为二十一世纪国家发展的首要任务。以江泽民同志为核心的党的第三代中央领导集体继承了邓小平科技革命观的精髓，着眼我国高科技发展和应用的状况，与时俱进地制定了科教兴国战略，将科技发展提升到民族兴衰的高度。

在 1995 年全国科学技术大会上，江泽民指出："全国实施科教兴国战略，是总结历史经验和根据我国现实情况所作出的重大部署……是顺利实现三步走战略目标的正确抉择"[①]，要求全党和全国将科技和教育放在社会发展的重要位置，"增强国家的科技实力及向现实生产力转化的能力，提高全民族的科技文化素质，把经济建设转移到依靠科技进步和提高劳动者素质的轨道上来，加速实现国家的繁荣强盛。"[②] 在党的十五大报告中，江泽民再次提出，将科教兴国战略作为跨世纪发展的战略部署，强调"充分估量未来科学技术特别是高技术发展对综合国力、社会经济结构和人民生活的巨大影响，把加速科技进步放在经济社会发展的关键

---

① 中共中央文献研究室编：《十四大以来重要文献选编》（中），人民出版社 1997 年版，第 1384—1385 页。
② 中共中央文献研究室编：《十四大以来重要文献选编》（中），人民出版社 1997 年版，第 1385 页。

地位"①。科教兴国战略是以江泽民同志为主要代表的中国共产党人,在世界科技发展大势与我国发展现实相结合的基础上做出的科学部署,对于实现我国经济社会的长期发展具有重要意义。对于如何落实科教兴国战略,中共中央、国务院发布了《关于加强技术创新,发展高科技,实现产业化的决定》,提出"加强技术创新,发展高科技,实现产业化,推动社会生产力跨越式发展"②。这一决定是对科教兴国战略的丰富与落实,不仅为今后一段时期内我国的科技发展指明了方向,同时也初步解决了我国经济与科技相脱节的体制难题。

### 四、新世纪新阶段:建设创新型国家

进入二十一世纪以来,面对世界科技发展为我国科技和经济社会发展带来的新机遇和新挑战,以胡锦涛为总书记的党中央对中国科技发展道路进行了新的探索,在党的历代领导集体关于科技发展战略的基础上,实施了建设创新型国家战略,将提高自主创新能力摆在全国科技发展的突出位置,带领中国人民走出了一条具有中国特色的自主创新之路。

在2005年党的十六届五中全会上,党中央作出了"提高自主创新能力、建设创新型国家"的重大战略部署,并将其作为"十一五"时期的主要任务。在2006年全国科技大会上,胡锦涛全面论述了建设创新型国家战略的核心:"就是把增强自主创新能力作为发展科学技术的战略基点,走出中国特色自主创新道路,推动科学技术的跨越式发展;就是把增强自主创新能力作为调整产业

---

① 中共中央文献研究室编:《十五大以来重要文献选编》(上),人民出版社2000年版,第27页。
② 中共中央文献研究室编:《十五大以来重要文献选编》(中),人民出版社2001年版,第934页。

结构、转变增长方式的中心环节,建设资源节约型、环境友好型社会,推动国民经济又快又好发展;就是把增强自主创新能力作为国家战略,贯穿到现代化建设各个方面,激发全民族创新精神,培养高水平创新人才,形成有利于自主创新的体制机制,大力推进理论创新、制度创新、科技创新,不断巩固和发展中国特色社会主义伟大事业。"① 在党的十七大报告中,胡锦涛强调,建设创新型国家"是国家发展战略的核心,是提高综合国力的关键"②,将创新型国家战略摆在了前所未有的高度。此后,他多次强调,要增强自主创新能力、建设创新型国家,并在2016年的两院院士大会上再次提出:"只有具备强大科技自主创新能力,才能在全球日益激烈的竞争中牢牢把握发展主动权,才能真正建成创新型国家,进而向世界科技强国进军。"③ 这一论述为我国科技事业的发展提供了强大的动力与科学的指引,也为即将进入新时代的中国实施创新驱动发展战略奠定了理论基础。建设创新型国家战略的实施,使得中国科学技术事业实现了跨越式发展。

### 五、新时代:抢占新科技革命先机

党的十八大以来,中国特色社会主义进入新时代,"我们迎来了世界新一轮科技革命和产业变革同我国转变发展方式的历史性交汇期。"④ 在新时代的历史坐标上,以习近平同志为核心的党中

---

① 胡锦涛:《坚持走中国特色自主创新道路,为建设创新型国家而努力奋斗——在全国科学技术大会上的讲话》,人民出版社2006年版,第8页。
② 胡锦涛:《在中国科学院第十四次院士大会、中国工程院第九次院士大会上的讲话》,人民出版社2008年版,第12页。
③ 胡锦涛:《在中国科学院第十六次院士大会、中国工程院第十一次院士大会上的讲话》,人民出版社2012年版,第5页。
④ 习近平:《在中国科学院第十九次院士大会、中国工程院第十四次院士大会上的讲话》,人民出版社2018年版,第8页。

央紧扣时代脉搏、直面科技浪潮，对新科技革命进行了深刻而系统的论述，并对如何迎接和应对新科技革命进行了科学的前瞻谋划和战略上的顶层设计。特别是对于如何迎接和应对新科技革命，习近平总书记提出，我们不可坐失良机，必须抓住机遇、赢得主动、有所作为，"及时确立发展战略……掌握新一轮全球科技竞争的战略主动。"① 他从战略支撑、战略目标、战略路径、战略方向等方面提出了战略对策。

首先，科技创新是战略支撑。从科技革命发展的规律看，科技革命的发生从来都不是偶然的，科技上的创新是科技革命发生的必然前提。新科技革命将带来更加激烈的科技竞争，"谁牵住了科技创新这个'牛鼻子'，谁走好了科技创新这步先手棋，谁就能占领先机、赢得优势。"② 抓住科技创新才能在战略上掌握新科技革命的主动权。党的十八大以来，习近平高度重视科技创新，他强调"必须把科技创新摆在国家发展全局的核心位置"③。其次，"建设世界科技强国"是战略目标。2016年5月，习近平在全国科技创新大会、两院院士大会、中国科协第九次全国代表大会上发出了要"建设世界科技强国"的号召。目标引领行动，"建设世界科技强国"的目标必将激励我们积极抓住新科技革命机遇，占领科技发展的战略制高点。再次，自主创新是战略路径。道路决定命运。我国如果仅仅依靠引进他国的科技成果，就永远摆脱不掉他国科学技术附庸的角色，或者说只会永远跟在别国后面亦步亦趋，这显然是无法提高自身国际竞争力的。习近平总书记指出，"我们是一个大国，在科技创新上要有自己的东西。一定

---

① 《习近平关于科技创新论述摘编》，中央文献出版社2016年版，第84页。
② 《习近平关于科技创新论述摘编》，中央文献出版社2016年版，第26页。
③ 《习近平关于科技创新论述摘编》，中央文献出版社2016年版，第26页。

要坚定不移走中国特色自主创新道路。"① 在激烈的科技竞争赛场中，只有走自主创新道路，把握竞争和发展的主动权，才能乘新科技革命之"东风"，实现由"跟跑者"向"同行者"、再到"领跑者"的转变。最后，科技创新要"面向世界科技前沿、面向经济主战场、面向国家重大需求"②，这充分体现了习近平总书记准确把握新科技革命的时代脉搏而做出的战略判断，这对指导中国的科技进步和社会发展具有十分重要的意义。③

## 第二节　新科技革命时代的中国发展机遇

中国特色社会主义进入了新时代，这是我国发展新的历史方位。④ 在新时代新征程，中国共产党的中心任务就是团结带领全国各族人民全面建成社会主义现代化强国、实现第二个百年奋斗目标，以中国式现代化全面推进中华民族伟大复兴。⑤ 这是新时代中国特色社会主义发展的战略安排。这与新科技革命的孕育兴起不期而遇，两者在时间上具有同步性，这是新时代中国发展难得的历史契机。从我国发展的立场看，新科技革命为我国实现建成社会主义现代化强国提供了历史机遇；从全球视野看，新科技革命正在重塑世界发展格局，中国有机会争取到发展的"领先机遇"。

---

① 《习近平关于科技创新论述摘编》，中央文献出版社2016年版，第40页。
② 习近平：《为建设世界科技强国而奋斗》，《人民日报》2016年6月1日。
③ 参见王丹、邱耕田《习近平新科技革命观论析》，《中共中央党校（国家行政学院）学报》2019年第3期。
④ 习近平：《决胜全面建成小康社会夺取新时代中国特色社会主义伟大胜利——在中国共产党第十九次全国代表大会上的讲话》，人民出版社2017年版，第10页。
⑤ 习近平：《高举中国特色社会主义伟大旗帜　为全面建设社会主义现代化国家而团结奋斗——在中国共产党第二十次全国代表大会上的报告》，人民出版社2022年版，第21页。

## 一、历史交汇：新科技革命与"全面推进强国建设"

党的二十大报告提出，全面建成社会主义现代化强国，总的战略安排是分两步走：从二〇二〇年到二〇三五年基本实现社会主义现代化；从二〇三五年到本世纪中叶把我国建成富强民主文明和谐美丽的社会主义现代化强国。[①] 党的二十届三中全会强调，当前和今后一个时期是以中国式现代化全面推进强国建设、民族复兴伟业的关键时期。[②] 而相关研究表明，预计二〇二〇年到本世纪中叶，正好是新一轮科技革命发生发展的关键时期。我国全面推进强国建设的发展实践与新科技革命的发生发展具有同时性、同步性甚至是同向性，这就使得二者有着天然而内在的关联性，这种关系主要表现为新科技革命为建成社会主义现代化强国所带来的难得的发展机遇上。

### （一）关于"全面推进强国建设"

党的二十大明确了以中国式现代化全面推进强国建设、民族复兴伟业的中心任务，提出"到本世纪中叶，把我国建设成为综合国力和国际影响力领先的社会主义现代化强国。"[③] 党的二十届三中全会指出，到二〇三五年，全面建成高水平社会主义市场经济体制，中国特色社会主义制度更加完善，基本实现国家治理体系和治理能力现代化，基本实现社会主义现代化，为到本世纪中

---

① 习近平：《高举中国特色社会主义伟大旗帜　为全面建设社会主义现代化国家而团结奋斗——在中国共产党第二十次全国代表大会上的报告》，人民出版社2022年版，第24页。
② 《中共中央关于进一步全面深化改革推进中国式现代化的决定》，人民出版社2024年版，第2页。
③ 习近平：《高举中国特色社会主义伟大旗帜　为全面建设社会主义现代化国家而团结奋斗——在中国共产党第二十次全国代表大会上的报告》，人民出版社2022年版，第25页。

叶全面建成社会主义现代化强国奠定坚实基础。①

在现代化强国的内涵和要求中，社会生产力发展水平要达到强国标准无疑是其根本要求，由此构成了现代化强国的客观尺度和物质基础。当前，我国实现了从站起来、富起来到强起来的伟大飞跃，这是由我国社会生产力水平极大提高决定的。但同时，我国生产力水平总体上还不够发达又决定了"我国仍处于并将长期处于社会主义初级阶段的基本国情没有变"②，决定了我国与世界强国之间还存在着较大差距。因此，建成现代化强国首先要使社会生产力发展水平达到强国标准。但现代化强国并不是指生产力因素的"独大"或一枝独秀，而是诸多力量的强大，它要追求全面的、综合的强大。我们要建成的现代化强国不只限于经济发展领域，还包括政治、文化、社会、生态等各领域的强大和优异。根据党的十九大报告对强国的描述，具体而言，强国在物质文明方面表现为人均收入水平、人均GDP、主要工业化、主要现代化等指标进入世界强国水平行列；在政治文明方面表现为社会主义民主政治建设、法治建设、政治文明建设等达到世界强国水平；在精神文明方面表现为先进文化建设、中华文化整体实力、文化软实力等达到世界强国水平；在社会文明方面表现为就业、公共服务与社会保障、人口健康与教育等指标达到世界强国水平；在生态文明方面表现为要建成世界现代化的绿色能源之国，成为全球生态文明建设的重要参与者、贡献者、引领者。

在全面推进强国建设的实践进程中，科学技术无疑是一个关键性的驱动要素。近代以来，科技日益上升为生产力系统中的牵

---

① 《中共中央关于进一步全面深化改革推进中国式现代化的决定》，人民出版社2024年版，第4页。
② 习近平：《决胜全面建成小康社会 夺取新时代中国特色社会主义伟大胜利——在中国共产党第十九次全国代表大会上的讲话》，人民出版社2017年版，第12页。

引要素，成了支撑经济社会发展的主导力量，这在世界主要发达国家表现得尤为明显。据统计，在发达国家的国民生产总值增长中，二十世纪初科技因素只占5%—20%的比重，到二十世纪五六十年代，该比重上升为50%，而目前则已达到甚至超过了80%。高度重视科技发展、积极抢占世界科技制高点，已然成为越来越多国家发展的战略重点，综合国力的竞争也日益表现为科技实力的较量。经过改革开放四十多年的努力，我国综合国力迈上了一个新的大台阶，但与世界强国之间仍有较大差距，主要原因就在于我国科技实力还不够强、科技对整个经济社会发展的支撑力不够充分。因此，正如习近平总书记所强调："没有坚实的物质技术基础，就不可能全面建成社会主义现代化强国"①"中国式现代化要靠科技现代化作支撑"②。要建成现代化强国离不开强大的科技支撑，通过增强科技实力以增强整个国家的发展实力。但如果还停留在前几次科技革命的基础上，显然是难以完成强国建设的历史任务的。这也意味着，所谓"增强科技实力"应当是新科技革命视阈内的科学技术。

**（二）新科技革命是全面推进强国建设的历史机遇**

基于唯物史观的角度分析，新科技革命能为全面推进强国建设指明方向。恰如前述，现代化强国首先必须是社会生产力要达到强国标准。而如何使社会生产力发展达到强国标准？关键在于把准当前生产力的突破口和生长点。由于我国生产力水平还处于由贫穷走向温饱进而走向全面小康的历史阶段，主要目标是把我

---

① 习近平：《高举中国特色社会主义伟大旗帜　为全面建设社会主义现代化国家而团结奋斗——在中国共产党第二十次全国代表大会上的报告》，人民出版社2022年版，第28页。
② 习近平：《在全国科技大会、国家科学技术奖励大会、两院院士大会上的讲话》，人民出版社2024年，第5页。

国建成大国，实现"富起来"的奋斗目标，因而在很长时期内我们都将物质要素作为支撑生产力发展的生长点，以开发自然资源、利用廉价劳动力等的做法拉动经济增长，这也导致了我国在上一轮科技革命中的发展效果不太理想。新一轮科技革命将带来全新的突破口和生长点。比如，新一代人工智能的应用正在影响着世界范围的经济社会发展，"物质结构、宇宙演化、生命起源、意识本质等一些重大科学问题的原创性突破正在开辟新前沿新方向，一些重大颠覆性技术创新正在创造新产业新业态，信息技术、生物技术、制造技术、新材料技术、新能源技术广泛渗透到几乎所有领域……"① 如果我们还保持原来的生产力发展思路和做法，是很难建成现代化强国的。我们需要及时做出调整，捕捉世界科技前沿、瞄准科技发展方向，更高层次、更大范围发挥科技对生产力的引领和促进作用。因此，从这个意义上讲，新科技革命为我国全面推进强国建设指明的方向，就是要利用正在出现的第六次科技革命所带来的新增长点，使我国经济走高端化、智能化、数字化、绿色化发展之路，以实现我国社会生产力的飞跃性发展，进而使我国整体实力达到高质量的水平。

结合发展现实分析，新科技革命为建成现代化强国提供战略支撑。经过改革开放四十多年的奋斗，我国综合国力、经济实力、国防实力、科技实力都进入了世界前列，我国的国家地位也得到了前所未有的提高，这是我国改革开放以来发展所取得的巨大成就，为我国建成现代化强国打下了坚实基础。但还必须清醒地看到，虽然目前我国的各项力量较之以往有很大增强，但发展的不平衡不充分问题也更加突出。所谓发展不平衡，是指社会各力量要素之间关系的不协调，有的力量要素相对强一些，有的则相对

---

① 《习近平谈治国理政》第 2 卷，外文出版社 2017 年版，第 268 页。

薄弱一些。比如，我国经济总量稳居世界第二，我国工业化、信息化、现代化的某些方面走在了世界前列，但诸如文化、科技等社会其他要素却相对较弱。不平衡还表现在产业失调、区域发展失衡、城乡发展差距较大、物质文明与精神文明发展不平衡等方面。所谓发展不充分，是指虽然我国经济体量大、产值高但大而不强、大而不优。例如，我国虽号称"制造业大国"，但质量效益偏低、竞争力偏弱、关键核心技术缺失。发展的不平衡不充分问题的存在，是我国仍处于发展中国家行列的重要表现。究其原因，一个重要方面在于我国科学技术的发展水平在总体上不高，科学技术对经济社会发展的支撑能力远远不够。因此，建设现代化强国必须着力解决发展不平衡不充分的问题，这就需要提高科学技术的支撑力。新科技革命的到来，将为我们更快地提高科技实力进而解决发展中的不平衡不充分的问题带来千载难逢的机遇。

从整体性的视角分析，新科技革命有助于增强现代化强国的整体性、协调性。现代化强国强调整体性发展，而整体性可以说是现代化强国的基本要求和表征。现代化强国需要提升发展的整体效能，以实现协调和平衡的发展，在这种平衡发展中追求全面发展。经过改革开放四十多年来的努力，我国社会各要素发展水平已在很大程度上得到提高，目前需要更加注重补齐发展的短板，而关键途径还在于依靠一系列的科技创新来达此目标并强化发展动力。比如，从经济要素看，我国解决经济发展中不少领域存在的大而不强、大而不优问题，需要依靠更多更好的科技创新为经济发展注入新动力；从社会要素看，我国需要依靠科技创新来解决贫困差距、人口老龄化、失业就业等发展问题；从生态要素看，我国在改革开放前期由于受当时优先解决温饱问题的压迫而走上了一条先污染、后治理的发展之路并积累了大量生态环境问题，解决这一问题也需要依靠更多更好的科技创新来实现我国的低代价发展并建设美丽中国；从安全要素看，当前我国正面临着日益复杂的风险压力，不仅包括经济、政治、意识形态、社会风险以及来自自然界的风险，而且还涉及粮食安全、能源安全、网络安全、生物安全、国防安全等的挑战，应对这些挑战或风险还需要依靠更多更好的科技创新来保障我国的总体安全，维护好我国总体上的和谐有序。新科技革命将是一场全新的科学和技术革命，它将带动"以绿色、智能、泛在为特征的群体性重大技术变革"①，并将深刻改变着经济社会的发展动力、发展模式甚至是发展格局。深度参与并融入到新科技革命的浪潮中，有助于我们利用高新、先进的科学技术更快更好地补齐我国在发展实践中所面临的"短板"，使我国经济社会发展更加凸显整体性、协调性，进而实现现代化强国的战略目标。

## 二、时代转弯：新科技革命重塑世界发展格局

从全球视野看，回顾历史，历次科技革命都深刻改变着世界发展格局。自蒸汽机革命以来，世界发展格局几度被改写，因为总有一些国家抓住了科技革命的重大机遇而迅速崛起并一跃成为世界强国。可以说，科技革命为我们提供了理解世界发展格局变革的"金钥匙"。在第一、第二次科技革命中，英国率先实现科技变革、成为当时的世界科技中心，在不到一百年的时间里由一个欧洲文明边缘的落后岛国发展成为世界头号强国，将世界各国远远甩在身后，因而在当时的世界发展格局中鹤立鸡群；在第三、第四次科技革命中，德国通过在关键科技领域的突破实现科技腾飞，用了三十年时间完成了英国历经一百年走完的工业化道路，后来居上而成为全世界新的最发达国家；而美国不仅抓住了第三、

---

① 《习近平谈治国理政》第 2 卷，外文出版社 2017 年版，第 268 页。

第四次科技革命的机遇，而且抢占了第五次科技革命的先机，在短短几十年的时间内从经济落后的殖民地一跃成为世界第一强国，至今仍独占鳌头。一些原本落后的小国，如日本、芬兰、丹麦等，也借前几次科技革命的机遇迅速崛起并升级为发达国家，甚至成为世界强国"俱乐部"中的一员。

如今，第六次科技革命"正在重构全球创新版图、重塑全球经济结构"①，世界发展格局将面临重新"洗牌"。在人工智能、大数据、物联网等核心科技的概念还没"声"入人心时，其发展内容就以"迅雷不及掩耳之势"突然大爆发，并迅速渗透到人类社会的各个领域中去，其量变时间之短、质变速度之快，让全人类都来不及做出反应。在这些迅猛发展的新兴科技面前，传统科技强国的发展优势已不再明显，世界上所有国家都被带到了同一起跑线上，而世界发展格局也将因各国的不同表现而重新布阵。同时，在新一轮科技革命中，由于新兴技术的分布式和去中心化特征，使得某个单一的国家想要控制关键领域技术几乎不可能，"分布式"技术必将促进世界经济向分布式结构转型，从而推动世界发展格局走向"分布式"。在分布式结构中，发展中国家无需等发达国家得到充分发展后才得以发展，技术、资金等生产要素也无需等传统的科技中心"溢出"后才分流到其他地区，这就使得世界经济的发展将分布得日益均匀。站在新一轮科技革命的门口，世界各国都有机会争夺领先机遇。

反观中国，近代以来，我国的国际地位逐渐由领先变为落后，一个重要原因就是，我们连续错失了前几次科技革命的巨大发展机遇。正是因为与前四次科技革命失之交臂，我国从"大清帝

---

① 习近平：《在中国科学院第十九次院士大会、中国工程院第十四次院士大会上的讲话》，人民出版社2018年版，第6页。

国"沦为半封建半殖民地国家,从历史上经济产值第一的国家衰变为落后挨打的国家。而在第五次科技革命中,我国虽然抓住了机遇,逐渐升级为工业化国家,但主要是靠对发达国家的模仿,充当的是"跟踪者"的角色,因而在第五次科技革命中表现平平,发展成绩并不显著,国际地位也没有得到应有提升。随着第六次科技革命的到来,我国发展将面临千载难逢之机遇:一是全球上一轮科技革命的"尾声机会",如人工智能、大数据、绿色能源等所带来的必须加快创新、迎头赶上的机遇。在这方面,中国正在奋起直追,特别是在大数据和人工智能方面,我国没有缺席且正在努力跟进中;二是新一轮科技革命所带来的"先声机遇",距第六次科技革命正式浮出"地平线"尚有一段时间,如果我们能及早准备、构筑先发优势、抢占战略制高点,就有机会在短时间内迎头赶上,甚至有可能实现"弯道超车",在新一轮科技革命中把握发展的主动权,向世界发展格局中的第一方阵进发。但必须同时看到,新科技革命的机遇稍纵即逝,如果抓不住就有可能重蹈历史覆辙,使我国面临着与发达国家间差距进一步拉大的严峻挑战,换言之,一旦错失发展机遇就会错过整整一个时代。

## 第三节　新科技革命视域中的高质量发展

党的十九届五中全会宣告,我国已转向高质量发展阶段,"十四五"时期经济社会发展要以推动高质量发展为主题。党的二十大、二十届三中全会先后强调"高质量发展是全面建设社会主义现代化国家的首要任务。"新时代以来,党中央作出一系列重大决策部署,推动高质量发展成为全党全社会的共识和自觉行动,高质量发展成为主旋律。世界新科技革命和产业变革同我国高质量发展形成了历史性交汇。站在这个交汇点上，我们需要抓住新科技革命和产业变革的重大历史机遇，以增强国家综合实力进而实现高质量发展。

## 一、高质量发展的基本内涵和要求

所谓高质量发展，是指建立在规模、速度、质量、效益、公平、安全和可持续等指标上的高水平发展，其本质在于发展方式由追求数量、规模和速度向追求质量和效益转变。概括而言，"高质量发展，就是从'有没有'转向'好不好'"[1]。具体而言，高质量发展就是"更高质量、更有效率、更加公平、更可持续、更为安全的发展"[2]。我们可从以下三个方面来把握高质量发展的基本内涵和要求：

其一，社会生产力发展达到高水平状态是高质量发展的根本要求。根据历史唯物主义的观点，生产力是社会发展的主要标准和根本决定力量，资本主义代替封建主义是生产力发展的结果，共产主义的实现也是"以生产力的巨大增长和高度发展为前提的"[3]。列宁就曾指出，生产力的发展是"整个社会发展的主要标准"[4]和"社会进步的最高标准"[5]。当前，我国已进入高质量发展阶段，这是由社会生产力的极大提高所决定的。但同时，我国生产力水平总体上还不够发达又决定了"我国仍处于并将长期处于社会主义初级阶段，我国仍然是世界上最大的发展中国家，发展仍然是我们党执政兴国的第一要务"[6]。因此，实现高质量发展

---

[1] 《习近平谈治国理政》第3卷，外文出版社2020年版，第239页。
[2] 《习近平谈治国理政》第4卷，外文出版社2022年版，第476页。
[3] 《马克思恩格斯文集》第1卷，人民出版社2009年版，第538页。
[4] 《列宁选集》第4卷，人民出版社2012年版，第466页。
[5] 《列宁全集》第16卷，人民出版社2017年版，第209页。
[6] 《习近平谈治国理政》第4卷，外文出版社2022年版，第113页。

首先要使生产力发展达到高水平状态,没有一定的发展水平就很难谈到发展的高质量。

其二,高质量发展是强调整体性的高水平发展。在马克思主义哲学看来,"每一个社会中的生产关系都形成一个统一的整体"①。整体性可以说是高质量发展的基本要求和表征。就高质量发展而言,整体性主要表现为构成社会系统的诸要素如政治、经济、文化、社会、生态等的全面和相对均衡的发展进步。② 因而,高质量发展是"经济、社会、文化、生态等各领域都要体现高质量发展的要求"③。换言之,高质量发展追求的是一种全面的、综合的高质量发展。

其三,科学技术是高质量发展的关键性驱动要素。马克思曾将科学看成是"历史的有力的杠杆"和"最高意义上的革命力量"④。邓小平也曾多次强调:"科学技术是第一生产力。"⑤ 历史证明,近代以来,科学技术日益成为生产力中最为活跃的牵引要素,成了支撑经济社会发展的主导力量,这在世界主要发达国家表现得尤为明显。据统计,在发达国家的国民生产总值增长中,20世纪初科技因素只占5%—20%的比重,到20世纪五六十年代,该比重上升为50%,而目前已经达到甚至超过了80%。高度重视科技发展、积极抢占世界科技制高点,已然成为越来越多国家发展的战略重点,放眼世界,综合国力的竞争也日益表现为科技实力的较量。当前,虽然我国科技事业发展取得了长足进步,但原始创新能力还相对薄弱,一些关键核心技术受制于人,顶尖

---

① 《马克思恩格斯文集》第1卷,人民出版社2009年版,第603页。
② 邱耕田:《整体性发展论》,社会科学文献出版社2020年版,第64页。
③ 《习近平谈治国理政》第4卷,外文出版社2022年版,第114页。
④ 《马克思恩格斯全集》第19卷,人民出版社2016年版,第372页。
⑤ 《邓小平文选》第3卷,人民出版社1993年版,第274页。

科技人才不足。① 习近平总书记强调："实现高质量发展要靠科技创新培育新动能。"② 科技力量的发挥直接影响到我国高质量发展的实现进度和高度。

面对新一轮科技革命，我们的基本方略应当是通过增强科技实力以推动高质量发展。而所谓的"增强科技实力"应当是新科技革命视阈内的力量要素。因为我国高质量发展的实践与新科技革命有着天然而内在的关联性，这种内在关联主要体现在新科技革命为我国高质量发展所提供着难得的战略机遇。

## 二、新科技革命有助于增强高质量发展的协调性和均衡性

在马克思主义哲学看来，既然一个整体可以发挥出比各构成要素功能之和更大的功能，那么在实践中就应当力求整体功能的最优化。只有注意调整各要素之间的关系，使之有机统一、相互协调，才能使整体持续保持最优化的状态。一言以蔽之，高质量发展需要提升发展的整体效能，以实现协调的、均衡的发展。改革开放以来，我国社会各要素发展水平已有很大提高，但目前发展中还存在着诸多短板弱项。为此我们需要更加注重补齐发展的短板，其中的关键途径就在于要依靠大幅增加高质量科技供给来达此目标。新科技革命是一场全新的科学和技术革命，信息技术、生物技术、新材料技术、新能源技术等颠覆性技术正在排浪式涌现并渗透到几乎所有的发展领域。深度参与并融入到新科技革命浪潮中，有助于我们利用高质量科技补齐我国发展建设中所面临的一系列短板，并在更高层次上发挥科技发展对推动经济社会协

---

① 习近平：《在全国科技大会、国家科学技术奖励大会、两院院士大会上的讲话》，人民出版社2024年版，第5页。
② 习近平：《在全国科技大会、国家科学技术奖励大会、两院院士大会上的讲话》，人民出版社2024年版，第5页。

调发展的积极作用,为推动新型工业化、信息化、城镇化、农业现代化同步发展提供有力支持,使我国经济社会发展更加凸显整体性协调性,进而实现一种全面系统的高质量发展。

### 三、如何把握新科技革命机遇以实现高质量发展

正如习近平总书记所强调的:"新科技革命和产业变革将是最难掌控但必须面对的不确定性因素之一,抓住了就是机遇,抓不住就是挑战。"① 在推动高质量发展的实践进程中,我们必须紧紧抓住和用好新科技革命所带来的难得机遇。那么,如何抓住并利用好新科技革命的机遇推动高质量发展呢?从根本上讲,重要着力点在于以新科技革命赋能新质生产力,以新质生产力推动高质量发展。(此内容将在本书第六章第三节进行展开详细论述)展开而言,需要以新发展理念为指引、以高质量顶层设计为抓手、以深化科技体制机制改革为动力。

#### (一)以新发展理念为引领,推动新科技革命向高质量发展充分涌流转化

高质量发展"是体现新发展理念的发展"②。在新科技革命机遇中推动高质量发展,需要将创新、协调、绿色、开放、共享的新发展理念贯穿发展全过程和各领域。

创新驱动发展,是高质量发展的第一动力。实施创新驱动发展战略,是高质量发展的战略支撑。利用新科技革命的机遇推动高质量发展,关键在于依靠科技创新实现发展动力的提档升级。当前,以人工智能、大数据、量子信息、物联网、区块链等为代表的新一代信息技术正在加速突破应用,智能化、信息化、数字

---

① 中共中央文献研究室:《习近平关于科技创新论述摘编》,中央文献出版社2016年版,第78页。
② 《习近平谈治国理政》第3卷,外文出版社2020年版,第238页。

化、网络化正在融合发展，我们需要把握住这一契机并以此为杠杆培育新动能，加强科技创新特别是原创性、颠覆性科技创新，为高质量发展提供高质量科技供给。为此，强化国家战略科技力量，有组织推进战略导向的原创性、基础性研究。要聚焦国家战略和经济社会发展现实需要，以关键共性技术、前沿引领技术、现代工程技术、颠覆性技术创新为突破口，充分发挥新型举国体制优势，打好关键核心技术攻坚战，使原创性、颠覆性科技创新成果竞相涌现[1]，培育实现高质量发展的新动能。

协调强调发展的整体平衡性，是高质量发展的内生特点。要实现高质量发展，还必须在发展布局上更加注重发展的协调性。利用好新科技革命机遇推动高质量发展，不仅要注重经济社会协调发展，还要处理好社会发展的全局与局部、当前与长远、重点与非重点的关系，着力推进区域协调发展、缩小城乡差距，展现"当高楼大厦在我国大地上遍地林立时，中华民族精神的大厦也应该巍然耸立"[2]的时代画卷。只有实现各方面、各要素的协调发展、平衡增长，才能实现一种真正的高质量发展。而在协调发展中，科技因素发挥着不容忽视的作用，有些短板就需要通过新科技革命的渗透转化予以补齐。例如，生态文明建设是我国发展中的突出短板。要想补上生态文明建设这块短板，就需要通过采用新材料新技术来摒弃以往"过多依赖增加物质资源消耗、过多依赖规模粗放扩张、过多依赖高能耗高排放产业的发展模式"[3]，用尽可能少的资源消耗和最低的环境代价来获取最大的经济社会效益。

绿色强调人与自然和谐共生，是高质量发展的底色。由于

---

[1] 习近平：《发展新质生产力是推动高质量发展的内在要求和重要着力点》，《求是》2024年第11期。
[2] 习近平：《在文艺工作座谈会上的讲话》，人民出版社2015年版，第6页。
[3] 《习近平谈治国理政》第2卷，外文出版社2017年版，第395页。

## 第五章　新科技革命与新时代中国的发展

"人靠自然界生活"①，因而以破坏自然环境为代价的发展是不可持续的。如果没有发展的可持续性，高质量发展无从谈起、无法走远。只有坚持低代价的绿色发展，才能使我们在自然界的"母体"中持续地获得发展所需的"给养"。就利用新科技革命机遇推动高质量发展而言，一方面，绿色发展的有效施行离不开科技因素的注入。当前，我国的发展方式还具有较为突出的高耗低效性，只有通过新的科学技术武装或包装起来的发展方式包括生产方式、生活方式才能在发展中减少对自然环境的冲击和压力；为此，加快绿色科技创新和先进绿色技术推广应用，做强绿色制造业，发展绿色服务业，壮大绿色能源产业，发展绿色低碳产业和供应链，构建绿色低碳循环经济体系。②另一方面，要以绿色来约束科技革命、科技进步，使科学技术包括新科技革命能在保护环境、促进发展的正确方向上用力，使科技成为保护绿色、改善生态环境质量的重要手段。③为此，持续优化支持绿色低碳发展的经济政策工具箱，发挥绿色金融的牵引作用，打造高效生态绿色产业集群。④

开放倡导发展的内外联动，是高质量发展的必由之路。科学技术具有世界性。抢抓新科技革命的发展机遇，就要实施更高层次的对外开放，开拓合作共赢新局面，全方位加强国际科技交流与合作，更好地吸引国际资源要素，积极利用好全球共同创造的新科技成果，在更高起点上推进我国的自主创新，将世界的发展

---

① 《马克思恩格斯文集》第 1 卷，人民出版社 2009 年版，第 161 页。
② 习近平：《发展新质生产力是推动高质量发展的内在要求和重要着力点》，《求是》2024 年第 11 期。
③ 王丹、邱耕田：《习近平新科技革命观论析》，《中共中央党校（国家行政学院）学报》2019 年第 3 期。
④ 习近平：《发展新质生产力是推动高质量发展的内在要求和重要着力点》，《求是》2024 年第 11 期。

机遇转变为中国的发展机遇。同时，还要协调好开放和自主的关系，构建以国内大循环为主体、国内国际双循环相互促进的新发展格局[1]，扩大高水平对外开放，为推动高质量发展营造良好国际环境。

共享强调社会公平正义，是高质量发展的根本目的。习近平总书记指出："高质量发展，就是能够很好满足人民日益增长的美好生活需要的发展。"[2] 我们应该将实现人民对美好生活的向往作为抓住并利用新科技革命机遇的价值取向，把满足广大群众对高品质生活的追求作为科技创新的落脚点，把惠民、利民、富民、改善民生作为科技发展的重要方向。只有以广大人民群众为受益主体的创新才能算得上是真正有价值的创新，而只有实现全体人民共同富裕，才能真正体现高质量发展的价值意义。

**（二）以高质量顶层设计为抓手，在新科技革命的机遇中绘就高质量发展蓝图**

首先，要以系统观念谋划推动高质量发展。谋全局者，方能谋一域。要以国家重大战略需求和民生现实需求为导向，瞄准关系根本和发展全局的科技问题，加强前瞻性思考、全局性谋划、战略性布局、整体性推进。[3] 具体而言，一是坚持整体推进与重点突破相结合。高质量发展表面上看是生产力本身的行为过程，但实际涉及经济、政治、文化等各方面优化强化的表现。因此，需要推进科技发展与政治、经济、文化、社会、生态文明等社会系统各要素互联互动，把"推进理论创新、制度创新、科技创新、

---

[1]《习近平谈治国理政》第4卷，外文出版社2022年版，第114页。
[2]《习近平谈治国理政》第3卷，外文出版社2020年版，第238页。
[3]《中国共产党第十九届中央委员会第五次全体会议文件汇编》，人民出版社2020年版，第26页。

文化创新等各方面创新"① 有机衔接起来，形成推动高质量发展的强大合力。同时，需要注重科技在社会发展中的关键作用，紧紧牵住科技创新这个"牛鼻子"，在前瞻性、战略性领域下好"先手棋"，以重要领域和关键环节的突破带动高质量发展的全局。二是坚持登高望远与立足现实相结合。既要放眼世界，把握全球科技发展和变革的大趋势，对战略性新兴产业领域和关键共性技术、颠覆性技术、前沿引领性技术创新进行中长期前瞻性规划；又要立足国情，找准我国科技发展应走的路径，确定跟进和突破策略，对关键领域和卡脖子的核心技术全力攻关、尽早突破。既要放眼未来，又要着眼当前，把高质量发展的实践需要同现实能力、长远目标与近期工作统筹起来予以考虑，按照有所为有所不为的方针，提出切合实际的发展方向、目标与工作重点。

其次，要以大历史观看待新科技革命的发展机遇。以史为鉴，可以知兴替。回顾往昔，是为了更好地把握当下、开创未来。我们需要将中国科技发展置于近代以来科技革命的历史进程中去考察，根据当时的具体历史条件和实践需要来评判中国在前几次科技革命中的反应。在总结经验教训的基础上，谋划如何抓住新一轮科技革命的机遇推动实现高质量发展。

最后，高质量顶层设计还需要高质量党建的引领推动。"办好中国的事情，关键在党。"② 高质量党建是整个经济社会发展获得高质量的根本政治保证。因此，"党和人民事业发展到什么阶段，党的建设就要推进到什么阶段"③。在新一轮科技革命中，我们需要提高党把大方向、谋大局、定大战略的能力，以使新科技革命的作用在我国高质量发展的进程中得以淋漓尽致地发挥，正确把

---

① 《习近平关于科技创新论述摘编》，中央文献出版社2016年版，第9页。
② 《习近平谈治国理政》第2卷，外文出版社2017年版，第43页。
③ 《习近平谈治国理政》第2卷，外文出版社2017年版，第43页。

握新科技革命与高质量发展相结合的实践方向,在战略谋划、扬长避短中应对新科技革命所可能带来的潜在风险。

**(三)以深化体制机制改革为动力,打通从科技强到经济强、国家强的通道**

创新决胜未来,改革关乎国运。在新科技革命的机遇中推动高质量发展,最紧迫的是通过体制机制改革来破除相关障碍。由于"科技领域是最需要不断改革的领域"①,我们首先要深化科技体制机制改革。而科技体制机制的改革是一个系统工程,关键在于坚持以下四个方面的基本原则:

一是坚持战略引领,促进科技和经济紧密结合。科技与经济"两张皮"问题是长期制约我国经济社会发展的痼疾,也是我国与世界发达国家差距较大的原因之所在。在新一轮科技革命中推动高质量发展,必须将科技创新成果转化为推动经济社会发展的现实生产力,科技创新成果转化为现实生产力,表现形式为催生新产业、推动产业深度转型升级。因此,我们要及时将科技创新成果应用到具体产业和产业链上,改造提升传统产业,培育壮大新兴产业,布局建设未来产业,完善现代化产业体系,进而实现科技与经济发展之间的深度融合,进一步提高科技创新对经济社会发展的贡献率。同时,深化科技成果转化机制改革,加强国家技术转移体系建设,允许科技人员在科技成果转化收益分配上有更大自主权,建立职务科技成果资产单列管理制度,深化职务科技成果赋权改革。②

二是坚持问题导向,通过创新体制机制改革突破高质量发展的瓶颈制约。长期以来,我国科技创新体制机制存在一些较为突

---

① 《习近平谈治国理政》第3卷,外文出版社2020年版,第249页。
② 《中共中央关于进一步全面深化改革推进中国式现代化的决定》,人民出版社2024年版,第16页。

出的问题，比如科技创新资源分散、重复、低效问题还未得到根本解决，技术创新体系薄弱，创新评价激励机制不够健全等。对此，需要转变政府的科技管理职能，破除各种行政壁垒，充分发挥市场在科技创新资源配置中的基础性作用。通过改革为科技创新打破束缚、释放潜力、注入动力，提升国家创新体系的整体效能，建立起适应新兴科学和技术发展的管理架构，激发各类主体的创新激情与活力。例如，允许更多符合条件的国有企业以创新创造为导向，在科研人员中开展多种形式中长期激励。同时，构建科技安全风险监测预警和应对体系，加强科技基础条件自主保障。健全科技社团管理制度。扩大国际科技交流合作，鼓励在华设立国际科技组织，优化高校、科研院所、科技社团对外专业交流合作管理机制。[1]

三是坚持以人为本，深化人才发展体制机制改革。事在人为，高质量发展是靠人才干出来的。需要加快形成有利于人才成长的培养机制、人尽其才的使用机制、竞相成长各展其能的激励机制、各类人才脱颖而出的竞争机制，构建有效的引才用才机制。[2] 根据发展需要构筑集聚国内外优秀人才的科研创新基地，造就一大批能够把握全球科技创新前沿趋势的战略科技人才，着力培养造就战略科学家、一流科技领军人才和创新团队，着力培养造就卓越工程师、大国工匠、高技能人才，提高各类人才素质。完善人才有序流动机制，促进人才区域合理布局，完善青年创新人才发现、选拔、培养机制，健全保障科研人员专心科研制度。同时，强化人才激励机制，坚持向用人主体授权、为人才松绑。建立以创新能力、质量、实效、贡献为导向的人才评价体系。打通高校、科

---

[1] 《中共中央关于进一步全面深化改革推进中国式现代化的决定》，人民出版社2024年版，第15、16页。
[2] 《习近平谈治国理政》第3卷，外文出版社2020年版，第254页。

研院所和企业人才交流通道。完善海外引进人才支持保障机制，形成具有国际竞争力的人才制度体系。探索建立高技术人才移民制度。①

四是坚持全面发力、多点突破，深化系统性体制机制改革。由于高质量发展不仅是对经济工作的要求，而且是贯通社会主义现代化建设各方面各领域各环节的要求，因此必须将科技体制机制改革与政治、经济、文化、社会、生态文明以及党的建设等各方面体制机制改革结合起来，使各项改革举措相互配合、相互促进、相得益彰，以打通从科技强到经济强、再到国家强的必由通道。

---

① 《中共中央关于进一步全面深化改革推进中国式现代化的决定》，人民出版社2024年版，第17页。

第六章

# 取道关键变量：于百年变局中开新局

"放眼世界，我们面对的是百年未有之大变局。"①"百年变局"的重大判断揭示了当代世界发展不确定、不稳定和敏感脆弱的走势，这对社会发展、文明演进来说，无疑是前所未有的挑战。其中，科技创新无疑是关键变量。

"百年未有之大变局"首先涵盖社会经济发展阶段、方式、目标的内外环境的改变，比以往任何时候都要求我们必须牢牢抓住科技创新这个"牛鼻子"。就外部发展环境而言，在激烈的国际竞争面前，在单边主义、保护主义上升的大背景下，我们必须走出适合国情的创新路子，特别是把原始创新能力提升摆在更加突出的位置。就内部发展环境来说，我国"十四五"时期以及更长时期的发展对加快科技创新提出了更为迫切的要求。正如习近平总书记指出："现在，我国经济社会发展和民生改善比过去任何时候都更加需要科学技术解决方案，都更加需要增强创新这个第一动力。""百年未有之大变局"更包含现代化建设路径之变，社会主义要赢得相对于资本主义的比较优势，就必须引领新一轮科技革命的浪潮。2018年7月，习近平总书记在南非约翰内斯堡参加金砖国家峰会时提出，金砖国家应该形成"第四次工业革命联盟"。如果能够把握住新一轮科技革命的机遇，大力发展中国的生产力，便能够进一步证明原创的中国特色社会主义道路的现代性。在新一轮科技革命大潮到来之际，世界主要经济体都在积极实施创新驱动发展战略，纷纷拿出了各自的应对之策，美国的"先进制造业国家战略计划"、德国的《2020高技术战略》、日本的"科技工业联盟"、英国的"工业2050战略"等相继推出。中国要把握住新一轮工业革命和产业革命的契机，就必须加速科技创新，加快供给侧结构性改革，加紧补上现代化的"短板"。

---

① 《习近平接见二〇一七年度驻外使节工作会议与会使节并发表重要讲话》，《人民日报》2017年12月29日。

## 第一节　文明演进视域下的百年变局

唯物史观视域下，人类历史的变迁归根结底是由社会历史客观规律决定的，百年变局的根本动力在于生产力与生产关系的矛盾运动，直接动力是科技进步与经济发展。在以新科技革命为核心特征的新型生产力驱动下，世界百年变局呈现出鲜明的当代特征。直观来看，世界百年变局首先是世界力量发生重大调整的变局，表现为"南荣北衰"与"东升西降"，呈现出社会主义与资本主义的均衡化趋势。在文明演进的世界历史性视域推扩中，百年变局同时也是人类文明向更高级形态演进的历史进程。

### 一、百年变局的根本动力和直接动力

唯物史观揭示了四个事实：首先，历史的第一个前提是现实的个人，人们只有能够生活才能创造历史。其次，人们生活得到满足之后又会产生新的需要，新需要的产生是第一个历史活动。再次，人们在物质生产实践中产生了不以人的意志为转移的社会关系。"人们所达到的生产力的总和决定着社会状况"①，人们所处的历史起点是由当下的生产力水平决定的。最后，在现实基础上形成反映客观对象的意识。唯物史观揭示了人类历史发展的规律，强调从政治经济学中去寻找理解社会的钥匙。一言以蔽之："物质生活的生产方式制约着整个社会生活、政治生活和精神生活的过程，不是人们的意识决定人们的存在，相反，是人们的社会存在决定人们的意识。"② 更直接的表述就是"历史中的决定性因

---

① 《马克思恩格斯文集》第 1 卷，人民出版社 2009 年版，第 533 页。
② 《马克思恩格斯文集》第 2 卷，人民出版社 2009 年版，第 591 页。

素，归根结底是直接生活的生产和再生产"①。

## （一）经济和科技：社会变量中最大的不变量

纵观整个人类文明发展，历经蒙昧时代、野蛮时代和文明时代，在这从低级到高级的社会进阶过程中，起决定性作用的、归根结底的因素是经济。"人类进步的一切大的时代，是跟生活来源扩充的各时代多少直接相符合的。"② 世界百年巨变，其基本动力仍然需要到政治经济学中去寻找。从世界五百年的宏观历史来看，真正引起世界巨变的动力因素是经济和科技。生产力发展到一定阶段，市民、城市、手工业、阶级等因素破土而出，传统的自然经济关系被商品经济关系取代，在原始共同体的边缘滋生出了现代资本的幼芽。"火药把骑士阶层炸得粉碎，指南针打开了世界市场并建立了殖民地，而印刷术……变成科学复兴的手段，变成对精神发展创造必要前提的最强大的杠杆。"③ 在资本力量的推动下，生产工具、通讯手段、交通方式以及人的生活方式都发生了颠覆性的改变，蒸汽机缩短了地球的距离，机器描摹了世界市场图景，催生了资本主义的生产方式，新航路开辟了人类历史新纪元。自此，割裂的民族历史发展为世界历史，全球的人类文明相互交融，世界迎来了现代的巨变。由现代资本力量推动的世界变迁并未就此止步。随着生产力和科学技术的发展，英国占据了工业革命的高地，取代了西班牙、葡萄牙、荷兰曾在人类历史上的地位，成为红极一时的"日不落帝国"，书写了蒸汽时代的神话，世界的政治经济权力中心落到了欧洲。到十九世纪七十年代，第三次科技革命开启了电气时代，资本主义发展至金融垄断阶段，西方开始"群起模仿"，曾经落后的德国、法国分别效仿英国，

---

① 《马克思恩格斯文集》第 4 卷，人民出版社 2009 年版，第 15 页。
② 《马克思恩格斯文集》第 4 卷，人民出版社 2009 年版，第 32 页。
③ 《马克思恩格斯全集》第 47 卷，人民出版社 1979 年版，第 427 页。

走上了资本主义道路。第二次世界大战之后，美国抓住了战争和第四、五次科技革命的契机，一举成为超级大国，世界政治经济权力中心由大西洋彼岸转移至美国。美国凭借其超级大国的地位，构筑了以资本为纽带的全球治理体系，绘制并主导了影响当代世界发展的政治经济体系。2008年金融危机之后，资本主义经济的脆弱性和政治民主的虚伪性暴露无遗。虽然美国在经济上依然保持着强国的地位，但是"脱实向虚"的经济现实加重了美国经济负担，福利国家政策的失败打碎了"美国梦"，最后引发了"占领华尔街"运动。美国的统治神话逐渐暗淡失色，即便自诩超级大国也无力挽救疲软乏力的经济局面，甚至在新兴国家崛起之际，举起贸易保护主义的旗帜掀起"逆全球化"浪潮。而以中国为代表的新兴市场国家和发展中国家迅速崛起，释放出强大的经济活力，国际格局在以美国为代表的统治衰微和以中国为代表的发展复兴对比中出现了变动，钟摆开始逐渐向东方世界倾斜，人类社会历史在科技和经济的驱动下又迎来了新一轮的洗牌。

马克思曾用"动荡"二字描述资产阶级时代。"生产的不断变革，一切社会状况不停的动荡，永远的不安定和变动，这就是资产阶级时代不同于过去一切时代的地方。一切固定的僵化的关系以及与之相适应的素被尊崇的观念和见解都被消除了，一切新形成的关系等不到固定下来就陈旧了。一切等级的和固定的东西都烟消云散了，一切神圣的东西都被亵渎了。"① 这个描述不仅适用于马克思所处的资本主义自由竞争时代，也适用于充满不确定性的当代世界。但这并不是说历史的发展与变迁是无迹可寻的。世界变局的基本动力蕴藏在经济和科技中，这是社会变量中最大的不变量，是人类历史发展必然要遵循的规律。"在现代历史中至

---

① 《马克思恩格斯文集》第2卷，人民出版社2009年版，第34—35页。

少已经证明,一切政治斗争都是阶级斗争,而一切争取解放的阶级斗争,尽管它必然地具有政治的形式(因为一切阶级斗争都是政治斗争),归根到底都是围绕着经济解放进行的。"① 也就是科技—经济这个"不变量"的存在,为厘清当代世界变迁的实质、判定历史发展的未来走向、拟定改造世界的方案提供了线索和现实基础。诚如习近平总书记所言,"当今世界的变局百年未有,变革会催生新的机遇,但变革过程往往充满着风险挑战"。② 可以说,这不仅是一个不可捉摸、难以确定的时代,更是一个大有作为、大显身手的时代。

科技进步与经济发展是百年变局的直接动力,决定着人类社会的发展走向和历史起点。从生产力自身来说,它是历史发展的最根本动力,并且随着科学技术的发展而随时变动。这似乎说明了科技—经济因素自身的多变性和不稳定性。倘若将其放置于世界大变局的历史坐标中便会发现,科技—经济因素是变局中最大的不变量参数。因为它昭示了人类社会发展必然要遵循的客观规律,而规律是不以人的意志为转移的。说到底,它是根本上的、决定性的力量,嵌在人类历史的肌体中,塑造了能反映生产力发展水平的具有时代特色的世界图景。无论世界图景如何变幻莫测,都能在科技—经济因素中找到答案,破译世界变局的难题。当然,科技—经济因素背后是客观需求力量在起作用,至于生产力发展水平达到何种程度,世界变局调整至何种状态,表现为世界力量的重大调整。也就是说,世界百年变局最直观的表现是世界力量的变迁与调整,而世界力量又体现在经济、政治和文化等方面。

**(二) 世界力量的变迁与调整:百年变局的最直观表现**

关于"南荣北衰"的经济形势。在世界市场诞生之前,人们

---

① 《马克思恩格斯文集》第4卷,人民出版社2009年版,第306页。
② 《习近平谈治国理政》第3卷,外文出版社2020年版,第455页。

的物质生产实践活动呈现出碎片化、相互割裂、各自为政的特点,形成了以河流为生命线、自给自足的自然经济体。新航路开辟之后,彼时的世界经济在资本力量的推动下构筑了以西欧为中心并向四周辐散开来的经济关系格局。由于资本主义经济体系内部发展不平衡加剧,引发大规模的世界战争,老牌资本主义国家被新生的资本主义国家取代。英国国力逐渐式微,法国经济改革困难重重,德国战后赔款经济实力一落千丈。纵然西欧各国采取了抱团取暖的政策,也难以遏制欧盟内部分裂形势的恶化。最后英国选择了脱欧。美国抓住了战争经济的契机,同时推进第四、五次科技革命,摇身一变成为世界超级大国,经济中心由西欧转移至美国。2008年金融危机爆发后,美国主导的世界经济疲软乏力。面对新兴市场国家的崛起,美国丢卒保车掀起逆全球化浪潮,曾经引以为傲的北方发达国家却自身难保。邓小平着眼于和平与发展的时代主题,强调"现在世界上真正大的问题,带全球性的战略问题,一个是和平问题,一个是经济问题或者说发展问题。和平问题是东西问题,发展问题是南北问题"①。南北问题又是核心问题。中国倡导以"南南合作"推动"南北合作",从加入世贸组织到成为金砖国家成员,再到成立亚投行、推进"一带一路"建设、举办进博会等经济实践活动。南方新兴市场国家正竭力释放发展活力,尝试给全球经济一剂强心针。在2018年金砖国家工商论坛上,习近平主席就对金砖国家的世界贡献作了说明:"保持现在的发展速度,10年后将接近世界总量一半。"② 另根据相关机构的估算,到2035年,发展中国家GDP规模将超过发达经济体,在全球经济和投资中的比重接近60%,部分亚洲和非洲国家将是

---

① 《邓小平文选》第3卷,人民出版社1993年版,第105页。
② 《习近平谈治国理政》第3卷,外文出版社2020年版,第445页。

全球经济的领跑者。① 可见，当代世界的经济格局正呈现出"南荣北衰"发展态势，经济权力中心不断由北向南迁移。

关于"东升西降"的权力迁移。就像资产阶级在经济上获得胜利之后转而寻求政治统治地位一样，世界政治格局也会随着经济关系的变迁而发生重大变动。当资本力量席卷全球之后，传统的政治统治关系被颠覆，现代国家在资本地带应运而生。英国在工业革命之后成了经济强国。经济上的蜕变连带政治上的震动，光荣革命之后，英国成了名副其实的资本主义国家，开启了现代国家建设与发展的新篇章。自此之后，全球各国的传统政治结构已然摇摇欲坠，在血与火的激战中纷纷走上了资本主义的道路，形成了以西欧国家为中心的世界政治统治秩序。在资本主义经济利益纠纷中，资本主义政治体系的脆弱性为重塑世界政治格局打开了缺口。第一次世界大战不仅建立了凡尔赛—华盛顿体系，形成了以国际联盟为基础的国际秩序，还催生了世界上第一个社会主义国家，打破了资本主义一统天下的世界格局。但第二次世界大战的爆发，击碎了凡尔赛—华盛顿体系，代之以布雷顿森林体系为代表的国际政治经济秩序。不同国际政治体系更替的背后，反映的是国际权力中心的东移现实。这意味着美国和苏联成为国际关系中举足轻重的超级大国，以欧洲为中心的国际格局一去不复返，世界权力中心的接力棒由美国接手。当美国取得美苏争霸赛胜利之后，其超级大国的地位得到了巩固。纵然布雷顿森林体系在经济滞胀的危机中走向崩溃，美国的霸主地位却不可撼动，更何况，沿用至今的国际政治经济治理体系仍然掌握在美国手中。但是，2008年金融危机之后，美国的政治文明和全球治理能力受

---

① 国务院发展研究中心课题组：《百年大变局——国际经济格局新变化》（上），中国发展出版社2018年版，第8页。

到各方的质疑。特别是当西方世界无力招架新兴市场国家的挑战时，举起了贸易保护主义的旗帜，美其名曰"自我保护"，不仅没能引导全球重建衰败的治理秩序，还试图转移矛盾。有人将其形容为："今天的美国已经变成了一个受国际财团即华尔街压迫和剥削的半殖民地国家。"① 在此背景之下，东方国家开始积极寻求新的出路。全球的治理体系出现了重大变化，发展中国家崭露头角，敢于发声，由发达国家垄断的全球治理话语权被改写。所有这些变化都证明了，"发达国家已经无法像过去那样完全垄断国际规则"。② 西方势力逐渐式微，东方力量逐渐崛起，国际世界的政治权力结构呈现出"东升西降"的局面。

## 二、百年变局是人类文明向更高级形态演进的历史进程

从根本上讲，百年变局的根本原因是生产力的发展，其最直观的表现是世界力量的大变动。更进一步来看，在各种力量的综合发力下，形成了不以人的意志为转移的生产关系，并以社会制度的形式呈现出来。从各力量的综合情况来看，世界变局蕴含着世界两大制度趋向均衡的要义，昭示着社会主义在当代世界重新焕发出新的活力，指明了人类历史发展的未来方向。但仅从表象上对百年变局的特征进行考证是不够的。因为人类社会发展的内核实际上是人类文明的发展。因此，对百年变局的审视，还需要上升到人类文明发展的高度。

### （一）百年变局与资本主义、社会主义两种制度关系重构

有学者基于社会主义制度与资本主义制度并存的现实，把社

---

① 张文木：《新时代中美关系特点及其本质——兼析苏联后期的外交失误及目前"新冷战"概念的错误》，《世界社会主义研究》2018 年第 7 期。
② 谢长安、李时坤：《马克思世界历史理论视野下的百年未有之大变局》，《中国井冈山干部学院学报》2020 年第 3 期。

会制度之间的调整分为三个阶段，"第一个阶段就是十月革命后到'二战'前，是新兴的苏维埃社会主义一个国家与资本主义阵营之间的较量。第二个阶段就是'二战'后到冷战结束，是两大阵营的较量。'二战'后出现了一大批社会主义国家，出现了社会主义阵营"①。目前，社会制度大调整已经步入了第三个阶段，即"中国特色社会主义逐渐壮大，与资本主义阵营在共处中进行各种形式较量的时期"②。但若从大历史观出发考察，世界百年未有之大变局实际上是两大社会制度日趋均衡的大变局。

在资本主义社会之前，社会关系呈现出多元化的特征。随着生产力的发展，社会内部出现了贫富差别，出现了阶级。但整体而言，整个社会并没有分裂为两大对立的阶级，而是牵扯诸多利益主体，互相牵制，甚至出现了政治立场摇摆不定的"第三方"势力。当资本主义生产方式在世界范围内建立起绝对的统治地位之后，资本主义制度也顺势成了统霸全球的社会制度。自此，整个世界都被卷入到了资本主义的生产关系之中。在资本主义制度的肆虐中，传统的制度基础濒临崩溃，后发国家也逐渐沦为资本增殖运动的附属品和践踏的对象。资本主义制度不仅建立了强制全球遵循的统治规则，还一并消除了落后的制度基础，建立了绝对的统治地位。但是，这种至高无上的绝对统治力量充满了血腥与暴力。用马克思的话来说："美洲金银产地的发现，土著居民的被剿灭、被奴役和被埋葬于矿井，对东印度开始进行的征服和掠夺，非洲变成商业性地猎获黑人的场所——这一切标志着资本主

---

① 海娜：《百年未有之大变局下世界社会主义运动发展态势研究述要》，《毛泽东邓小平理论研究》2022 年第 3 期。
② 辛向阳：《科学社会主义视野下百年未有之大变局》，《世界社会主义研究》2019 年第 10 期。

义生产时代的曙光。"① 资本主义制度曙光所照射的地方，都体现为有组织的社会暴力。资本主义将铁蹄踏入印度境内，摧毁了当地人的生存根基，却并没有建立起新的制度基础。也就是在资本力量不断扩张的进程中，资本主义制度一枝独秀，以绝对的碾压优势傲视群雄。在资本主义内部矛盾迭起、世界大战一触即发的内忧外患下，苏俄趁机退出世界战争，取得十月革命的胜利并建立了世界上第一个社会主义国家。苏联新生政权的诞生打破了资本主义一统天下的局面，世界格局演变为社会主义制度与资本主义制度之间的较量，进一步升级为世界级的冷战。遗憾的是，第二次世界大战之后，美国取得超级大国的地位，美苏之间的争霸以美国胜利、苏联解体告终。由于苏联留下了社会主义制度的"星星之火"，世界格局仍然没有重返资本主义一统天下的时期，而是表现为资本主义阵营与社会主义阵营之间的角逐。在这场角逐中，资本主义国家始终占据主动权，主导了发展与治理的话语权，凭借其强大的资本力量将世界体系划分为"中心—边缘"的等级关系，把发展中国家排挤在中心圈层之外，同时不断扩充其政治版图，对社会主义国家、发展中国家进行围猎。虽然社会主义国家持续发展，但还是难以与资本主义抗衡，在被动和挣扎中艰难前行。

随着资本主义危机深化，为了抑制总体性危机的爆发，资本主义开启了自救之路。从早期的自由资本主义到国家管理资本主义，再到新自由主义，但仍然没有阻止金融危机的爆发，反而在经济"脱实向虚"的进程中陷入了全面的、系统性的危机之中。有学者将其称之为"熵的时代"②，其显著表现就是人类社会将进

---

① 《马克思恩格斯文集》第5卷，人民出版社2009年版，第860—861页。
② ［德］沃尔夫冈·施特雷克：《资本主义将如何终结》，贾拥民译，中国人民大学出版社2021年版，第39页。

入到一个"空位期"。在这个"空位期"间,"我们眼睁睁地看着资本主义秩序在我们眼皮底下分崩离析,但是我们望穿秋水也看不到它的'接班人'的踪影"。① 可预见的未来是混沌不明的,资本主义仍将存在,但又是如此脆弱和不可靠。资本主义体系正在内耗的同时,社会主义已从空想到科学,从理论到实践,从一国到多国,现在"世界社会主义开始进入逐渐走出低潮、在发展变革中谋求振兴的时期"②。特别是以中国为代表的新兴市场国家的崛起,意味着科学社会主义在二十一世纪的中国焕发出强大生机活力,在世界上高高举起了中国特色社会主义伟大旗帜。中国在经济总量、国际政治地位、价值理念的树立、国际安全的保障以及参与全球治理的实践等方面都作出了表率。"一带一路"倡议造福沿线国家,人类命运共同体打破了"中心—边缘"等级化的国际体系,进博会抵挡了逆全球化浪潮,为唤醒世界经济活力提供了中国智慧。中国近年来的表现可圈可点,社会主义确实已经从低潮走了出来,正向着复兴迈进。资本主义已然无法继续充当拯救世界的英雄角色,社会主义的兴起也是不容忽视的事实,就在这"一降一升"的态势中,社会主义逐渐与资本主义平行,形成两种制度竞争合作的局面。从某种程度上来说,当代世界社会主义的发展无疑是暗淡世界中的一抹曙光。

百年变局的最直观表达是世界力量的大调整,南北之间的发展态势以及"东升西降"的政治格局阐明了当代世界的力量天平逐渐地倾向社会主义一侧。从各力量的综合情况来看,世界变局蕴含着世界两大制度趋向均衡的要义,昭示着社会主义在当代世

---

① [德] 沃尔夫冈·施特雷克:《资本主义将如何终结》,贾拥民译,中国人民大学出版社2021年版,第36页。
② 中共中央党史和文献研究院:《十九大以来重要文献选编》(上),中央文献出版社2019年版,第7—8页。

界重新焕发出新的活力，指明了人类历史发展的未来方向。但仅从表象上对百年变局的特征进行考证是不够的。因为人类社会发展的内核实际上是人类文明的发展。因此，对百年变局的审视，还需要上升到人类文明发展的高度。

(二) 百年变局呼唤人类文明的重建

恩格斯在《家庭、私有制和国家的起源》中根据生活资料把每个时代都分为高级阶段和低级阶段，并把人类历史的发展分为蒙昧时代、野蛮时代和文明时代三个主要时代。从中可知，人类文明的划分根据是生产力的发展水平及其所决定的生活资料水平。生活于不同历史时期的人，会根据现有的物质力量塑造具有时代特质的人类文明。在生产力的驱动下，人类在改造自然环境的同时，也在不断地改造自身和自身所处的人文环境。纵观人类百年历史发展进程可知，百年变局在一定意义上也是人类文明从低级走向高级的大变局。

人类文明的发展程度由生产力发展水平所决定。在采集时代，人类并没有对抗自然的条件，只能被动地从自然界中采集生活资料，这就导致人类生活方式的变动性。当人类能够从采集的束缚中挣脱出来，开始创造物质资料以满足生活需要的时候，便开始了定居式的农耕生活。由于农业发展需要肥沃的土壤和充分的水资源，早期的文明集中于河流地区。比如：黄河流域、两河流域、印度河流域文明等，这些具有民族特色的人类文明发展呈现出板块化、碎片化的特征，但其经济基础仍然是自给自足的自然经济。随着技术—经济条件的发展，经常性的剩余产品出现，贫富分化与阶级关系形成，人类历史迈入了商品经济阶段，开启了商业文明的历史新篇章。在资本支配生产之间，商业文明主要依托商品的销售与贸易。交通运输条件的改善破除了海陆之间的阻隔，推动海上贸易活动的发展。自此，生产和消费都具有世界历史的意义,曾经相互割裂的民族史演变为世界历史。当资本力量支配生产之后,真正的资本主义生产方式确立,资本主义工业文明取代了初期的商业贸易活动。经济上的变革引起了政治上和文化上的变动。自由、平等、博爱等具有现代文明的口号响彻世界,资产阶级的繁荣文化洗涤了封建迷信,资产阶级现代国家的诞生孕育了现代文明的社会气质。"这些基本社会制度特征构成了人类文明史上的一个先进发展阶段,简称资本主义工业文明,它引导和统治了世界两三百年之久,以超越过去农业文明和封建制度文明几十倍甚至千百倍的效率和速度,推动人类社会向前飞跃式发展。"① 马克思对此也曾毫不吝啬地称颂,"资产阶级在它的不到一百年的阶级统治中所创造的生产力,比过去一切世代创造的全部生产力还要多,还要大"②。事实上,资本主义工业文明被绊倒在资本主义矛盾面前。金融危机揭开了资本主义经济内核中最不堪的一幕,债务危机、产品过剩、贫富分化、积累极限、民主陷阱、文化霸权等现实难题,让资本主义的系统性危机无所遁形。新自由主义的输出不仅没有重建脆弱的经济秩序,还引发了更严重的国际灾难。"那些走上了新自由主义道路的国家,财富和权力都出现了令人难以置信的高度集中局面。"③ 西方发达国家还一度利用长臂管辖权,转嫁国内矛盾。资本主义文明早已面目全非,甚至血腥粗暴。一言以蔽之,资本主义工业文明的本质是垄断和剥削。因为它已经把"发展"模式化,"导致其掌控了几乎所有非西方国家的应对之策。发展似乎是西方道路的一个隐喻;这个

---

① 陈宗胜:《百年未有之大变局与人类文明的更替演进——兼及新冠肺炎疫情全球蔓延加剧大变局进程》,《人民论坛·学术前沿》2021年7月下。
② 《马克思恩格斯文集》第2卷,人民出版社2009年版,第36页。
③ 江洋主编:《资本主义的危机与矛盾》,中国人民大学出版社2021年版,第58页。

词代表了以自己的形象建构的一个世界"①。

　　虽然资本主义工业文明仍然还有喘息的机会,现实却是,其下行的势头是不可阻挡的,它已经从原来的绝对优势转变为相对优势了。相对而言,中国特色社会主义道路放眼于人类未来,创造了人类文明新形态。首先,中国特色社会主义创造的一种人类文明新形态,"新"在发展的人民性。中国共产党领导中国人民取得脱贫攻坚的伟大胜利,让接近世界人口五分之一的中国人民摆脱了绝对贫困;坚决贯彻执行反腐败决策,打造清朗的政治环境,维护广大人民群众的合法财富和根本利益;探索出中国式现代化道路助力共同富裕的伟业等。其次,中国特色社会主义创造的一种人类文明新形态,"新"在发展的共享性。中国在发展自身的同时,坚定支持经济全球化,坚定不移推动高水平对外开放,应对逆全球化浪潮的冲击。在全球治理体系失灵的背景下以身示范,发起建立亚投行、"一带一路"倡议,提出构建人类命运共同体,让更多的人共享发展红利。最后,中国特色社会主义创造的一种人类文明新形态,"新"在发展的和平性。资本主义的发展具有"创造性破坏"的属性,资本主义发达国家的国库是通过剥削和掠夺的方式填满的。在中华民族的文化基因里,始终流淌着和平、和谐、共生的血液。中国发展崛起的历史,其实就是一部追求和平发展的历史。"一带一路"建设不仅造福了沿线的国家和地区,更是为那些既想独立自主又想保持发展的国家提供了中国方案。正如有的学者所言:"世界百年未有之大变局向全人类昭示了一种人类文明的未来前景,这个前景就是由中华文明的新形态显示的一种大格局的人类文明新形态,一种由不同文明传统

---

① [英]罗纳尔多·蒙克:《马克思在21世纪——晚期马克思主义的视角》,张英魁、王亚栋等译,江苏人民出版社2010年版,第78页。

创造出的不同的现代社会形态所共同构成的人类命运共同体,一个美美与共、不齐而齐的人类新文明。"① 当然,中国特色社会主义道路并非人类历史发展的终点,但是它昭示了:在矛盾的辩证运动中,人类社会始终会保持"变"的状态,而无论这个状态如何变幻莫测,在生产力发展水平的推动下,人类文明终将迈向更高阶段。

### 三、于百年变局中开创人类文明新形态

马克思和恩格斯运用唯物史观深刻揭示了资本主义社会的内在矛盾,并指出资本主义的"世界历史性存在"不会使人获得彻底解放。正是伴随着资本主义扩张的世界历史进程,世界社会主义运动应运而生,它是批判、克服并超越资本主义内在危机的另一种世界历史运动。世界社会主义运动旨在提供一条超越资本主义的现代化道路,旨在创造一个体现人类文明共同体基本价值关怀的现代文明形态,建立一种不同于资本主义的现代社会形态。为了克服生产资料的私人所有与现代社会化大生产之间的矛盾,从根本上避免社会生产的无政府状态,解决公平与效率无法兼顾的矛盾,就必须为社会生产确立价值目标。立足人民立场的社会主义,用满足全体人民的生存发展需要来规定、调整和导引社会化大生产,从而达致生产与需求相匹配,实现社会主义价值对社会化大生产的驾驭。因此,只有社会主义,才是与现代社会化大生产相适应的社会形态,社会主义与现代社会化大生产之间最终可以取得目的与手段的一致。如果说,现代化是对生产力的极大解放的话,那么社会主义的价值理想可以让解放的生产力更大程

---

① 张志强:《在世界百年未有之大变局中创造人类文明新形态》,《世界社会主义研究》2022 年第 4 期。

度地造福全人类，消除不平等，而资本主义则让解放的生产力遵循资本逐利的动机，不断制造社会分化。这是社会主义现代化与资本主义现代化的根本不同。世界社会主义运动经历了曲折而艰辛的探索过程，在探索社会主义现代化的进程中留下了许多历史经验和教训。中国特色社会主义区分了市场机制与资本主义的关系，充分发挥市场在资源配置中的决定性作用，破除高度集中计划体制的僵化弊端，同时坚持更好发挥政府作用。在社会主义的价值目标、体制机制和市场经济之间形成良性互动，建立起独特有效的社会主义市场经济体制。

**（一）中国式现代化：一种全新的人类文明新形态**

中国式现代化道路就是以社会主义的价值理想来导引现代社会化大生产从而实现现代化的典范，为世界社会主义运动开辟了一条新路。中国式现代化道路就是社会主义现代化的成功之路，其根本特征在于，能够在社会主义体制机制中纳入市场经济，能够在共同富裕的目标下不牺牲发展效率，能够在坚持社会主义公平理想的前提下充分解放生产力，能够在融入国际经济体系的过程中始终保持国家主权独立。中国式现代化道路能够成功的关键，在于坚持中国共产党的全面领导，在于中国共产党对经济社会发展的价值导引和政治治理，在于中国共产党能够始终代表最广大人民的根本利益，没有任何自己特殊的利益，从来不代表任何利益集团、任何权势团体、任何特权阶层的利益，始终坚持为人民服务。只有在中国共产党的领导下，现代化的发展才会形成国家社会整体发展的效应，现代化才会造福全体人民。

钱穆先生曾说："希腊乃西方历史之播种者，中国乃东方历史之栽根者。播种者新种散布，旧种凋零。栽根者枝叶日茂，根盘日大。"① 西方文明尽管作为文明是连续的，但其文明的主体早已散开，不再以一个统一的政治主体面目出现，而中华文明始终以大一统的政治体作为主体，凝聚不散、根深叶茂。5000多年连续发展不间断的历史，广土众民凝聚而成的大规模政治体，多元一体、和而不同的一统秩序，是中华文明的突出特点。连续性、规模性和一统性是中华文明的伟大成就。中华文明之所以生生不息，正在于中华文明始终具有能够不断适应环境、迎接内外挑战的历史主动精神。正是这种历史主动精神，让中华文明能够"承蔽通变""穷变通久"，能够"承百代之流而会乎当今之变"。这种历史主动精神，正是经史合一的"通史"精神。正是这种精神让中华文明能够一次次走出困境，通过不断从实际出发、因应时势的创造，开辟出中华文明的新境界。中华文明长期存续的奥秘，就要从孕育这种历史主动精神的基因中去寻找。也正是这种精神，让中华文明在近代遭遇困难挑战时，能够逐步克服制约中华文明发展的瓶颈问题，让中华文明重新焕发生机。中国式现代化道路的成功开辟和人类文明新形态的创造，最为深刻也最为生动地体现了中华文明的内在生命力。中国共产党深刻把握住中华文明的历史主动精神，以实事求是的方法论态度，创造性地运用马克思主义，将马克思主义与中国历史实际和文明实际深度结合，充分激活了中华文明的内在力量，领导中国人民创造出了中国式现代化道路，创造出了人类文明新形态。

### (二) 中国式现代化的中国史意义

中国式现代化道路具有深远的中国史意义。一方面，它昭示了中国式现代化道路的深厚中华文明根基，增强了集中统一的政治权威，以人民至上的核心价值导引经济、社会诸领域发展的结

---

① 钱穆：《政学私言》，九州出版社2011年版，第256页。

构功能，凝聚起中华民族共同体意识，塑造了天人和谐共生的地球生命共同体理念，构建了天下一家的人类命运共同体理念，确立了"和而不同""不齐而齐"的和平发展、和谐共享的世界秩序观念。另一方面，中国式现代化创造性地解决了民本理想虽然高远但无法突破帝制家天下的制约、权力虽然高度集中但缺乏广泛基础、国家规模虽然广大但人民却一盘散沙缺乏组织、小农经济虽然发达但发展却陷入内卷等一系列难题，创造出了具有深厚基础的人民民主政治，将党的领导以民主集中的方式建立在广泛社会基础之上，通过引入积极向上的团体生活组织起了人民，以社会化的大生产突破了小农经济的内卷化。中国式现代化道路的中国史意义还在于向我们更深刻地揭示了与具体实际相结合的道理。道路的开辟必须建立在实事求是地认识国情，尊重客观历史的条件上。实际上，"文明土壤"作为"国性"是更为根本、更为基础的"国情"，与"文明实际"相结合，是与具体实际相结合的进一步深化。中国式现代化道路具有深远的世界历史意义。它向世界昭示了一种现代文明形态，这种现代文明形态不再是一种与传统断裂的、从文明土壤中拔根的新文明，而是从古老文明中不断创造出来的古今一贯、新旧相续的新文明。正是在这个意义上，中国式现代化道路作为中华文明的新形态，向世界昭示了一条古老文明的新生之路，昭示了一种熔旧铸新而非弃旧逐新的人类文明新形态。正是在这个意义上，当今世界"东升西降"的趋势，其实质内涵正是古老文明复兴的趋势，而我们正在经历的世界百年未有之大变局，也正是东方古老文明通过全面学习现代文明成果，全面继承古老文明的丰厚积累，经过不懈艰苦奋斗，最终带来的世界变局。

（三）中国式现代化的世界意义

作为资本主义全球扩张的世界历史进程，是现代世界形成的根本动力。"现代"成为一个具有特定历史内涵的规范性概念，标志着一种与前现代迥然不同的社会状态。在经典社会理论家那里，"社会"的出现本身就是对现代性的刻画：只有在现代，才出现了与前现代的"共同体"不同的"社会"。"社会"意味着一种由抽象化的功能系统整合而成的人类组织状态，这种人类组织状态不同于由具体的价值规范进行有机整合的"共同体"。"社会"是理性化的产物，是工具理性扩张的结果，但同时也伴随着一系列与工具理性匹配的价值理性的运作方式，瓦解了以具体价值规范进行整合的"共同体"。作为理性化产物的"现代社会"，从根本上说是一种彻底"反传统"的"社会"，"反共同体"的社会，反对统一价值规范整合的社会。一般意义上的"现代化"，就是资本主义的生产方式、理性化的抽象社会相结合构成的一种世界历史进程，其所到之处，必定会瓦解任何固有文明共同体，创造出一种"普世性"的人类文明。更为值得关注的是，从现代社会的抽象性特质，形成了一种抽象社会与具体社会的对立关系，以理性化的系统整合为特征的抽象社会是现代社会，而以传统价值观实现有机整合的共同体，则是前现代社会。现代化的过程，就是一种普世性的抽象社会的普及过程，就是对任何具体社会的瓦解过程。不过，问题在于，抽象社会的形成，作为一种理性化的产物，实际上是程序化的功能与抽象性价值以及自我伦理实践的复杂运作的产物，这一复杂运作恰恰出自具体社会的历史条件。正如韦伯所指出的，作为现代社会诞生地的西欧，正是新教伦理构成了资本主义精神的伦理条件。这说明，理性化的现代是西欧文明的独特产物。因此，它的普世化，实际上不过是帝国主义暴力手段的推广结果。大多数非西欧国家对理性化的模仿之所以是不成功的，就是忽略了现代性的特定历史条件。

中国式现代化道路的示范性意义就在于从根本上突破了对现

代社会的抽象模仿，从具体社会的具体文明历史条件出发，实现了一种生产力极大释放、人的全面发展和社会全面和谐的现代化。中国式现代化道路所开创出的人类文明新形态，与西欧文明所开创出的所谓现代文明形态的根本不同在于，它是扎根于具体社会的文明土壤，利用具体社会长期积淀的文明历史条件，积极借鉴与吸收人类文明一切有益成果，主动开创出的新文明。作为一种人类新文明，它是从旧文明中生长出来的新文明，而不是否定旧文明的新文明，是新旧文明连续生长的结果，而不是与旧文明断裂的结果。中国式现代化是古老文明的现代化，而不是消灭古老文明的现代化。在我们看来，这是中国式现代化的独特价值。正是基于此，中国式现代化所开创的人类文明新形态，才会对于任何其他古老文明立足自身具体社会实现的现代化具有重要的示范性意义。中国式现代化道路所开创的人类文明新形态，是从中国的具体文明历史条件下创造出来的人类新文明，是中华优秀传统文化的创造性转化和创新性发展，这种新文明不会将自身抽象化为一种普世价值而形成一种文明的霸权，而是以自身的独特道路向人类昭示一种从各自文明土壤和具体社会中成功创造转化出自己的现代社会的典范。世界百年未有之大变局在一定意义上就意味着这样一种文明原理的变局。世界百年未有之大变局意味着对于任何具体社会和古老文明选择自身现代化道路的主体性赋权，让那些既想实现现代化又想保持主体性即自身独立性的国家、民族和其他文明体深刻认识到，必须结合自身具体社会的历史和文明条件，才有可能真正实现现代化，只有如此才能从根本上改变跟随西方现代化道路亦步亦趋、人云亦云的无主体状态。世界百年未有之大变局向全人类昭示了一种人类文明的未来前景，这个前景就是由中华文明的新形态显示的一种大格局的人类文明新形态，一种由不同文明传统创造出的不同的现代社会形态所共同构成的人类命运共同体，一个美美与共、各美其美的人类新文明。中国式现代化道路所开创的人类文明新形态，在一定意义上也阐明了一个重要的道理：社会形态的演化，必须是扎根于具体社会的文明历史条件实现的演化，其中人的主体性就表现在努力将时代需要与文明历史条件紧密结合起来以促进自身社会的演化上。在这个意义上，所谓的社会形态的演化，从根本上说都是文明的演化。文明的演化，是文明自身根据新的时代条件不断激活自身内在力量和核心价值的过程。文明的演化正是文明的成长，文明在演化中不断生长，生生不息。社会形态的演化不过是文明演化的具体内容。正是在这个意义上，中国式现代化所实现的中国社会的现代演化，具有了为人类文明示范新形态的伟大意义。中国共产党百年奋斗历程，是中华文明内在生命力的根本展现。中华文明经由中国共产党的伟大斗争，终于化生出自己的现代形态。中国共产党的伟大斗争就是通过中华文明新形态的开创，向人类展示了一种新的人类文明的可能性，一种新的世界历史进程的方向和目标。

## 第二节　把握科技创新这个百年变局中的关键变量

习近平总书记指出，当今世界正经历百年未有之大变局，科技创新是其中一个关键变量。当然，面对百年变局，不乏有人唱衰人类发展前景，甚至对人类文明未来走向黯然神伤。但是，"'百年未有之大变局'不能迷恋于国际权力结构今天出现的'东升西降'的基本态势，不是一味地'唱衰西方'，更不是简单地强调'新时代'的中国力量。"[①] 关键在于，要在变局中厘清历史

---

① 朱锋：《近期学界关于"百年未有之大变局"研究综述》，《人民论坛·学术前沿》2019年4月上。

发展线条，洞悉世界发展特征，明晰人类文明发展前景，在变乱交织中走出一条新的人类文明康庄大道。其间，落实新发展理念、推动高质量发展、构建新发展格局，都亟需科技创新的解决方案，都亟需科技创新这个第一动力。只有更深层次地依靠科技创新，才能在危机中育先机、于变局中开新局，不断塑造社会发展新优势、推扩文明发展新空间。①

## 一、新科技革命催生大国竞争新趋势

随着科学技术的迅猛发展，新科技革命正在全球范围内兴起，它不仅深刻地改变了人们的生产生活方式，更在国际政治经济格局中引发了新的竞争态势。特别是大国之间，围绕科技创新、产业升级和战略资源控制等方面的竞争日益激烈，呈现出前所未有的新趋势。在新科技革命的推动下，大国之间的竞争也呈现出的新趋势主要表现在四个方面。

第一，科技创新能力成为核心竞争力。谁能在科技创新上取得领先，谁就能在未来的国际竞争中占据优势地位。因此，大国纷纷加大对科研的投入，努力提升自身的科技创新能力。在唯物史观的视角下，科技创新能力成为当今时代一个国家或企业核心竞争力的关键因素。科技创新不仅是推动社会生产力发展的根本动力，也是决定国家未来走向和国际地位的重要标志。科技创新能力，简而言之，就是一个国家或企业在科学技术领域进行创新活动并取得成果的能力。这种能力包括但不限于新知识的产生、新技术的研发、新产品的设计以及新服务模式的创造。科技创新能力是一个综合性的概念，它涵盖了从基础研究到应用开发，再

---

① 参见吴海江《唯物史观视域下的百年变局及其时代特征》，《人民论坛·学术前沿》2022年10月上。

到市场推广的全过程。在知识经济时代，科技创新能力显得尤为重要。它不仅关乎一个国家或企业的经济效益，更直接影响到其在国际竞争中的地位和影响力。一个国家或企业如果具备了强大的科技创新能力，就意味着它能够在激烈的市场竞争中脱颖而出，引领行业的发展潮流。通过科技创新，可以开发出新产品、新工艺，提高生产效率，降低成本，从而增强市场竞争力。同时，科技创新还能带动相关产业的发展，形成产业链和产业集群，进一步推动经济增长。在国际竞争中，科技创新能力是衡量一个国家综合实力的重要指标。拥有强大的科技创新能力，意味着一个国家能够在国际舞台上发挥更大的作用，参与制定国际标准和规则，从而提升其国际地位和影响力。关键在于，科技创新不仅带来经济效益，还能推动社会进步。通过科技创新，可以改善人们的生活质量，提高社会福祉。同时，科技创新还能推动文化、教育、医疗等领域的进步，促进社会健康发展。

第二，新科技革命推动了全球产业链的深刻变革，传统产业链正在被重塑，新兴产业链不断涌现。大国之间的竞争，越来越多地体现在对全球价值链的控制和影响上。唯物史观立场上，社会生产力的发展是推动社会进步的根本动力。当前，我们正处在一个以信息科技、生物科技、新材料科技等为代表的新科技革命浪潮中，这场革命不仅深刻地改变着人类的生产方式和生活方式，更在推动着产业链的重构和全球价值链的重塑。新科技革命对产业链的影响是深远的。传统的产业链分工模式正在被打破，新的产业链形态正在形成。首先，新科技革命使得原本紧密的产业链环节被分解，各环节之间的边界变得模糊。同时，新的技术融合又使得不同产业链之间发生交叉与整合，形成更为复杂的产业链网络。其次，随着人工智能、大数据等技术的应用，智能化生产模式逐渐成为主流。这种模式不仅提高了生产效率，还使得个性化定制成为可能,从而改变了传统产业链的生产方式。最后,新科技革命推动了制造业向服务化转型。企业不再仅仅提供产品,而是提供包括产品在内的整体解决方案,产业链的服务环节得到加强。新科技革命不仅推动了产业链的重构,也在重塑全球价值链。全球价值链是指在全球范围内组织生产、销售和服务的一系列价值创造活动。随着产业链的分解与再整合,全球价值链中的价值创造环节也在重新分布。一些传统的低附加值环节可能被自动化和智能化技术替代,而高附加值环节如研发、设计、营销等则可能得到加强。新科技革命推动了全球生产网络的优化。企业可以利用新技术实现更高效的供应链管理,降低物流成本,提高响应速度。同时,全球生产网络的布局也更加灵活多变,以适应不断变化的市场需求。新科技革命为新兴市场提供了发展机遇。一些新兴市场国家凭借劳动力成本、市场规模等优势,在全球价值链中的地位逐渐上升。这些国家不仅承接了发达国家的产业转移,还在某些领域实现了技术创新和产业升级。

第三,科技创新的核心是人才,大国之间的竞争也延伸到了人才领域。各国纷纷出台优惠政策,吸引和培养高端科技人才,以提升自身的科技实力。唯物史观认为,社会历史的发展是由物质生产力所决定的,而人才则是推动生产力发展的关键因素。在大国竞争中,谁拥有了高素质的人才队伍,谁就掌握了发展的主动权。因此,人才争夺战成为大国之间一场没有硝烟的战争。人才对于国家发展的重要性不言而喻。他们不仅是科技创新的源泉,更是引领产业升级、推动经济社会发展的关键力量。在全球化背景下,人才的流动性和可选择性大大增强,这使得大国之间的人才争夺更加激烈。在当今时代,科技创新是推动国家发展的核心动力。而科技创新的关键在于人才,特别是高端科技人才。因此,为了抢占科技制高点,各国纷纷加大对科技人才的吸引和培养力度。另外，随着全球经济的深入发展，传统产业逐渐衰退，新兴产业蓬勃兴起。为了适应这一变化，各国都在积极推动经济转型，而人才则是实现经济转型的关键因素。因此，争夺人才成为了各国经济转型的重要一环。关键在于，在全球化背景下，国家之间的竞争越发激烈。人才作为国家发展的重要支撑，对于维护国家安全具有重要意义。因此，各国都试图通过吸引和培养人才来增强自身的综合国力，以确保国家安全。

第四，新科技革命不仅加剧了科技领域的竞争，也使得地缘政治与经济利益的交织更加紧密。大国在争夺科技制高点的同时，也在争夺对全球资源、市场和规则的主导权。新科技革命以信息技术、生物技术、新材料技术等为代表，这些技术的发展和应用极大地提高了生产效率，推动了全球经济的快速增长。然而，这种技术进步并非均匀分布，不同国家和地区的技术发展水平和应用能力存在显著差异。这种差异导致了地缘政治与经济利益的复杂交织。一方面，新科技革命为各国提供了前所未有的发展机遇，尤其是在经济领域。新技术的广泛应用促进了产业升级和经济结构的优化，为各国带来了巨大的经济利益。然而，这种经济利益的分配并不均衡，技术领先的国家往往能够获得更多的经济回报，而技术落后的国家则可能面临被边缘化的风险。另一方面，新科技革命也加剧了地缘政治的复杂性。新技术的掌握和应用成为国家竞争力的重要标志，各国为了维护自身的地缘政治利益，纷纷加大对新技术的研发和应用力度。这样一来，随着新技术的广泛应用，各国之间的技术依赖程度不断加深。然而，这种技术依赖也带来了地缘政治风险。一旦技术供应链受到干扰或中断，将对依赖国的经济安全和社会稳定造成严重影响。因此，各国在追求经济利益的同时，也必须考虑地缘政治因素，以确保技术供应链的稳定性。同时，新科技革命推动了全球技术标准的制定和实施。

然而,技术标准的制定往往涉及地缘政治博弈。各国为了维护自身的地缘政治和经济利益,会在技术标准制定过程中进行激烈的竞争和谈判。这种博弈不仅影响了技术标准的公正性和有效性,也进一步加剧了地缘政治与经济利益的交织。最后,新科技革命为各国提供了技术创新的机会。然而,技术创新并非纯粹的经济行为,而是与地缘政治策略紧密相关。各国为了在地缘政治竞争中占据优势地位,会加大对技术创新的投入和支持。这种策略性的技术创新不仅推动了经济的发展,也深刻影响了地缘政治格局。

## 二、把握关键变量,推动秩序向善

全面认识、把握"当今世界正经历百年未有之大变局"的战略判断,首先要有世界经济、政治的宏大视野,看到当今世界正处于大发展大变革大调整时期、中国日益走近世界舞台中央、不断为人类作出更大贡献的时代。此外,也不能忽视新科技浪潮整体性、结构化要素对于"百年未有之大变局"局势深度生成、深化进程中的巨大时代催化作用。

### (一)在百年变局中把握新科技浪潮力量

相较既往几次科技浪潮,尽管第六次科技革命带来的新科技浪潮与之保持了一定历史连续性,但它以人工智能、机器人技术、虚拟现实、5G、大数据、云计算、量子科技以及生命科学等前沿科技构成的全方位、"豪华型"阵容却具有以往所不具备的"总体性革命"新特点:这使得人与自然的关系、人与人的关系、生命与非生命的关系等人类与世界的关键关系层面,达到了一个从量变到质变的临界点,人们的工作方式、生活方式、思维方式甚至人类的本质存在与自我认知,较之传统都发生了巨变。这种工业文明向后工业文明、信息文明阶段快速转变,使得科学与技术的力量比以往任何时候都更深入人们日常工作、生活以及对外界与自身的认知。这些科技在给人类经济社会带来便利、舒适、效率、品质的同时，也潜伏着远超之前的风险与隐患：机器在多领域全面取代人会不会引发大规模失业潮；机器伴侣会不会严重冲击人类的婚育文化与情感伦理；可穿戴设备与可植入设备进一步模糊生物界别导致的新矛盾、新问题等。当然，这也是我们党所面临的一个整体性、时代性的宏大局势。

这提醒我们党，在科学技术扮演关键角色的"技术时代"里，要始终保持与时俱进的自我革命状态，回答好时代问卷，充分用好新科技浪潮的"科技红利"，把"中国智造"推向时代新高度。同时，也要未雨绸缪，一方面加强学习型政党建设，克服新时代新的"本领恐慌"，提高现代社会治理能力；另一方面规避技术发展风险，强化制度文明思维，全方位贯彻法治国家理念，把科学技术发展伦理化、制度化、法律化以约束其潜在风险。这是提高现代社会治理能力的问题意识倒逼我们摆脱历史路径依赖、提高治理能力并实现现代转型的题中应有之义与重要时代表征。突如其来的新冠疫情，在深刻改变世界秩序的同时，也给一些新科技要素带来新的发展机会：多种传统行业由于疫情影响，其发展所受约束越发明显，但这也给非接触式经济、远程教育医疗、云办公等新行业、新业态、新工作方式、新生活方式提供了逆势而上的机遇，这些行业本身在疫情中成长壮大，很有可能随着抗疫与工作常态化、长时段共存而养成人们的生活、学习与工作新习惯。新科技浪潮力量再次给人们留下了深刻印象。但从共享经济维度来看，新科技革命所带来的也不是纯粹的福音。尽管它向人类展示了全面、具有无限发展可能的光明前景，但新科技在全球发展中出现的不平衡及相关结构性矛盾也日益突出：人类以数字鸿沟为表征的科技鸿沟、消费鸿沟也在某种程度上有所扩大。

因此，消除发展鸿沟所带来的巨大落差以共享全球科技红利、厚植人类命运共同体的历史土壤，依然任重而道远。另外，新冠疫情在全球的传播也启示我们，在这个由现代交通、通信科技等现代科学技术推动的社会中，要不断增强应对各种突发事故的战略前瞻性、主动性、警觉性，做足战略思想储备与战略物资储备；要增强往最坏处考虑、往最好处努力的底线思维。同时，也要由此反观人类自身生产方式、消费方式，摒弃人类中心主义，构建新时代科学伦理，从而构建可持续的新型发展观。

### （二）在新科技革命浪潮下坚持科技向善

马克思主义认为，科学技术是一种推动社会整体性变革的革命性力量，是人的自由解放的重要前提。当前，新一轮科技革命和产业变革深入发展，继农业社会、工业社会后，人类快速进入信息社会，大数据、人工智能等技术发展日新月异，引发生产关系、上层建筑等领域的变革重构。颠覆性科技的触角几乎延伸到人类物质和精神生活所能企及的所有空间，新兴技术已经扩张渗透到社会生活的各个领域，改变了信息、知识的生产、获取、传播方式，在经济、政治、社会、文化乃至大众思维认知、心理结构和精神秩序等方面，每时每刻都产生着重大而深远的影响。人工智能和信息网络的虚拟性打破了传统的科学认知方式和传统的沟通交流方式，不仅大大激发了人类思维能力和创造力，也使得人们如何面对信息社会和智能世界成为一个紧迫的哲学问题。数字逻辑归根到底还是要服从人的价值，如果过度依赖智能技术，人们就会成为数字系统的附庸，成为"单向度的人"。科技进步是人类发展进步的必要前提，科技革命是推动现代化的重要动因，是国家强盛之基。数字革命的后果是，数据成为继土地、人力、资本、管理、技术之后的新的生产要素，同时也是一种重要的战略资源，数字化既是治理技术，也是治理动力，运用大数据的能力是极其重要的国家治理能力。数据是 21 世纪的石油。在确保数据安全的前提下,深化大数据在社会治理和民生领域的应用,持续推进数字政府建设,全面提升社会治理的数字化、智能化、精细化水平,是推进社会治理现代化的必然途径。借助数字赋能、数据共享,提升公共资源配置效能,解决公共资源供给不平衡不充分的问题,满足人民群众更加多元化的生活需求,是增进民生福祉、推动共同富裕的题中应有之义。

技术日益成为人们认识世界、感知世界的本质性要素,信息技术的迅猛发展对网络治理、数据治理提出新要求,倒逼着治理理念、治理体制机制的变革,也倒逼人们对人的本质、人类未来作出思考。新技术是一把"双刃剑"。科技发展充满了挑战和不确定性,如何在科技主义盛行之时体现以人为本的价值追求,防止数字资本主义扩张,将技术异化为奴役人的工具,以至于偏离人的自由全面发展的目标,走向人类美好生活的反面,值得思考。马克思认为,科学技术的异化是资本主义矛盾的产物。关键在于,资本、技术、权力的数字化垄断构成了一种超级权力,消解和颠覆传统的国家权力概念和传统政治体系,使传统的监管工具失去原有的威力,大量的公共管理职能被新技术所替代,政治运行和社会组织规则因新技术的深度介入而改变。如何遏制新技术应用的"创造性破坏"问题,无疑是一个治理难题和时代任务,需要重塑政治安全规则、公共治理架构、多元协同共治体系和安全预警机制。

新技术革命推动了社会生产力的指数式增长和颠覆式变革,数字经济成为全球经济发展的新引擎,特别是去中心化的区块链技术极大地提升了经济运行的效率。数字经济是新科技与实体经济融合的产物,本质上是科技与社会的结合所带来的生产力各要素的转变,劳动对象由物质资料变为海量数据,生产工具由机器变为信息，劳动力由产业工人变为信息技术人员和数字从业人员。数字经济是继农业经济、工业经济之后新的经济形态，是人类通过数字化网链实现资源的优化配置和再生的经济形态。数据是数字经济时代的重要资源和资产。无论是数字化生产，还是数字化消费，都是生产组织方式和消费方式的重大变革。要加快实现数字关键技术自主可控，加快数字基础设施建设，构建覆盖全要素、全产业链、全价值链的制造服务体系和数据要素交易流通体系，畅通数据要素流动和经济循环，打造具有国际竞争力的数字产业集群，积极防范数字经济领域存在的重大风险，这是建设现代化产业体系、推动经济高质量发展的战略任务。

当前，百年变局向纵深演进，世界进入新的动荡变革期，世界之变、时代之变、历史之变正以前所未有的方式展开。科学革命催生技术革命，技术革命引发产业变革，这是历史发展规律。因此，我们有必要深入认识、准确把握、主动适应当代科技创新大势，力争在新的科技革命中赢得主动。与此同时，全球新质生产力发展如火如荼，而前沿技术是加快形成新质生产力的"主力军"：生命科学已成为21世纪的主导科学，信息科学技术正重塑社会，材料科学技术实现突破性发展，能源科学技术推动人类能源结构转型，空间科学技术上升为国际角逐焦点。当然，科学技术具有世界性、时代性，是人类共同的财富，加强国际科技合作既是世界科技变革规律的客观要求，也是共同应对经济复苏挑战、气候变化、能源安全、生物安全、外层空间利用等全球问题的关键路径，世界各国都是参与者、贡献者、受益者。因此，开放合作是应对全球挑战的必然选择。

**（三）在新科技革命中推动国际秩序向善转型**

科技革命蕴含着推动国际秩序转型的重要动力。从历史来看，科技革命通过推动生产力发展、生产关系变革、军事技术进步和创造新的技术领域，改变了国际秩序中的国家间权力结构、国内结构、国际规则规范和冲突解决机制等关键要素，实现旧秩序向新秩序的转型。当前，新一轮科技革命正在如火如荼地开展，并展现出了一些新的技术特征。在此背景之下，中国既需要审慎应对其中的风险，更应该识别和把握其中的机遇，发挥自身的作用，引导国际秩序朝着更公平合理的方向发展，推动国际秩序的进一步向善转型。

在科技革命带来的新兴技术领域，普遍出现了规则缺位的现象：各国都在积极提出自身的规则主张，但缺少具有普遍共识和普遍约束力的国际规则。比如说在人工智能领域，目前仅有联合国框架下的2021年《人工智能伦理问题建议书》，提出了十一项人工智能伦理发展的指导性原则。而在关键性的技术安全、关键要素治理等方面还缺少相应的国际规则。因此，如果能把握住规则竞争期的机遇，提出有建设性的国际规则，并使其被大多数国家所接受，就能够对国际秩序的转变发挥出建设性的作用。新一轮科技革命中的技术具有群发性特征，而国际规则的制定又有显著的"先手优势"。因此，在此领域内中国可以从两方面着手：一方面，加快在领先的技术领域的规则布局，比如说中国可以在5G通信、人工智能的面部和语音识别系统等领域结合技术的前沿发展状况提出相应的国际规则。由于有技术能力的加持，中国在这些技术领域提出的国际规则也会更科学合理，得到更多国家的认可和接受。另一方面，加快在新出现的、具有较高规则需求的技术领域进行规则布局，比如说针对新出现的生成式人工智能技术，中国就可以率先入局，抢占国际规则制定的先机。

除了国际规则以外，国际机制也是国际秩序的重要组成部分。而新科技革命催生了一大批亟待治理的新兴技术，创造了建立新的全球治理机制的需求。然而，从现实来看，科技革命中出现的

## 第六章 取道关键变量：于百年变局中开新局

技术政治化和泛安全化趋势导致国际机制生成困难，全球视角下的技术治理进程仍处于机制生成期，需要进行进一步的布局。技术治理机制的缺失对于中国而言既是挑战也是机遇。尽管由于各国的安全和利益考量，倾向于以技术竞争替代合作治理，但从技术本身来讲，新兴技术的不确定性也给各国带来了共同的治理挑战。在这一层面上诞生了诸如创新治理思路、共担技术风险、协商技术规范、合理引导技术要素跨境流动、协调公私关系等一系列需要合作解决的问题，这就为国际治理机制的建设提供了可能性。因此，中国可以抓住机制生成期的机遇，摆脱竞争思维，以合作治理的新思路构建合理有效的技术治理机制，并进一步推动国际秩序完善。

国际秩序转型中动荡变革期既是旧秩序的崩溃瓦解期，也是新秩序的孕育生成期。因为在这一时期内，旧秩序的约束力会被越发削弱，给了新秩序萌发的土壤。当前，世界百年未有之大变局加速演进，世界之变、时代之变、历史之变正以前所未有的方式展开，世界进入新的动荡变革期，但人类发展进步的大方向不会改变，世界历史曲折前进的大逻辑不会改变，国际社会命运与共的大趋势不会改变。近年来，世界上变革和动荡两种趋势持续演进，团结与分裂两种取向相互激荡，人类社会发展充满颠簸动荡。在这个过程中，各国应当携起手来，实现和平发展、互利合作、共同繁荣的世界现代化，努力构建人类命运共同体。构建人类命运共同体理念满足了新一轮科技革命后对国际秩序的需求，即需要更加包容不同社会制度和不同发展水平的国家，重视其利益与诉求。从国际关系的角度来看，以包容性建构国际秩序能够进一步强化国际秩序的稳定性与合法性，而从科技革命的角度来看，建立包容性的国际秩序也是弥合数字鸿沟、解决算法歧视、建立机器伦理道德等问题的最终解决方案。因此，中国应当把握好动荡变革期的特点,为全球治理体系变革贡献中国智慧、中国方案、中国力量,彰显以"确定之中国"为"不确定之世界"带来稳定性和正能量的努力与担当。这要求中国加快推动共建"一带一路"倡议、全球发展倡议、全球安全倡议、全球文明倡议等具体机制的落实,通过技术合作、研发投资、产业链整合等方式使科技革命的成果惠及世界各国,最终推动国际社会以发展与合作的方式迎接挑战、处理危机,共同推动国际秩序朝着更公平合理的方向发展。

### 三、实现高水平科技自立自强

唯物史观认为,物质生活条件是社会历史发展的决定性因素,而科技作为第一生产力,直接影响着物质生活条件的改善和社会的进步。因此,科技自立自强不仅是国家发展的重要支撑,也是实现民族复兴的关键所在。从历史的角度来看,每一次科技革命都深刻改变了人类社会的面貌。蒸汽机的发明开启了工业革命,电力的广泛应用推动了第二次工业革命,而信息技术的迅猛发展则引领了第三次工业革命。这些科技革命都极大地提高了生产效率,促进了社会生产力的飞速发展。在当今世界,科技自立自强更显得尤为重要。随着全球化的深入推进,国际竞争日趋激烈,谁掌握了先进的科技,谁就能在竞争中占据优势。因此,实现高水平科技自立自强,对于提升国家综合实力、保障国家安全、促进经济社会发展具有重大意义。

党的二十大报告提出,到2035年实现高水平科技自立自强,进入创新型国家前列,同时提出"建成科技强国"的目标。独立自主,是毛泽东运用辩证唯物主义和历史唯物主义观点,从中国革命和建设的长期实践中得出的科学结论。作为毛泽东思想的活的灵魂之一,独立自主的思想及以此为依据制定的"自力更生为主,争取外援为辅"的方针,在过去的年代里指导我们取得了社会主义革命和建设的伟大胜利,并在改革开放和建设社会主义市场经济的新时期,以新的形式提供着现实指导意义。自立自强与独立自主、自力更生都是强调立足本国实际,依靠自身主动性寻找中国前进道路的方法论智慧。从党的十八大提出创新驱动发展战略,到党的十九大提出创新是引领发展的第一动力,再到党的十九届五中全会提出加快建设科技强国,党中央对于科技创新的战略方针和谋划部署既是一脉相承,也是与时俱进的。党的十九届五中全会对科技创新的重要定位和重大部署,是我们党坚持实事求是,在长期的理论创新和实践发展的基础上提出的,科学把握了当前世界科技发展的大势,坚持了中国特色自主创新发展道路,契合了新时代我国科技创新的阶段性特征和主要任务。习近平总书记在2024年全国科技大会、国家科学技术奖励大会、两院院士大会上指出,要锚定2035年建成科技强国的战略目标,加快实现高水平科技自立自强。[1] 党的二十届三中全会再次强调"推进高水平科技自立自强"[2]。自立自强与独立自主、自力更生是对外开放与合作的立足点。对外开放是中共中央对我国社会主义建设正反两方面经验和世界发展新趋势进行深刻思考后形成的重要思想,反映了社会生产力发展的本质要求,揭示了中国与世界经济、科技、社会发展的内在联系及其发展趋势。独立自主、自力更生并不意味着闭关自守,把自己孤立到世界之外,而是要善于学习外国一切对我们有益的先进事物,能够争取到的外部资源也一定要争取,以推动我国社会主义经济建设的跨越式发展。科技

---

[1] 习近平:《在全国科技大会、国家科学技术奖励大会、两院院士大会上的讲话》,人民出版社2024年版,第5页。
[2] 《中共中央关于进一步全面深化改革推进中国式现代化的决定》,人民出版社2024年版,第4页。

自立自强并不意味着"关起门来自己创新",而是将自立自强与开放合作结合起来。当前,中国的科技创新和发展越来越离不开世界,世界的科技进步也越来越需要中国。一方面,我们要提高自主创新能力;另一方面,我们也希望学习借鉴更多的国际先进经验,同时向世界分享更多的中国科技成果,为应对全球性挑战贡献更多的"中国智慧"。

不可否认,创新的未来需要开放,开放创新是推动世界经济发展的重要力量。科技、产业、教育的变革、升级和进步,离不开生产要素以全球供应链、产业链、知识链的形式在世界范围充分涌流。开放创新为世界经济的复苏注入了动力,也为新一轮科技革命提供了发展空间。如今,任何产品的迭代或工艺的进步倘若脱离世界市场的价值链及其适配性都是无法想象的。开放创新不仅是高质量发展的现代市场经济的应有之义,也适应了以互通、互联、互融为特征的数字信息文明的演进趋势。当前世界正面临自由和垄断、便捷和限制、共享和独占两条道路、两种命运的抉择,这既决定了人类创新事业的前景,也关乎世界经济发展的未来。

历史经验告诉我们,核心技术必须抓在我们自己手中。习近平总书记在 2016 年 4 月召开的网络安全和信息化工作座谈会上指出,核心技术"一是基础技术、通用技术。二是非对称技术、'杀手锏'技术。三是前沿技术、颠覆性技术","如果核心元器件严重依赖外国,供应链的'命门'掌握在别人手里,那就好比在别人的墙基上砌房子,再大再漂亮也可能经不起风雨,甚至会不堪一击"。习近平总书记强调,只有把核心技术掌握在自己手中,才能真正掌握竞争和发展的主动权,才能从根本上保障国家经济安全、国防安全和其他安全。不能总是用别人的昨天来装扮自己的明天。不能总是指望依赖他人的科技成果来提高自己的科技水平，更不能做其他国家的技术附庸，永远跟在别人的后面亦步亦趋。我们没有别的选择，非走自主创新道路不可。固然，没有开放创新，自主创新便无法继续进步，但不消化为己用的开放创新是背离自主创新这一立足点的。只有把握好自主创新与开放创新的辩证关系，将两者更好地结合起来，在立足于自主创新的同时深化开放创新，才能全面理解开放内涵，秉持正确创新原则，形成高质量的创新发展格局。

实现高水平科技自立自强不仅是一个科技问题，更是一个深远的社会历史问题。科技自立自强意味着一个国家或民族在科技领域能够依靠自身的力量，实现自主创新、自主研发，进而推动社会高质量发展。生产力是推动社会历史发展的根本动力。科技作为第一生产力，其进步直接推动着社会生产力的发展。实现高水平科技自立自强，意味着一个国家能够在科技领域取得重大突破，进而带动生产力的飞跃。具体来说，科技自立自强能够推动产业升级和转型，提高生产效率，降低生产成本，从而增强国家的经济实力和国际竞争力。同时，科技的进步还能够带来新的产业和业态，为社会创造更多的就业机会和财富，提高人民的生活水平。科技自立自强不仅能够推动生产力的飞跃，还能够对社会制度产生深远影响。随着科技的进步，社会的生产方式、生活方式以及人们的思维方式都会发生深刻的变化。科技自立自强能够促进社会制度的完善和创新。一方面，科技的进步为社会管理提供了新的手段和方法，提高了社会管理的效率和水平；另一方面，科技的进步也推动了社会制度的变革和创新，使之更加适应生产力的发展要求。另外，实现高水平科技自立自强，对于提振民族精神具有重要意义。科技是一个国家综合实力的重要体现，也是民族精神的重要支撑。一个国家在科技领域的自立自强，能够激发民族的自豪感和自信心，增强民族的凝聚力和向心力。同时，科技自立自强还能够培养人们的创新意识和实践能力，推动整个社会形成尊重知识、尊重人才的良好氛围。这种氛围不仅能够为科技创新提供更多的智力支持和人才保障，还能够促进整个社会的文明进步和和谐发展。

实现高水平科技自立自强，对于提升一个国家的国际地位具有重要意义。一方面，科技的进步能够增强一个国家的军事实力和经济实力，使其在国际竞争中占据有利地位；另一方面，科技的进步还能够提高一个国家的文化软实力和影响力，使其在国际舞台上发挥更大的作用。从更广阔的角度来看，实现高水平科技自立自强不仅对一个国家有意义，更对人类社会的进步具有重要意义。科技的进步能够推动人类社会的文明发展，解决人类面临的许多共同问题，如环境问题、资源问题、能源问题等。同时，科技的进步还能够促进不同国家、不同文化之间的交流与合作，推动人类社会的和谐发展。在这个过程中，科技自立自强是一个国家为人类社会的进步作出贡献的重要保障。

## 第三节　以新科技革命赋能新质生产力

中国正在深度参与以人工智能、大数据为标志的新一轮科技革命，机遇与挑战并存。在中国经济提质升级的过程中，科技是新质生产力的第一驱动力。我们在全力推动科技革命的同时，也要注重追求高质量的科技革命成果，使其真正转化为新质生产力，推动社会高质量发展。

## 第六章 取道关键变量：于百年变局中开新局

### 一、科技创新是发展新质生产力的核心要素

#### （一）新质生产力的内涵、特征与要求

2023年7月，习近平总书记在江苏考察时强调"中国式现代化关键在科技现代化"①。

2023年9月，习近平总书记在黑龙江考察时首次提出"新质生产力"，指出要"整合科技创新资源，引领发展战略性新兴产业和未来产业，加快形成新质生产力"。②

2023年12月，中央经济工作会议强调要"以科技创新推动产业创新，特别是以颠覆性技术和前沿技术催生新产业、新模式、新动能，发展新质生产力"。③

2024年1月31日，习近平总书记在中共中央政治局第十一次集体学习时进一步指出，"科技创新能够催生新产业、新模式、新动能，是发展新质生产力的核心要素"，"发展新质生产力是推动高质量发展的内在要求和重要着力点"。④

2024年3月20日，习近平总书记在新时代推动中部地区崛起座谈会上强调："要以科技创新引领产业创新，积极培育和发展新质生产力。"⑤

2024年4月23日，习近平总书记在主持召开新时代推动西部大开发座谈会强调："因地制宜发展新质生产力，探索发展现代制

---

① 《在推进中国式现代化中走在前做示范 谱写"强富美高"新江苏现代化建设新篇章》，《人民日报》2023年7月8日。
② 《牢牢把握在国家发展大局中的战略定位 奋力开创黑龙江高质量发展新局面》，《人民日报》2023年9月9日。
③ 《中央经济工作会议在北京举行》，《人民日报》2023年12月13日。
④ 《加快发展新质生产力 扎实推进高质量发展》，《人民日报》2024年2月2日。
⑤ 《在更高起点上扎实推动中部地区崛起》，《人民日报》2024年3月21日。

造业和战略性新兴产业，布局建设未来产业，形成地区发展新动能。"①

2024年6月1日，习近平总书记在《求是》杂志发表重要文章《发展新质生产力是推动高质量发展的内在要求和重要着力点》，对新质生产力的概念内涵作出重要论述："概括地说，新质生产力是创新起主导作用，摆脱传统经济增长方式、生产力发展路径，具有高科技、高效能、高质量特征，符合新发展理念的先进生产力质态。它由技术革命性突破、生产要素创新性配置、产业深度转型升级而催生，以劳动者、劳动资料、劳动对象及其优化组合的跃升为基本内涵，以全要素生产率大幅提升为核心标志，特点是创新，关键在质优，本质是先进生产力。"②

生产力是劳动者运用劳动资料、作用于劳动对象，对自然进行改造和利用的能力。人类社会发展归根结底取决于生产力的发展。高质量发展，是体现新发展理念的发展，是创新成为第一动力、协调成为内生特点、绿色成为普遍形态、开放成为必由之路、共享成为根本目的的发展。发展新质生产力是推动高质量发展的内在要求和重要着力点。

新质生产力的特点是创新，遵循科技是第一生产力、人才是第一资源、创新是第一动力的形成逻辑。创新是一种具有渗透性的发展生产力的要素，既能够提高劳动者的劳动能力、促进资本积累、改进劳动资料特别是生产工具的效率，也能够通过把先进科学技术融入生产过程，使生产过程更加科学高效，对提高生产力水平、促进经济发展具有重要作用。从经济增长视角看，创新

---

① 《进一步形成大保护大开放高质量发展新格局　奋力谱写西部大开发新篇章》，《人民日报》2024年4月24日。
② 习近平：《发展新质生产力是推动高质量发展的内在要求和重要着力点》，《求是》2024年第11期。

一般是指把新的生产要素和生产条件的新组合引入生产体系的活动,包括新产品、新技术、新需求、新供给、新组织等。创新是提升全要素生产率的根源。新质生产力以劳动者、劳动资料、劳动对象及其优化组合的跃升为基本内涵,其发展过程是具备相应知识、技能和素质的新型劳动者通过新型劳动工具作用于新型劳动对象的过程。新质生产力的发展,通过生产要素及其优化组合的跃升,催生新产业、新模式,为经济发展注入新动能。这些如雨后春笋般勃发的新兴产业、未来产业以及传统产业的深度转型,从整体上推进产业体系从传统走向现代。以科技创新引领现代化产业体系建设,是新质生产力发展的基本路径。发展新质生产力,可以摆脱单纯依靠要素数量扩张的粗放型增长方式,推动经济发展质量变革、效率变革、动力变革,实现经济增长从数量扩张向质量提升转变。

当前,新一轮科技革命和产业变革深入发展,全球科技创新空前密集活跃。以人工智能、量子信息、移动通信、物联网、区块链为代表的新一代信息技术,以合成生物学、基因编辑、脑科学、再生医学等为代表的生命科学技术,以清洁高效可持续为目标的能源技术,融合机器人、数字化、新材料的先进制造技术,正在加速推进制造业向智能化、服务化、绿色化转型,进而推动人类生产生活方式全面变革。原创性、颠覆性科技创新成果竞相涌现,带来生产力要素结构中实体性要素与非实体性要素结合的广度、深度、频度深入拓展,推动生产力加速迭代跃升,体现出与传统生产力不同的质态。新质生产力的提出,把握住了当今世界这个影响深远的变革趋势,深刻揭示了现代经济社会发展的动力。发展新质生产力,必须高度重视以人工智能技术赋能现代化产业体系建设。人工智能是基于算力、算法和数据等关键要素发展起来的、引领新一轮科技革命和产业变革的战略性技术,对经济社会发展具有重大而深远的影响，是推动新质生产力发展的典型代表性技术。要进一步加快以人工智能全方位、深层次赋能新型工业化，针对装备制造业、电子信息、原材料、能源电力、消费品等重点行业，构建重点行业大模型和工业知识库，以场景应用为牵引，大力发展智能产品，以制造业全流程智能改造实现人工智能和制造业深度融合。

坚持协调发展理念，要求学会"弹钢琴"、增强发展的整体性协调性平衡性，强调发展要素的优化组合、发展结构的平衡协调。以协调发展理念为指导培育和发展新质生产力，要从普遍联系的角度处理好劳动者、劳动资料和劳动对象的关系，不仅要通过创新促进新型劳动者、新型劳动对象、新型劳动工具等新型生产力要素从量变向质变发展，更要实现新型生产力要素合理匹配、优化组合的跃升，从而形成更高效率、更高水平的生产函数，推进全要素生产率的持续、快速提升。新质生产力的协调发展内涵，主要体现在产业结构承载和区域结构布局的平衡性、协调性。从产业载体看，要注意把握现代化产业体系的完备性、先进性、安全性，在加快培育壮大战略性新兴产业、布局建设未来产业的同时，重视将科技创新成果应用到传统产业和产业链上，着力改造提升传统产业。要科学布局科技创新、产业创新，促进数字经济和实体经济深度融合，打造具有国际竞争力的数字产业集群。从区域布局看，要围绕区域协调发展战略、区域重大战略、主体功能区战略、新型城镇化战略等，优化新质生产力布局，构建优势互补、高质量发展的区域经济布局和国土空间体系。同时，要因地制宜发展新质生产力，根据资源禀赋、产业基础、科研条件等，有选择地推动新产业、新模式、新动能发展，积极促进产业高端化、智能化、绿色化。

以绿色发展理念为指导的新质生产力，是促进人与自然和谐共生的生产发展能力，要求人类社会生产活动必须尊重自然、顺应自然、保护自然，在遵循自然发展规律的前提下，开展生产活动，推动人类自身发展。习近平总书记指出："新质生产力本身就是绿色生产力""绿水青山就是金山银山""保护生态环境就是保护生产力，改善生态环境就是发展生产力"。这一系列重要论述，构成了新质生产力的绿色发展内涵，是对西方现代化理论以及人类发展与环境保护关系的科学反思，蕴含重大理论价值。一方面，将生态环境纳入生产力范畴，是对马克思主义生产力理论的创新性发展，开辟了马克思主义政治经济学中国化时代化的新境界，书写了中国特色社会主义政治经济学新篇章；另一方面，将生态环境等要素纳入生产函数，将生态系统作为经济社会系统的重要组成部分，拓展了绿水青山与金山银山的双向转化路径，也是对千百年来人与自然关系规律性认识的科学总结和理性升华，推动形成了人与自然和谐共生的生态文明新范式。以绿色发展理念培育和发展新质生产力，必须坚持大局观、长远观、整体观，牢固树立和践行绿水青山就是金山银山的理念，坚定不移走生态优先、绿色发展之路，高度重视自然资本增值，加快发展方式绿色转型。要加快绿色科技创新和先进绿色技术推广应用，做强绿色制造业，发展绿色服务业，壮大绿色能源产业，推动产业生态化和生态产业化，打造高效生态绿色产业集群，形成和完善绿色低碳供应链，在全社会大力倡导绿色健康生活方式，推动经济社会全面绿色低碳转型，为永续发展提供强大动力。

马克思主义认为，经济全球化是社会生产力发展的客观要求和科技进步的必然结果。在经济全球化过程中，比较优势的发挥和市场边界的扩大，会引发生产规模扩大、分工进一步细化、专业化水平进一步提高、生产要素进一步集中、生产成本进一步降低、产品质量进一步提高，从而促进生产效率和总产出的大幅提升。特别是生产要素在全球范围内流动，人员、知识和思想在全球范围的交流，有力推动了技术创新和技术扩散，极大促进了生产力发展。随着新一轮科技革命和产业变革深入发展，现代信息技术催生万物互联的数字社会加速到来，社会化大生产和生产力发展的全球化特征越发明显。因此，必须坚持开放发展理念，在开放中不断拓宽生产力要素系统的边界，支撑生产力结构系统升级，并驱动生产力功能系统的整体协调与全面发展，实现在经济全球化进程中不断培育和发展新质生产力。我国旗帜鲜明推动建设开放型世界经济，被认为是"世界上推动贸易和投资自由化便利化的最大旗手"。坚持开放发展理念，实施更大范围、更宽领域、更深层次对外开放，建设更高水平开放型经济新体制，积极参与全球治理体系改革和建设，推动各国携手打造人类命运共同体，构建广泛的利益共同体，既是经济全球化潮流的发展方向，更是发展新质生产力的内在要求。

习近平总书记指出："共享理念实质就是坚持以人民为中心的发展思想""在高质量发展中促进共同富裕"。这些重要论述，揭示了生产力发展与共享发展的关系。生产力发展为共享发展奠定物质基础。一个国家或社会要实现共享发展，前提是具有高水平的生产力；实现共同富裕，则需要更高水平的生产力。因此，推动共享发展，必须坚持生产力标准是衡量社会发展带有根本性的标准。培育和发展新质生产力，正是新时代新征程坚持这一标准的体现。应当看到，生产力发展是一个动态过程，共享发展也是一个动态过程。培育和发展新质生产力所要坚持的共享发展，不仅包括最终目标意义上的实现"全民共享""全面共享"，还包括实现途径上的"共建共享"以及发展过程由低级向高级、从不均衡到均衡的"渐进共享"。以共享发展理念推动新质生产力发展，要牢牢坚持促进人的全面发展和社会全面进步这一发展的最终目标，在发展过程中形成人人参与、人人尽力、人人都有成就感的生动局面。尤其是随着人工智能等数字技术深入发展，要提高数字经济发展的包容性，积极预防和弥合城乡之间、不同群体之间的数字鸿沟，推动数字技术在不同行业、不同地区、不同群体之间最大程度地扩散应用，通过教育培训推动劳动者技能更好适应数字技术进步，让数字经济红利更广泛惠及全体人民。

**（二）以科技创新推动新质生产力发展**

人类社会产业革命的实践证明，科技创新能够促进生产力的结构功能与效率变革，科学技术是促进生产力发展的关键变量，进而不断催生新兴技术、新兴产业，成为世界各国综合国力竞争的硬核底气。百舸争流、大国竞争，关键要看科学技术的整体进步、生产能力水平的创新发展。新质生产力理论将发展新质生产力作为实现高质量发展的重要着眼点，将创新作为新质生产力的核心特点，突出创新起主导作用，明确了科技创新作为新质生产力的核心要素，阐明了技术革命性突破引致生产要素创新性配置和产业深度转型升级这一主导路径。这一内涵阐述同党的二十大报告提出的"坚持创新在我国现代化建设全局中的核心地位""高质量发展是全面建设社会主义现代化国家的首要任务"一脉相承，进一步彰显了创新引领和高质量发展的有机统一、科技创新和产业创新的有机统一、技术革命性突破和生产力发展路径跃升的有机统一。

以科技创新推进新质生产力加快发展面临新机遇新挑战。党的十八大以来，我国大力推进新一代信息技术、高端装备、新材料、新能源汽车等战略性新兴产业，在新能源汽车、光伏太阳能、锂电池、数字经济等领域实现了换道赛车和换道超车，并在近年来加强了未来科学、未来能源、未来制造、未来材料、未来空间和未来健康等未来产业的前瞻性谋划布局，为加快推进新型工业化、建设现代化产业体系,加快发展新质生产力奠定了良好基础。与此同时,同一些科技发达国家相比,我国在发展新质生产力方面仍然存在一定差距,尤其是面对大国科技博弈加剧的新形势,基础研究孤立薄弱、原创性引领性成果急缺、关键核心技术"卡脖子"、科技创新成果向产业链转化效能不高、科技领军企业不够多不够强、国家战略科技力量体系化协同不足等问题依然严峻,现行科技创新机制、政府监管机制、产业发展政策体系和科技创新制度环境仍有待进一步健全和完善。在此背景下,亟需立足中国式现代化新征程加快实现高水平科技自立自强的使命,面向高质量发展首要任务、新型工业化关键任务,深刻把握新质生产力的内涵特征和发展机遇,坚持科技创新引领产业创新,把握新型生产要素,改革生产关系,以科技创新打造发展新质生产力的"主引擎",以原创性、颠覆性技术创新培育新动能,提升科技创新成果向重大场景转化效能,加快推进新型工业化和建设现代化产业体系,加快形成新质生产力发展的澎湃动能。

加强科技创新,打造加快发展新质生产力的"主引擎"。劳动资料是在劳动过程中用以改变和影响劳动对象的物质资料和物质手段。生产力中的生产资料要素的创新,可以提高劳动生产率进而促进生产力的发展。科学技术通过应用于生产过程、渗透在生产力诸多要素中而转化为实际生产能力,促进并引起生产力的深刻变革和巨大发展。也就是说,科技创新能够通过改善劳动资料,促进新质生产力的发展。要立足我国超大规模市场、海量应用场景、产业体系完整、战略性新兴产业发展基础良好等优势,把握场景驱动创新和通用人工智能革命带来的科技和产业发展范式变革机遇,激活科技创新作为发展新质生产力"核心要素",发挥创新在发展新质生产力的"主导作用",以科技创新引领产业创新,整合科技创新资源,优化科技创新体系,培育壮大科技领军企业，强化国家战略科技力量，全面提升国家创新体系整体效能。

加快原创性颠覆性技术创新，培育发展新质生产力的新动能。习近平总书记深刻指出，"必须加强科技创新特别是原创性、颠覆性科技创新，加快实现高水平科技自立自强，打好关键核心技术攻坚战，使原创性、颠覆性科技创新成果竞相涌现，培育发展新质生产力的新动能"。伴随着新一代人工智能、类脑智能、未来能源、生命科学和数据要素等新技术、新要素快速发展，颠覆了传统科技创新路径，产业智能化、高端化、融合化纵深推进，新场景、新产业、新模式不断涌现，将加速重塑全球产业链供应链格局，深刻改变世界各国的比较优势和竞争优势。在此背景下，需要尽快跳出西方的"议程设置"所带来的"追赶—落后""再追赶—再落后"的"追赶陷阱"，加快国家发展从传统的后发追赶、创新驱动，向超越追赶、创新引领的战略思维转型，特别关注原创性、颠覆性技术创新，打造国家科技先导能力，以原创性、引领性和颠覆性技术成果培育发展新质生产力的新动能。

重视场景驱动，提升面向新质生产力发展重大场景的科技成果转化效能。新质生产力的培育关键在于以科技创新推动产业创新和产业体系现代化，而当前我国科技成果转化的瓶颈依然凸显，以高校院所为主导的传统转化范式难以适应企业为主导的产学研深度融合新趋势和推进新型工业化、发展新质生产力的新要求，要把握场景驱动创新的新范式，开辟新进路，围绕推进新型工业化和加快建设制造强国、质量强国、网络强国、数字中国和农业强国等战略任务和重大场景，科学布局科技创新、产业创新；探索建构场景驱动科技成果向新质生产力转化的新范式，推动企业主导型科技成果转化新型组织模式，健全完善科技成果高质量供给、高效率转化的创新生态，及时将科技创新成果应用到发展新质生产力的重大场景上，以新技术的场景化快速应用有效破解产业和产业链发展的痛点难点问题，改造提升传统产业，培育壮大新兴产业，布局建设未来产业，完善现代化产业体系，赋能新质生产力持续涌现和快速发展。

新质生产力是以科技创新为引擎，以劳动者、劳动资料、劳动对象及其优化组合的跃升为基本内涵的先进生产力质态，既遵循生产力发展的一般规律，又契合我国新发展阶段的新特征新要求，是马克思主义生产力理论与当代中国发展实践相结合的产物。习近平总书记关于科技创新是发展新质生产力的核心要素的重要论断，进一步丰富和发展了马克思主义生产力理论。马克思主义高度重视解放和发展生产力。马克思较早把科学技术同生产力发展联系起来，指出"劳动生产力是随着科学和技术的不断进步而不断发展的"。通过考察机器大工业发展带来生产力的巨大飞跃，马克思进一步提出"生产力中也包括科学"。马克思的这些论述，揭示了科学技术推动生产力发展的基本逻辑和强大引擎作用，阐明了科学技术会不断渗透到生产力的各个要素及其相互作用过程中，推动生产方式变革，实现生产力跨越式发展。新质生产力在继承马克思主义生产力理论基本原理基础上，更加强调科技创新特别是原创性、颠覆性科技创新对生产力发展的驱动作用，开辟了马克思主义生产力理论的新境界。解放和发展生产力是社会主义的本质要求。我们党始终高度重视以科技创新推动生产力发展。新中国成立之初，毛泽东就阐明了科学技术在社会主义建设中的地位和作用，强调"不搞科学技术，生产力无法提高"。改革开放后，邓小平重视科学技术在生产力中的巨大作用。江泽民强调："科技创新已越来越成为当今社会生产力的解放和发展的重要基础和标志。"胡锦涛指出："科技创新是提高社会生产力和综合国力的战略支撑"。新时代以来，习近平总书记提出"加快发展新质生产力",并对新质生产力的特征、基本内涵、核心标志等进行了总结、概括,把我们党对生产力理论的认识提高到一个新高度,为我们在新征程上进一步解放和发展生产力、推动高质量发展提供了根本遵循。习近平总书记指出:"历史经验表明,那些抓住科技革命机遇走向现代化的国家,都是科学基础雄厚的国家;那些抓住科技革命机遇成为世界强国的国家,都是在重要科技领域处于领先行列的国家。"当前,新一轮科技革命和产业变革正在重构全球创新版图、重塑国际竞争格局。科技创新能够催生新产业、新模式、新动能,是发展新质生产力的核心要素。以习近平同志为核心的党中央深入实施创新驱动发展战略,强调要"加快实现高水平科技自立自强,打好关键核心技术攻坚战,使原创性、颠覆性科技创新成果竞相涌现,培育发展新质生产力的新动能"。这为我们抢抓机遇塑造发展新动能,进而在激烈的国际竞争中以优取胜、以质取胜明确了基本路径。

  党的十八大以来,我们党坚持把科技创新摆在国家发展全局的核心位置,我国科技事业实现了历史性、整体性、格局性重大变化,科技创新成果不断涌现,创新能力持续提升,为培育和发展新质生产力奠定了坚实基础。科技是国家强盛之基,创新是民族进步之魂。新时代以来,我国科技创新投入大幅提高,科技创新人才不断涌现,推动科技创新实力跃上新台阶。2023 年,全社会研发投入超过 3.3 万亿元,是 2012 年的 3.2 倍,居世界第二位。目前,我国人才资源总量达 2.2 亿人,较 2012 年增加了 1 亿人左右。2022 年研发人员全时当量达 635.4 万人年,较 2012 年接近翻了一番,稳居世界第一。得益于科技创新投入和人才资源的大幅增加,我国科技创新能力显著增强,进入创新型国家行列,2023 年在全球创新指数排名中居第十二位,为加快培育和发展新质生产力奠定了坚实基础。科技创新成果持续生成并向现实生产力转化，对于加快培育和发展新质生产力具有重要推动作用。新时代以来，我国科技创新跨越攀升，高水平创新成果竞相涌现。一方面，科技创新成果在量上持续积累。2023年，我国授予发明专利权92.1万件，是2012年的4.2倍；有效发明专利499.1万件，是2012年的5.7倍；签订技术合同95万项，是2012年的3.4倍。另一方面，科技创新成果在质上不断突破，5G网络、高速铁路等技术世界领先，"中国芯""智能造""未来车""数据港"等硬核技术加快发展，深海、深空、深地、深蓝等领域抢占了一批科技制高点。高速磁浮试验样车成功试跑、国产C919大飞机投入商业运营、5G移动通信技术实现规模化应用、数字经济与实体经济深度融合等，成为我国科技创新成果产业化的生动体现，充分展现了我国加快形成新质生产力的生机和活力。良好的科技创新生态能够有效激发创新潜能，为加快培育和发展新质生产力提供坚实保障。新时代以来，我国全面深化科技体制改革，健全新型举国体制，强化国家战略科技力量，着力破解关键核心技术"卡脖子"问题、提升产业链供应链韧性水平，努力把发展的主动权牢牢掌握在自己手中。在科研组织管理方面，着力优化调整重大科技任务组织实施机制，创建"揭榜挂帅""赛马"等新机制，推动科技资源配置效率有效提升。在科研评价体系建设方面，落实科研项目评审、科技人才评价、科研机构评估"三评"联动改革，实施科研人员减负行动，坚决破除"四唯"倾向。在科技成果转化方面，明确科技成果转化的权利义务、分配方式、保障措施等，着力破除科技成果向现实生产力转化的体制机制障碍。这些重要举措推动我国科技创新生态不断向好，为加快形成新质生产力提供了有力保障。

以科技创新驱动生产力向先进质态跃升，培育和发展新质生产力，是推动高质量发展的内在要求和重要着力点。我们要贯彻

## 第六章 取道关键变量：于百年变局中开新局

落实习近平总书记关于发展新质生产力的重要论述，坚持以科技创新为引领，以原创性、颠覆性技术创新开辟发展新领域新赛道、塑造发展新动能新优势，加快培育和发展新质生产力。数字技术是世界科技革命和产业变革的先机，也是驱动生产力跃升的重要引擎。加快发展新质生产力，要牵住数字关键核心技术自主创新这个"牛鼻子"，提高数字技术基础研发能力，不断提高原创技术水平，打好关键核心技术攻坚战。要加强数字技术先行突破，为更广泛的原创性、颠覆性科技创新提供先进的要素、工具和手段。充分发挥新型举国体制优势，形成推动数字技术创新的强大合力。加大数字技术基础研究跨领域合作力度，推动数字技术的跨界融合和创新应用。新质生产力本身就是绿色生产力。加速绿色低碳科技攻关，推动高耗能行业低碳转型，有利于加快培育和发展新质生产力。要加快推进先进绿色技术的推广应用，大力发展绿色低碳产业、构建绿色供应链，打造绿色低碳循环经济体系。加大绿色低碳科技研发政策引导，促进重点领域和关键环节绿色低碳科技创新突破。丰富支持绿色低碳科技研发的政策工具箱，优化绿色低碳科技成果转化流程，提高企业开展绿色技术创新的积极性。加大对绿色低碳科技研发的金融支持，引导更多社会资本流向绿色低碳型项目和企业，做好绿色金融这篇大文章。习近平总书记指出："更加重视科技创新和产业创新的深度融合"。产业链创新链融合发展，既有利于打通基础研究与应用研究的通道，实现创新由"点"向"链"的延伸，又有助于及时将科技创新成果应用到具体产业和产业链上，提升发展新质生产力的速度和效率。要充分利用新一代信息技术，促进数字技术和实体经济深度融合，立足实体经济这个根基，做大做强先进制造业，积极推进新型工业化，改造提升传统产业，培育壮大新兴产业，超前布局建设未来产业，加快构建以先进制造业为支撑的现代化产业体系。

强化企业创新主体地位，构建上下游紧密合作的创新联合体，促进产学研融通创新，加快科技成果向现实生产力转化。深化科技体制改革，有利于破除阻碍新质生产力发展的体制机制障碍，充分调动各主体各要素的积极性，最大限度激发科技作为第一生产力所蕴藏的巨大潜能。要深化科技领域"放管服"改革，不断创新有利于激发科技人员创造力的科研管理机制和模式。深化科技项目立项和组织管理方式改革，大力推行创新攻关"揭榜挂帅""赛马"等机制。深化科技创新人才评价制度改革，营造有利于创新人才潜心研究的良好氛围。人才是科技创新活动中最活跃、最积极的因素，是发展新质生产力的重要资源。要着重加强创新人才自主培育，根据科技发展趋势优化高等学校学科设置和人才培养模式，努力造就一批又一批本土化高层次创新人才。完善海外创新人才引进工作，以更加开放的人才政策加大海外高层次创新人才引进力度，为培育和发展新质生产力汇聚更多人才资源。

## 二、新质生产力是驱动未来社会发展的重要引擎

### （一）新质生产力为高质量发展注入新的活力

2024年全国两会中，《政府工作报告》首次将"大力推进现代化产业体系建设，加快发展新质生产力"列为首项任务，强调新质生产力的发展对于推动我国经济高质量增长具有重要意义。报告提出加快前沿新兴氢能、新材料、创新药等产业发展，积极打造生物制造、商业航天、低空经济等新增长引擎，制订未来产业发展规划，开辟量子技术、生命科学等新赛道，并开展"人工智能＋"行动。新质生产力是由技术革命性突破、生产要素创新性配置、产业深度转型升级而催生的当代先进生产力。过去，我国经济增长主要依赖于传统要素投入规模扩大带来的同质性扩张，但随着传统要素投入边际收益递减，以及生态环境保护、节能降

第六章 取道关键变量：于百年变局中开新局

碳对产业发展的约束不断趋紧，推动经济高质量发展既需要传统产业的转型升级、提质增效，还需要通过加快形成新质生产力，培育新的动力源。新质生产力的发展离不开科技创新的支撑引领。科技创新不仅提高了国家传统产业的竞争力，也为发展新质生产力夯实了基础、注入了动力。因此，报告强调要加快建立健全新型举国体制，通过抓"六大统筹"，推动科技创新与产业发展的深度融合。此外，报告还强调了新质生产力在推动传统产业提升生产力发展水平方面的重要作用。通过打造新兴战略产业、开辟未来产业新赛道、广泛应用数智技术和绿色技术等方式，可以加快传统产业的转型升级，实现经济的高质量发展。新质生产力犹如一位巧夺天工的艺术家，展现出三大鲜明特点：创新性、高效性和融合性。它的崛起，无疑为经济高质量发展注入了强劲动力。它助力我国在全球产业链、价值链中攀升至更高地位，推动经济实现质量、效率和动力的深刻变革。同时，它也催生着传统产业的转型升级，引领着新兴产业和未来产业的蓬勃发展，为我国经济描绘出一幅幅崭新的增长蓝图。作为推动经济和社会发展的新引擎，新质生产力具有广阔的前景和巨大的潜力。我们应抓住机遇、迎接挑战，加快发展新质生产力，为我国经济的高质量发展注入新的动力。

新质生产力是由技术革命性突破、生产要素创新性配置、产业深度转型升级而催生的先进生产力质态，它以高科技、高效能、高质量为特征，代表了生产力的革新趋势和发展方向。习近平总书记指出："把科技的命脉牢牢掌握在自己手中，在科技自立自强上取得更大进展，不断提升我国发展独立性、自主性、安全性，催生更多新技术新产业，开辟经济发展的新领域新赛道，形成国际竞争新优势。"① 党的十八大以来，在以习近平同志为核心的党中央坚强领导下，我国立足新发展阶段、贯彻新发展理念、构建新发展格局，加快推动高水平科技自立自强，科技创新能力稳步提高，在集成电路、5G 通信、高速铁路、大飞机、航空发动机、工业母机、能源电力等领域攻克了一批关键核心技术，取得了以载人航天、探月工程、深海探测、北斗导航等为代表的一批重大科技成果，成功进入创新型国家行列。同时，我国还形成了超大规模市场、庞大的工程师队伍、产业体系完备和配套能力强等多方面优势，研发投入强度提高，研发人员总量连续多年保持世界第一。我国在科技创新方面取得的巨大成就，为加快发展新质生产力奠定了坚实基础。习近平总书记强调："以科技创新推动产业创新"。以科技创新推动产业创新，抓住了发展新质生产力的关键。新质生产力的"新"源自科技创新。谁能在创新上下好先手棋，谁就能掌握主动。新质生产力的"新"也源自产业创新。科学只有转化为技术并应用于生产，才能转化为现实生产力，其表现形式就是催生新产业、推动产业深度转型升级。具体来说，新质生产力以创新驱动为主动力。相较于传统生产力，新质生产力更加注重通过新技术、新模式、新产业、新领域、新动能实现生产力能级跃升，现实途径是在科技创新和产业创新深度融合中发展新兴产业和未来产业、改造提升传统产业。新质生产力以数字技术与实体经济深度融合为主要发展方式。充分发挥数字技术的赋能作用，整合创新资源和现有产业基础，推动经济发展质量变革、效率变革、动力变革。新质生产力以新产业为主要载体。新质生产力的落脚点在生产力，通过促进科学技术、研发模式、生

---

① 《习近平在湖北武汉考察时强调　把科技的命脉牢牢掌握在自己手中　不断提升我国发展独立性自主性安全性》，《人民日报》2022 年 6 月 30 日。

产方式、业务模式、组织结构等全面创新，不断催生新产业、壮大新产业。培育和发展新质生产力，要充分发挥创新的第一动力作用，以国家战略需求为导向集聚力量进行原创性、引领性科技攻关，打好关键核心技术攻坚战，使原创性、颠覆性科技创新成果竞相涌现，培育发展新质生产力的新动能。要更加重视科技创新和产业创新深度融合，立足实体经济这个根基，做大做强先进制造业，积极推进新型工业化，改造提升传统产业，培育壮大新一代信息技术、生物技术、新能源、新材料、高端装备、新能源汽车、绿色环保以及航空航天、海洋装备等战略性新兴产业，超前布局建设类脑智能、量子信息、基因技术、未来网络、深海空天开发、氢能与储能等未来产业，加快构建以先进制造业为支撑的现代化产业体系。要以供给和需求的高水平动态平衡为着力点，促进科技和产业不断迭代升级，形成更具成长性和持续力的生产力。要促进数字经济和实体经济深度融合，纵深推进产业数字化和数字产业化，加强人工智能、大数据、物联网、工业互联网等数字技术融合应用，打造具有国际竞争力的数字产业集群。

### （二）以全面深化改革推动发展新质生产力

发展新质生产力必须形成与之相适应的新型生产关系，深化和拓展了马克思主义关于生产力和生产关系的思想，为培育和发展新质生产力指明了前进方向。马克思主义认为，生产力决定生产关系，生产关系对生产力具有反作用。新质生产力的发展客观上会促进形成新型生产关系，而主动完善与发展新质生产力相适应的生产关系、发展新型生产关系，又会反作用于生产力，促进新质生产力的发展。从我国发展实践看，生产关系的完善总会带来生产力的大解放。新中国成立后，完成社会主义改造、建立社会主义制度，为我国一切进步和发展奠定了重要基础。经过实施几个五年计划，我国建立起独立的比较完整的工业体系和国民经济体系。党的十一届三中全会开启了改革开放和社会主义现代化建设新时期。我国改革从农村实行家庭联产承包责任制率先突破,逐步转向城市经济体制改革并全面铺开,确立社会主义市场经济的改革方向,更大程度更广范围发挥市场在资源配置中的基础性作用,坚持和完善基本经济制度和分配制度……我国实现了从高度集中的计划经济体制到充满活力的社会主义市场经济体制、从封闭半封闭到全方位开放的历史性转变,在更大范围、更深层次上解放和发展了生产力。党的十八大以来,我们党以更大的政治勇气和智慧推进全面深化改革,对经济体制、政治体制、文化体制、社会体制、生态文明体制、国防和军队改革、党的建设制度改革等作出战略部署,改革呈现全面发力、多点突破、蹄疾步稳、纵深推进的生动局面,重要领域和关键环节改革取得突破性进展,各领域基础性制度框架基本建立,中国特色社会主义制度更加成熟更加定型,国家治理体系和治理能力现代化水平显著提高。在全面深化改革进程中,我国加快完善社会主义市场经济体制,构建社会主义市场经济条件下关键核心技术攻关新型举国体制,依托我国超大规模市场优势实行更加积极主动的开放战略,等等。这些完善生产关系的生动实践,提升了创新资源配置效率,促进了创新成果向现实生产力的高效转化,进一步解放和发展了社会生产力,高质量发展不断取得新成效,新质生产力在实践中形成并展示出对高质量发展的强劲推动力、支撑力。新质生产力的基本内涵是劳动者、劳动资料、劳动对象及其优化组合的跃升,核心标志是全要素生产率大幅提升。形成与之相适应的新型生产关系,就要对劳动者、劳动资料、劳动对象等生产要素进行更高效率的配置,使劳动者充分发挥主观能动性、创造力,在地区之间、行业之间自由有序流动;使劳动资料、劳动对象能够合理配置到各类劳动者手中,实现诸要素便捷流动、高效配置。对生产要素进行更高效率的配置,就要处理好政府和市场的关系,使市场在资源配置中起决定性作用,更好发挥政府作用。使市场在资源配置中起决定性作用,要求着力解决市场体系不完善、政府干预过多和监管不到位问题,大幅度减少政府对资源的直接配置,推动资源配置依据市场规则、市场价格、市场竞争实现效益最大化和效率最优化。更好发挥政府作用,不是要弱化或取代市场作用,而是要弥补市场失灵,为市场有效配置资源和经济有序运行创造良好环境,为企业提供公平竞争的市场环境,激发市场活力和社会创造力,促进各类先进优质生产要素向培育和发展新质生产力集聚。总之,形成新型生产关系,就是在坚持社会主义生产关系重大原则、坚持和发展社会主义基本经济制度的基础上,根据新质生产力的发展要求对生产关系进行完善和提升。

习近平总书记指出:"改革开放是一场深刻而全面的社会变革""既涉及生产力又涉及生产关系,既涉及经济基础又涉及上层建筑""必须进一步全面深化改革开放,不断解放和发展社会生产力、解放和增强社会活力"。党的二十届三中全会作出了关于进一步全面深化改革推进中国式现代化的决定,强调:"面对新一轮科技革命和产业变革,面对人民群众新期待,必须继续把改革推向前进。"[①] 以上重要论述,对以进一步全面深化改革推动新质生产力加快发展提供了根本遵循。生产力发展是遵循经济规律的渐进过程,不能脱离实际、急于求成。要把握并用好生产力和生产关系、经济基础和上层建筑矛盾运动规律,通过进一步全面深化改革推动生产关系和生产力、上层建筑和经济基础更好相适应,为科技创新和科技成果转化营造良好环境,着力打通束缚新质生

---

① 《中共中央关于进一步全面深化改革推进中国式现代化的决定》,人民出版社2024年版,第2页。

产力发展的堵点卡点，破除阻碍新质生产力发展的体制机制障碍。在实践中，要坚持全局观念，树立系统思维，把发展新质生产力和形成与之相适应的新型生产关系统筹起来谋划和推动。具体可在以下几个方面着力：一是构建高水平社会主义市场经济体制。加快建立高标准市场体系，完善产权保护、市场准入、公平竞争、社会信用等市场经济基础制度，健全宏观经济治理体系和推动高质量发展体制机制，完善支持全面创新、城乡融合发展等体制机制，创新生产要素配置方式，让各类先进优质生产要素向发展新质生产力顺畅流动。完善落实"两个毫不动摇"的体制机制，激发各类经营主体的内生动力和创新活力。完善中国特色现代企业制度，培育更多世界一流企业。健全要素参与收入分配机制，激发劳动、知识、技术、管理、资本和数据等生产要素活力，更好体现知识、技术、人才的市场价值，营造鼓励创新、宽容失败的良好氛围。二是深化教育体制、科技体制、人才体制等改革。把握建设教育强国、科技强国、人才强国的内在一致性和相互支撑性，统筹实施科教兴国战略、人才强国战略、创新驱动发展战略，深化教育体制、科技体制、人才体制等改革，畅通教育、科技、人才的良性循环，为发展新质生产力提供有力支撑。深化教育体制改革，大力加强基础学科、新兴学科、交叉学科建设，进一步加强科学教育、工程教育，加强拔尖创新人才自主培养；推进职普融通、产教融合、科教融汇，培养更多高素质技术技能人才、大国工匠、能工巧匠，进一步提升教育对高质量发展的支撑力、贡献力。深化科技体制改革，发挥新型举国体制优势，强化国家战略科技力量，强化企业科技创新主体地位，加强基础研究和应用基础研究，推动实现高水平科技自立自强。深化人才发展体制机制改革，创新人才培养、评价、流动、激励、引进、保障机制，加快构建具有国际竞争力的人才制度优势，最大限度把广大人才的报国情怀、奋斗精神、创造活力激发出来；实施更加开放的人才政策，放开视野选人才、不拘一格用人才，为人才提供一流的创新平台和发展环境。三是扩大高水平对外开放。合理缩减外资准入负面清单，依法保护外商投资权益，持续建设市场化、法治化、国际化一流营商环境，塑造更高水平开放型经济新优势。依托我国超大规模市场优势，以国内大循环吸引全球资源要素，增强国内国际两个市场两种资源联动效应，提升贸易投资合作质量和水平。稳步扩大规则、规制、管理、标准等制度型开放，为发展新质生产力营造良好国际环境。

**（三）把握新质生产力对于生产力理论的继承和发展**

在传统生产力模型中，劳动、资本和土地是支撑经济发展的三大支柱。然而，在数字化浪潮中，数据的重要性愈发凸显。数据不仅是信息的载体，更是知识和价值的源泉。新质生产力理论认为，数据通过其独特的属性——可复制性、传播性和关联性——能够在全球范围内无缝地流动，为生产和创新提供动力。

历史唯物主义是关于人类社会发展规律的科学理论，生产力则是其中最为核心的概念体系，是理解社会发展动力的关键钥匙。新质生产力是以科技创新为主要驱动力量，以培育和形成战略性新兴产业和未来产业为主要支撑，以推动经济社会高效率、高质量可持续发展为目标的生产力。当今世界面临百年未有之大变局，全球科技竞争日益白热化。新质生产力概念的提出继承了马克思主义的基本观点，赋予了时代新内涵，是重要的理论创新。

首先，新质生产力坚持了马克思主义生产力理论的基本观点。生产力理论是马克思主义政治经济学的基本原理。在马克思那里，生产力是一个系统性概念。其一，它是指劳动生产能力。劳动生产力是劳动者的"生产能力"，特别是指劳动者生产使用价值的能力。其二，它是社会部门的集体生产力。在特定生产领域，劳动者基于劳动分工，进行劳动协作，"造成了社会生产过程的质的划分和量的比例，从而创立了社会劳动的一定组织，这样就同时发展了新的、社会的劳动生产力"，也即是集体生产力。其三，它是社会总和生产力，即广义的社会生产力。一个社会在物质生产中所形成的总能力、创造物质财富的总合力，是"一定社会物质生产劳动与那些具有相对独立性（如生产关系、政治制度、文化传统甚至宗教观念）的全部社会因素相互作用的总结果"，马克思认为"人们所达到的生产力的总和决定着社会状况"。概括起来，马克思主义生产力理论主要包括五大观点：一是生产力是推动人类社会经济发展的核心动力；二是生产力由劳动者和生产资料构成，其中不断更新的生产工具是先进生产力最重要的标志；三是生产力中包括科学，科技进步推动生产资料效能的提升，使得劳动生产能力不断提高；四是任何时代的生产力发展，都是先从机器设备开始，制造业是生产力发展的主要支撑性部门；五是生产力与生产关系构成特定的社会生产方式，生产力对生产关系起决定作用，生产关系对生产力也有反作用。

其次，新质生产力是中国共产党对生产力理论的继承与发展。一代又一代的中国共产党人将马克思主义基本原理同中国革命、建设和改革实践相结合，推动生产力理论的创新发展。在新民主主义革命期间，早期的中国共产党人根据马克思主义的生产力学说，提出通过发动武装革命才能推翻束缚生产力发展的旧社会，才能解放和发展生产力的观点。在社会主义革命和建设时期，毛泽东认为，全国人民的主要任务是集中力量发展社会生产力，实现国家工业化，逐步满足人民日益增长的物质和文化需要。在改革开放和社会主义现代化建设新时期，邓小平认为，社会主义的本质就是解放和发展生产力，改革与革命一样具有扫除发展障碍、解放生产力和发展生产力的功能，并明确提出"科学技术是第一生产力"的著名论断。江泽民指出"科学技术是先进生产力的集中体现和主要标志"。胡锦涛提出科学发展观,认为"生产力的发展必须建立在可持续发展的基础上,不能把当代人的幸福建立在对后代人的资料的过度消耗之上"。中国特色社会主义进入新时代,以习近平同志为核心的党中央重申了"解放和发展社会生产力是社会主义的本质要求"的观点,"坚持创新在我国现代化建设全局中的核心地位"。习近平总书记提出新质生产力的概念,对生产力的认识进行了新的深化。

最后,新质生产力对生产力概念进行了新的理论跃升。中国特色社会主义进入新时代,面对世界百年未有之大变局和新一轮科技革命蓬勃兴起,中国共产党人对生产力有了更深刻的认识和新的理解。新质生产力的提出使生产力概念得到新的理论跃升,主要体现在以下三个方面:其一,进一步丰富了生产要素的内涵。生产力是所有生产要素综合发挥作用的总和力量,其中的生产要素是指在进行物质生产活动时必须消耗的自然资源以及一定的经济社会条件支持。传统的生产要素包括自然要素、劳动要素、资本要素,新质生产力中更加强调技术要素和数据要素的作用,在内涵上突出科技创新作为第一生产要素的角色功能。从传统生产力向新质生产力跃升,主要依靠科学理论的新发现以及由此引发的关键技术的突破性创新,以此带动社会生产率的显著提高。其二,指明了发展生产力的新方向。形成新质生产力有两大方向:第一个发展方向是整合科技创新资源与引领发展战略性新兴产业和未来产业。科技资源配置是指科技资源在不同活动主体、学科领域、时空上的分配与组合。快速形成新质生产力,需要依靠科技创新,而优化整合科技资源配置是促进有效创新的基础性工作,包括以国家战略性需求为导向推进国家创新体系优化组合,以投入主体多元化、管理制度现代化、运行机制市场化为形式的复合配置两种方式。第二个发展方向则是着眼于抢占未来产业发展先机,培育先导性和支柱性产业,推动战略性新兴产业融合化、集群化、生态化发展。其三,给出了新时代发展生产力的清晰目标与具体任务。无论是强调创新驱动还是培育壮大战略性新兴产业与未来产业,目的都是为了"加快形成新质生产力,增强发展新动能"。解放和发展生产力是社会主义的本质要求,加快形成新质生产力,要主动把握新一轮科技革命和产业革新的历史新机遇,深化改革,清除阻碍新质生产力形成的各种障碍,增强社会创新创业活力,尽快形成有内生动力和国际竞争力的生产力新质态,实现增长方式转型,以此成为塑造推动中国经济社会高质量发展的决定性力量和动力源泉。

**(四) 在新科技革命浪潮中发展新质生产力**

面对新一轮科技革命与产业变革的时代大潮,要遵循生产力形成与发展规律,科学合理优化生产要素组合和结构,探究新质生产力的发展路径,为社会高质量发展提供新动能。

首先,建设创新型人才梯队,形成创新高地。人才是劳动者群体中的优秀分子,人才是第一资源,人才也是生产力。创新驱动从本质上讲就是人才驱动,只有拥有一流的创新人才,才能拥有科技创新的优势和主导权。

新质生产力代表着生产力的发展方向,是引领未来的先进生产力,那些站在国际科技前沿、引领科技自主创新、能承担国家战略科技任务的人才正是形成和推动新质生产力的关键要素。战略科学家是科学帅才,是国家战略人才力量中的"关键少数",他们大多是具有深厚的科学素养、长期奋战在科研第一线,视野开阔,具有前瞻性判断力、跨学科理解能力、大兵团作战组织领导能力强的科学家。培养战略科学家,一要加强党和国家对国家重大科研项目的领导和指导;二要善于从科技创新主战场中涌现出来的人才中选拔,从科技创新主力军中发现和锻炼;三要坚持长远眼光,有意识地培养那些潜质的高层次复合型人才,逐步形成战略科学家成长梯队。科技领军人才和高水平创新团队是科学研究、科技创新的主力军。建立特殊调配机制,通过跨部门、跨地区、跨行业、跨体制调集掌握关键核心技术的领军人才,注重引进海外优秀科学家,使更多全球智慧资源、创新要素为我所用,组建"卡脖子"技术的攻坚团队,围绕国家重点领域、重点产业,组织产学研协同攻关,在重大科研任务中培养人才。进一步发挥国家实验室、国家科研机构、高水平研究型大学、科技领军企业的国家队作用,加速集聚、重点支持一流科技领军人才和创新团队建设。各类人才培养引进支持计划要向青年人才倾斜,通过学术传承和梯队建设,支持青年人才挑大梁、当主角,造就规模宏大的青年科技人才队伍,保障国家战略人才梯队始终有源头活水。探索形成中国特色、世界水平的卓越工程师、高技能工匠培养体系,建设一支爱党报国、敬业奉献、技术创新能力突出、善于解决复杂问题的高素质劳动者队伍,为新质生产力的形成提供强大的人力资源支撑。中国要想形成新质生产力,增强发展新动能,产生竞争新优势,需要打造世界一流的人才中心和创新高地,这样才能充分发挥人才创新能力及相互作用的聚集效应。在布局上,以北京、上海、粤港澳大湾区为示范区,建设高水平人才中心。在机制改革方面,集中国家优质资源重点支持建设一批国家实验室和高科技综合研发平台,通过向用人主体授权、赋予科学家更大技术路线决定权、更大经费支配权、更大资源调度权和建立完善科学动态的人才评价体系等体制机制改革试点,为人才提供国际一流的创新平台,加快形成创新高地。

其次,加快实施创新驱动发展战略,奠定科技创新优势。新质生产力是将科技创新作为核心驱动力量的生产力,创新是关键。

因此，加快形成新质生产力，要坚定不移地走自主创新之路。以自主为特征要求的科技创新需要从以下几点着力：

基础研究是整个科学体系的源头，加强基础研究是实现高水平科技自立自强的迫切要求。其一，以国家战略需求为导向，集聚力量进行原创性引领性科技攻关，瞄准人工智能、量子信息、集成电路、生命健康、脑科学、生物育种、空天科技、深地深海等前沿领域，实施一批具有前瞻性、战略性的国家重大科技项目，在源头解决"卡脖子"问题，打赢关键核心技术攻坚战。其二，突出原创，鼓励自由探索。充分保障自由探索型基础研究的经费比例，强化全社会对自由探索型基础研究的支持。完善评价机制，以研究的原创性和学术贡献作为主要评价标准，探索长周期评价和国际同行评价体系，建立鼓励创新、宽容失败的容错机制，鼓励科研人员大胆探索、挑战未知。其三，开展广泛的基础研究国际合作。坚持开放思维和互惠共享理念，通过主动设计和牵头发起研究项目、加大国家科技计划对外开放力度等方式更加主动地融入全球创新网络，营造具有全球竞争力的开放创新生态。企业是各种生产要素的汇聚地，也是创新的重要主体，更是生产力整合和发挥作用的枢纽。加快形成新质生产力，完善技术创新市场导向机制，强化企业的创新主体地位，促进创新要素向企业集聚，形成以企业为主体、市场为导向、产学研用深度融合的技术创新体系。其一，激发企业创新的愿意。通过推动研发费用加计扣除、高新技术企业税收优惠、科技创业孵化载体税收优惠、技术交易税收优惠等正面激励强化企业创新的动机；完善落实国有企业创新考核、激励与容错机制，同时健全民营企业获得创新资源的公平性和便利性措施，打消企业"创新高风险"的顾虑。其二，提高企业创新的能力。修订完善鼓励企业研发的重点领域指导目录，引导企业围绕国家需求开展技术创新，鼓励企业牵头组织实施，探索政府和社会资本合作开展关键核心技术攻关的途径。推动国家科研平台、科技报告、科研数据进一步向企业开放,打造新型共性技术平台,解决跨行业跨领域关键共性技术问题。完善"众创空间—孵化器—加速器—产业园"孵化链条,推广"投资+孵化"模式,提升创新创业载体的专业化服务能力。其三,降低企业创新风险。建立金融支持科技创新体系常态化的工作协调机制,强化对企业创新的风险投资等金融支持,引导创投企业投早、投小、投硬科技。完善企业创新服务体系,用好用足科技创新再贷款、重大科技成果产业化专题债等政策工具,鼓励金融机构发展知识产权质押融资、科技保险等科技金融产品,开展科技成果转化贷款风险补偿试点,最大限度降低企业创新风险。

最后,加快发展新兴未来产业,以产业升级增强发展新动能。加快形成新质生产力,要通过科技创新驱动产业向现代化转型升级,尤其是培育和发展战略性新兴产业和未来产业,以产业升级构筑竞争优势,增强发展新动能。

培育先进产业集群,是拓展制造业发展新空间,推动制造业优化升级、参与全球产业链分工合作的重要途径。其中,推动集成电路、航空航天、船舶与海洋工程装备、机器人、先进轨道交通装备、先进电力装备、工程机械、高端数控机床、医药及医疗设备等产业创新发展是优先事项。一是通过对重点行业企业改造升级,提升这些制造行业的智能化和绿色化水平。二是实施领航企业培育工程,深入实施增强制造业核心竞争力和技术改造专项,鼓励企业应用先进适用技术、加强设备更新和新产品规模化应用,培育一批具有生态主导力和核心竞争力的龙头企业。三是培育专精特新"小巨人"企业和制造业单项冠军企业,推动制造业产品"增品种、提品质、创品牌"。四是推进制造业补链强链,巩固提升高铁、电力装备、新能源、船舶等领域全产业链竞争力,从符合未来产业变革方向的整机产品入手打造战略性全局性产业链。战略性新兴产业代表新一轮科技革命和产业变革的方向,是形成新质生产力、打造国际竞争新优势的关键领域。一是深入实施国家战略性新兴产业集群发展工程,健全产业集群组织管理和专业化推进机制,培育新技术、新产品、新业态、新模式,构建一批各具特色、优势互补、结构合理的战略性新兴产业增长引擎。二是加快关键核心技术创新应用,加快壮大新一代信息技术、生物技术、新能源、新材料、高端装备、新能源汽车、绿色环保以及航空航天、海洋装备等产业,增强生产要素保障能力,培育壮大产业发展新动能。三是促进平台经济、共享经济健康发展。加强数据中心、云平台、工业互联网等新型基础能力和平台设施建设,推动"建平台"和"用平台"双向迭代、互促共进。坚持鼓励创新和审慎包容原则,探索和创新适应新业态特点、有利于公平竞争的管理方式,形成有利于发展的适应性监管体系。四是鼓励企业在适当的情况下兼并重组,防止低水平重复建设。坚持市场化原则,完善制度和配套措施,使企业真正成为兼并重组的主体。加强政策引导,鼓励运用信托计划、委托贷款、直接融资等方式扩大兼并重组资金来源,同时强化政策支持,建立产业政策和竞争政策协同促进战略性新兴产业发展的机制,完善产业、财税、金融、土地、投资等政策协同配合,为战略性新兴产业高质量发展提供支撑。保持新质生产力发展的持久动能需要未雨绸缪,立足当前,谋划长远。前瞻性布局那些尚处于孕育孵化阶段且具有高成长性、先导性、颠覆性的未来产业。一是做好产业引导。处在成长期的新兴科技的不确定性强,能否成功孵化出产业的市场风险高,企业行业的观望态度和地方政府的投资谨慎度都较为明显,这期间需要建立国家未来产业先导区,通过先导区建设多路径探索先行培育一批未来产业示范园区,再进行复制推广。二是建设未来技术研究院，加强未来技术供给。在科教资源优势突出、产业基础雄厚的地区，布局一批国家未来产业技术研究院，通过灵活的运营机制、多研究主体参与、多学科领域交叉、全流程创新组合的方式，加强前沿技术多路径探索、交叉融合和颠覆性技术供给。三是做好市场示范，推动未来技术应用成熟落地。在新技术市场不成熟、下游需求不旺盛的情况下，需要实施产业跨界融合示范工程，打造未来技术应用场景，加速形成若干未来产业。通过突出场景驱动模式，打造验证场景、试验场景、推广场景来培育未来技术的应用场景，促进技术迭代和加速产业化。

# 后　记

　　这本略显单薄的拙作，是在我博士论文的基础上修改而成的。当我敲下最后一行文字的时候，不禁回想起了在中央党校读博的三年时光，许多经历仍历历在目，享受过"居处虽近郭，不欲登城市"的宁静，经历过"躲进小楼成一统，管他冬夏与春秋"的坚持，收获过"山重水复疑无路，柳暗花明又一村"的欣喜，体验过"停杯投箸不能食，拔剑四顾心茫然"的焦躁……一切仿佛昨日时光，心中亦是感慨万千。借本书后记，怀着一颗感恩的心，再次衷心感谢一路上陪伴我、关心我、帮助我和培育我的所有人！

　　在一定意义上，本书是我从事社会发展研究的一个阶段性成果，也是集体智慧的结晶。书中参阅引用了经典作家、中外思想家及相关学者的思想观点、表述提法等。更为重要的是，本书的原稿——我的博士论文，从题目选定到资料搜集，从拟定框架到修改定稿，从整体结构到细枝末节，都凝聚着我的博导邱耕田老师太多的心血。本书的撰写还有幸得到了王克迪老师、刘曙光老师、李钢老师、王善超老师、李海青老师、张严老师、王虎学老师的鼓励和有力指导，同时离不开我的好友王枫桥的帮助，还有我的师妹葛君丽为书稿做的文献校对工作。在此一并深表感谢！

　　另外，还要感谢以各种形式帮助过我的师友、同行、专家，感谢身边的家人，他们都以不同形式为本书做出了宝贵的贡献。

## 后　记

　　同时，也非常感谢当代中国出版社的编辑老师，他们为本书的出版发挥了重要作用。

　　未来已来。面对波澜壮阔的新科技革命，作为参与者的我们，究竟是一种怎样的存在者呢？我们是受益者。倘徉在新科技革命的浪潮中，感受着新科技革命所带来的积极的发展效应，承受着新科技革命的雨露恩泽，享受着新科技革命给我们的生活带来的福祉。正因如此，我们才拥有了在生产、生活和交往方面前所未有的主观能动性；正是新科技革命，使我们虽足不出户却游走天下；也正是新科技革命，使我们虽身处天涯却犹如比邻。因而，我们当然会热忱地期待和热烈地欢呼新科技革命的到来，通过新科技革命浪潮的洗礼，在不断增强我们的发展力和提高我们的主体性的同时，努力实现和创造我们的美好发展和美好生活。但对于新科技革命，我们还应该做"吹哨人"，要以警惕的目光关注它自身所可能存在的不确定性和高风险性，严防它可能带来的不良效应，不能使其像一匹脱缰的野马奔向不可知的未来，要确保新科技革命在我们所希望的轨道上一路前行。

　　我们是探索者。身处新科技革命所创造的"时代场"中，我们不可能跟着感觉走，被动"追浪"，对于这一划时代的革命力量，我们当然需要给予更多的关注和思考。换言之，我们应该用智慧触摸本质，用思想把握存在，用理性指引未来，用反思代替喧闹。如同一切革命一样，新科技革命不可能一蹴而就、一步到位，它拥有一个较长的演变进程。在新科技革命的长周期中，我们的研究或我们的认识只具有相对性和阶段性的意义。所谓相对性，是指我们今天的认识只能达到某一个高度，只能把握某一个或某一些问题，我们没有也不可能穷尽关于新科技革命与社会发展关系的一切问题；所谓阶段性，是指我们的研究或认识鲜明地打上了"今天"的印记，只代表着今天所达到的水平。既然新科技革命还在发展中，它所带来的社会发展效应在持续显现，因而，再过十年、三十年、五十年，在新科技革命与社会发展的互动中一定还会出现新的情况、新的问题，也一定会需要我们与时俱进地做出新的概括、新的判断，提出新的观点、新的看法，从而把关于新科技革命与社会发展关系问题的研究持续地推向新的高度，使其不断接近问题的本质和真相。这表明，本书的告成只能属于一种"阶段性"的成果，它为今后持续不断的研究提供了"垫脚石"和"阶梯"。

王　丹<br>
2024 年夏于北京昌平